中华优秀传统文化在现代管理中的创造性转化与创新性发展工程
"中华优秀传统文化与现代管理融合"丛书

追求善治
义利并重与中国企业治理范式创新

胡国栋 李文昊 ◎ 著

图书在版编目（CIP）数据

追求善治：义利并重与中国企业治理范式创新 / 胡国栋，李文昊著. -- 北京：企业管理出版社，2025.6
　　ISBN 978-7-5164-3005-7

Ⅰ．①追… Ⅱ．①胡… ②李… Ⅲ．①企业管理－激励－研究－中国 Ⅳ．①F279.23

中国国家版本馆CIP数据核字(2024)第000879号

书　　名：	追求善治：义利并重与中国企业治理范式创新
书　　号：	ISBN 978-7-5164-3005-7
作　　者：	胡国栋　李文昊
责任编辑：	张　丽
特约设计：	李晶晶
出版发行：	企业管理出版社
经　　销：	新华书店
地　　址：	北京市海淀区紫竹院南路17号　　邮　　编：100048
网　　址：	http://www.emph.cn　　电子信箱：1624620884@qq.com
电　　话：	编辑部（010）68416775　发行部（010）68417763　68414644
印　　刷：	北京联兴盛业印刷股份有限公司
版　　次：	2025年6月第1版
印　　次：	2025年6月第1次印刷
开　　本：	710mm×1000mm　1/16
印　　张：	19.25
字　　数：	248千字
定　　价：	98.00元

版权所有　翻印必究·印装有误　负责调换

编委会

主　任： 朱宏任　中国企业联合会、中国企业家协会党委书记、常务副会长兼秘书长

副主任： 刘　鹏　中国企业联合会、中国企业家协会党委委员、副秘书长

孙庆生　《企业家》杂志主编

委　员：（按姓氏笔画排序）

丁荣贵　山东大学管理学院院长，国际项目管理协会副主席

马文军　山东女子学院工商管理学院教授

马德卫　山东国程置业有限公司董事长

王　伟　华北电力大学马克思主义学院院长、教授

王　庆　天津商业大学管理学院院长、教授

王文彬　中共团风县委平安办副主任

王心娟　山东理工大学管理学院教授

王仕斌　企业管理出版社副社长

王西胜　广东省蓝态幸福文化公益基金会学术委员会委员，菏泽市第十五届政协委员

王茂兴　寿光市政协原主席、关工委主任

王学秀　南开大学商学院现代管理研究所副所长

王建军　中国企业联合会企业文化工作部主任

王建斌　西安建正置业有限公司总经理

王俊清　大连理工大学财务部长

王新刚　中南财经政法大学工商管理学院教授

毛先华　江西大有科技有限公司创始人

方　军　安徽财经大学文学院院长、教授

邓汉成　万载诚济医院董事长兼院长

冯彦明	中央民族大学经济学院教授
巩见刚	大连理工大学公共管理学院副教授
毕建欣	宁波财经学院金融与信息学院金融工程系主任
吕　力	扬州大学商学院教授，扬州大学新工商文明与中国传统文化研究中心主任
刘文锦	宁夏民生房地产开发有限公司董事长
刘鹏凯	江苏黑松林粘合剂厂有限公司董事长
齐善鸿	南开大学商学院教授
江端预	株洲千金药业股份有限公司原党委书记、董事长
严家明	中国商业文化研究会范蠡文化研究分会执行会长兼秘书长
苏　勇	复旦大学管理学院教授，复旦大学东方管理研究院创始院长
李小虎	佛山市法萨建材有限公司董事长
李文明	江西财经大学工商管理学院教授
李景春	山西天元集团创始人
李曦辉	中央民族大学管理学院教授
吴通福	江西财经大学中国管理思想研究院教授
吴照云	江西财经大学原副校长、教授
吴满辉	广东鑫风风机有限公司董事长
余来明	武汉大学中国传统文化研究中心副主任
辛　杰	山东大学管理学院教授
张　华	广东省蓝态幸福文化公益基金会理事长
张卫东	太原学院管理系主任、教授
张正明	广州市伟正金属构件有限公司董事长
张守刚	江西财经大学工商管理学院市场营销系副主任
陈　中	扬州大学商学院副教授
陈　静	企业管理出版社社长兼总编辑
陈晓霞	孟子研究院党委书记、院长、研究员
范立方	广东省蓝态幸福文化公益基金会秘书长

范希春	中国商业文化研究会中华优秀传统文化传承发展分会专家委员会专家
林　嵩	中央财经大学商学院院长、教授
罗　敏	英德华粤艺术学校校长
周卫中	中央财经大学中国企业研究中心主任、商学院教授
周文生	范蠡文化研究（中国）联会秘书长，苏州干部学院特聘教授
郑俊飞	广州穗华口腔医院总裁
郑济洲	福建省委党校科学社会主义与政治学教研部副主任
赵德存	山东鲁泰建材科技集团有限公司党委书记、董事长
胡国栋	东北财经大学工商管理学院教授，中国管理思想研究院院长
胡海波	江西财经大学工商管理学院院长、教授
战　伟	广州叁谷文化传媒有限公司 CEO
钟　尉	江西财经大学工商管理学院讲师、系支部书记
宫玉振	北京大学国家发展研究院发树讲席教授、BiMBA 商学院副院长兼 EMBA 学术主任
姚咏梅	《企业家》杂志社企业文化研究中心主任
莫林虎	中央财经大学文化与传媒学院学术委员会副主任、教授
贾旭东	兰州大学管理学院教授，"中国管理 50 人"成员
贾利军	华东师范大学经济与管理学院教授
晁罡	华南理工大学工商管理学院教授、CSR 研究中心主任
倪　春	江苏先锋党建研究院院长
徐立国	西安交通大学管理学院副教授
殷　雄	中国广核集团专职董事
凌　琳	广州德生智能信息技术有限公司总经理
郭　毅	华东理工大学商学院教授
郭国庆	中国人民大学商学院教授，中国人民大学中国市场营销研究中心主任

唐少清	北京联合大学管理学院教授，中国商业文化研究会企业创新文化分会会长
唐旭诚	嘉兴市新儒商企业创新与发展研究院理事长、执行院长
黄金枝	哈尔滨工程大学经济管理学院副教授
黄海啸	山东大学经济学院副教授，山东大学教育强国研究中心主任
曹振杰	温州商学院副教授
雪　漠	甘肃省作家协会副主席
阎继红	山西省老字号协会会长，太原六味斋实业有限公司董事长
梁　刚	北京邮电大学数字媒体与设计艺术学院副教授
程少川	西安交通大学管理学院副教授
谢佩洪	上海对外经贸大学学位评定委员会副主席，南泰品牌发展研究院首任执行院长、教授
谢泽辉	广东铁杆中医健康管理有限公司总裁
谢振芳	太原城市职业技术学院教授
蔡长运	福建林业技术学院教师，高级工程师
黎红雷	中山大学教授，全国新儒商团体联席会议秘书长
颜世富	上海交通大学东方管理研究中心主任

总编辑： 陈　静

副总编： 王仕斌

编　辑：（按姓氏笔画排序）

于湘怡　尤　颖　田　天　耳海燕　刘玉双　李雪松　杨慧芳
宋可力　张　丽　张　羿　张宝珠　陈　戈　赵喜勤　侯春霞
徐金凤　黄　爽　蒋舒娟　韩天放　解智龙

序 一

以中华优秀传统文化为源　启中国式现代管理新篇

　　中华优秀传统文化形成于中华民族漫长的历史发展过程中，不断被创造和丰富，不断推陈出新、与时俱进，成为滋养中国式现代化的不竭营养。它包含的丰富哲学思想、价值观念、艺术情趣和科学智慧，是中华民族的宝贵精神矿藏。党的十八大以来，以习近平同志为核心的党中央高度重视中华优秀传统文化的创造性转化和创新性发展。习近平总书记指出"中华优秀传统文化是中华民族的精神命脉，是涵养社会主义核心价值观的重要源泉，也是我们在世界文化激荡中站稳脚跟的坚实根基"。

　　管理既是人类的一项基本实践活动，也是一个理论研究领域。随着社会的发展，管理在各个领域变得越来越重要。从个体管理到组织管理，从经济管理到政务管理，从作坊管理到企业管理，管理不断被赋予新的意义和充实新的内容。而在历史进程中，一个国家的文化将不可避免地对管理产生巨大的影响，可以说，每一个重要时期的管理方式无不带有深深的文化印记。随着中国步入新时代，在管理领域实施中华优秀传统文化的创造性转化和创新性发展，已经成为一项应用面广、需求量大、题材丰富、潜力巨大的工作，在一些重要领域可能产生重大的理论突破和丰硕的实践成果。

第一，中华优秀传统文化中蕴含着丰富的管理思想。中华优秀传统文化源远流长、博大精深，在管理方面有着极为丰富的内涵等待提炼和转化。比如，儒家倡导"仁政"思想，强调执政者要以仁爱之心实施管理，尤其要注重道德感化与人文关怀。借助这种理念改善企业管理，将会推进构建和谐的组织人际关系，提升员工的忠诚度，增强其归属感。又如，道家的"无为而治"理念延伸到今天的企业管理之中，就是倡导顺应客观规律，避免过度干预，使组织在一种相对宽松自由的环境中实现自我调节与发展，管理者与员工可各安其位、各司其职，充分发挥个体的创造力。再如，法家的"法治"观念启示企业管理要建立健全规章制度，以严谨的体制机制确保组织运行的有序性与规范性，做到赏罚分明，激励员工积极进取。可以明确，中华优秀传统文化为现代管理提供了多元的探索视角与深厚的理论基石。

第二，现代管理越来越重视文化的功能和作用。现代管理是在人类社会工业化进程中产生并发展的科学工具，对人类经济社会发展起到了至关重要的推进作用。自近代西方工业革命前后，现代管理理念与方法不断创造革新，在推动企业从传统的小作坊模式向大规模、高效率的现代化企业，进而向数字化企业转型的过程中，文化的作用被空前强调，由此衍生的企业使命、愿景、价值观成为企业发展最为强劲的内生动力。以文化引导的科学管理，要求不仅要有合理的组织架构设计、生产流程优化等手段，而且要有周密的人力资源规划、奖惩激励机制等方法，这都极大地增强了员工在企业中的归属感并促进员工发挥能动作用，在创造更多的经济价值的同时体现重要的社会价值。以人为本的现代管理之所以在推动产业升级、促进经济增长、提升国际竞争力等方面须臾不可缺少，是因为其体现出企业的使命不仅是获取利润，更要注重社会责任与可持续发展，在环境保护、社会公平等方面发挥积极影响力，推动人类社会向着更加文明、和谐、包容、可持续的方向迈进。今天，管理又面临数字技术的挑战，更加需要更多元的思想基础和文化资源的支持。

第三，中华优秀传统文化与现代管理结合研究具有极强的必要性。随着全球经济一体化进程的加速，文化多元化背景下的管理面临着前所未有的挑战与机遇。一方面，现代管理理论多源于西方，在应用于本土企业与组织时，往往会出现"水土不服"的现象，难以充分契合中国员工与生俱来的文化背景与社会心理。中华优秀传统文化所蕴含的价值观、思维方式与行为准则能够为现代管理面对中国员工时提供本土化的解决方案，使其更具适应性与生命力。另一方面，中华优秀传统文化因其指导性、亲和性、教化性而能够在现代企业中找到新的传承与发展路径，其与现代管理的结合能够为经济与社会注入新的活力，从而实现优秀传统文化在企业管理实践中的创造性转化和创新性发展。这种结合不仅有助于提升中国企业与组织的管理水平，增强文化自信，还能够为世界管理理论贡献独特的中国智慧与中国方案，促进不同文化的交流互鉴与共同发展。

近年来，中国企业在钢铁、建材、石化、高铁、电子、航空航天、新能源汽车等领域通过锻长板、补短板、强弱项，大步迈向全球产业链和价值链的中高端，成果显著。中国企业取得的每一个成就、每一项进步，离不开中国特色现代管理思想、理论、知识、方法的应用与创新。中国特色的现代管理既有"洋为中用"的丰富内容，也与中华优秀传统文化的"古为今用"密不可分。

"中华优秀传统文化与现代管理融合"丛书（以下简称"丛书"）正是在这一时代背景下应运而生的，旨在为中华优秀传统文化与现代管理的深度融合探寻路径、总结经验、提供借鉴，为推动中国特色现代管理事业贡献智慧与力量。

"丛书"汇聚了中国传统文化学者和实践专家双方的力量，尝试从现代管理领域常见、常用的知识、概念角度细分开来，在每个现代管理细分领域，回望追溯中华优秀传统文化中的对应领域，重在通过有强大生命力的思想和智慧精华，以"古今融会贯通"的方式，进行深入研究、探索，以期推出对我国现代管理有更强滋养力和更高使用价值的系列成果。

文化学者的治学之道，往往是深入研究经典文献，挖掘其中蕴含的智慧，并对其进行系统性的整理与理论升华。据此形成的中华优秀传统文化为现代管理提供了深厚的文化底蕴与理论支撑。研究者从浩瀚典籍中梳理出优秀传统文化在不同历史时期的管理实践案例，分析其成功经验与失败教训，为现代管理提供了宝贵的历史借鉴。

实践专家则将传统文化理念应用于实际管理工作中，通过在企业或组织内部开展文化建设、管理模式创新等实践活动，检验传统文化在现代管理中的可行性与有效性，并根据实践反馈不断调整与完善应用方法。他们从企业或组织运营的微观层面出发，为传统文化与现代管理的结合提供了丰富的实践经验与现实案例，使传统文化在现代管理中的应用更具操作性与针对性。

"丛书"涵盖了从传统文化与现代管理理论研究到不同行业、不同

序 一

领域应用实践案例分析等多方面内容,形成了一套较为完整的知识体系。"丛书"不仅是研究成果的结晶,更可看作传播中华优秀传统文化与现代管理理念的重要尝试。还可以将"丛书"看作一座丰富的知识宝库,它全方位、多层次地为广大读者提供了中华优秀传统文化在现代管理中应用与发展的工具包。

可以毫不夸张地说,每一本图书都凝聚着作者的智慧与心血,或是对某一传统管理思想在现代管理语境下的创新性解读,或是对某一行业或领域运用优秀传统文化提升管理效能的深度探索,或是对传统文化与现代管理融合实践中成功案例与经验教训的详细总结。"丛书"通过文字的力量,将传统文化的魅力与现代管理的智慧传递给广大读者。

在未来的发展征程中,我们将持续深入推进中华优秀传统文化在现代管理中的创造性转化和创新性发展工作。我们坚信,在全社会的共同努力下,中华优秀传统文化必将在现代管理的广阔舞台上绽放出更加绚丽多彩的光芒。在中华优秀传统文化与现代管理融合发展的道路上砥砺前行,为实现中华民族伟大复兴的中国梦做出更大的贡献!

是为序。

朱宏任

中国企业联合会、中国企业家协会

党委书记、常务副会长兼秘书长

序　二

文化传承　任重道远

财政部国资预算项目"中华优秀传统文化在现代管理中的创造性转化与创新性发展工程"系列成果——"中华优秀传统文化与现代管理融合"丛书和读者见面了。

一

这是一组可贵的成果，也是一组不够完美的成果。

说她可贵，因为这是大力弘扬中华优秀传统文化（以下简称优秀文化）、提升文化自信、"振民育德"的工作成果。

说她可贵，因为这套丛书汇集了国内该领域一批优秀专家学者的优秀研究成果和一批真心践行优秀文化的企业和社会机构的卓有成效的经验。

说她可贵，因为这套成果是近年来传统文化与现代管理有效融合的规模最大的成果之一。

说她可贵，还因为这个项目得到了财政部、国务院国资委、中国企业联合会等部门的宝贵指导和支持，得到了许多专家学者、企业家等朋友的无私帮助。

说她不够完美，因为学习践行传承发展优秀文化永无止境、永远在进步完善的路上，正如王阳明所讲"善无尽""未有止"。

说她不够完美，因为优秀文化在现代管理的创造性转化与创新性发展中，还需要更多的研究专家、社会力量投入其中。

说她不够完美，还因为在践行优秀文化过程中，很多单位尚处于摸索阶段，且需要更多真心践行优秀文化的个人和组织。

当然，项目结项时间紧、任务重，也是一个逆向推动的因素。

二

2022年，在征求多位管理专家和管理者意见的基础上，我们根据有关文件精神和要求，成立专门领导小组，认真准备，申报国资预算项目"中华优秀传统文化在现代管理中的创造性转化与创新性发展工程"。经过严格的评审筛选，我们荣幸地获准承担该项目的总运作任务。之后，我们就紧锣密鼓地开始了调研工作，走访研究机构和专家，考察践行优秀文化的企业和社会机构，寻找适合承担子项目的专家学者和实践单位。

最初我们的计划是，该项目分成"管理自己""管理他人""管理事务""实践案例"几部分，共由60多个子项目组成；且主要由专家学者的研究成果专著组成，再加上几个实践案例。但是，在调研的初期，我们发现一些新情况，于是基于客观现实，适时做出了调整。

第一，我们知道做好该项目的工作难度，因为我们预想，在优秀文化和现代管理两个领域都有较深造诣并能融会贯通的专家学者不够多。在调研过程中，我们很快发现，实际上这样的专家学者比我们预想的更少。与此同时，我们在广东等地考察调研过程中，发现有一批真心践行优秀文化的企业和社会机构。经过慎重研究，我们决定适当提高践行案例比重，研究专著占比适当降低，但绝对数不一定减少，必要时可加大自有资金投入，支持更多优秀项目。

第二，对于子项目的具体设置，我们不执着于最初的设想，固定甚至限制在一些话题里，而是根据实际"供给方"和"需求方"情况，实事求是地做必要的调整，旨在吸引更多优秀专家、践行者参与项目，支持更多优秀文化与现代管理融合的优秀成果研发和实践案例创作的出版宣传，以利于文化传承发展。

第三，开始阶段，我们主要以推荐的方式选择承担子项目的专家、企业和社会机构。运作一段时间后，考虑到这个项目的重要性和影响力，我们觉得应该面向全社会吸纳优秀专家和机构参与这个项目。在请示有关方面同意后，我们于2023年9月开始公开征集研究人员、研究成果和实践案例，并得到了广泛响应，许多人主动申请参与承担子项目。

三

这个项目从开始就注重社会效益，我们按照有关文件精神，对子项目研发创作提出了不同于一般研究课题的建议，形成了这个项目自身的特点。

（一）重视情怀与担当

我们很重视参与项目的专家和机构在弘扬优秀文化方面的情怀和担当，比如，要求子项目承担人"发心要正，导人向善""充分体现优秀文化'优秀'二字内涵，对传统文化去粗取精、去伪存真"等。这一点与通常的课题项目有明显不同。

（二）子项目内容覆盖面广

一是众多专家学者从不同角度将优秀文化与现代管理有机融合。二是在确保质量的前提下，充分考虑到子项目的代表性和示范效果，聚合了企业、学校、社区、医院、培训机构及有地方政府背景的机构；其他还有民间传统智慧等内容。

（三）研究范式和叙述方式的创新

我们提倡"选择现代管理的一个领域，把与此密切相关的优秀文化高度融合、打成一片，再以现代人喜闻乐见的形式，与选择的现代管理领域实现融会贯通"，在传统文化方面不局限于某人、某家某派、某经典，以避免顾此失彼、支离散乱。尽管在研究范式创新方面的实际效果还不够理想，有的专家甚至不习惯突破既有的研究范式和纯学术叙述方式，但还是有很多子项目在一定程度上实现了研究范式和叙述方式的创新。另外，在创作形式上，我们尽量发挥创作者的才华智慧，不做形式上的硬性要求，不因形式伤害内容。

（四）强调本体意识

"本体观"是中华优秀传统文化的重要标志，相当于王阳明强调的"宗旨"和"头脑"。两千多年来，特别是近现代以来，很多学者在认知优秀文化方面往往失其本体，多在细枝末节上下功夫；于是，著述虽多，有的却如王阳明讲的"不明其本，而徒事其末"。这次很多子项目内容在优秀文化端本清源和体用一源方面有了宝贵的探索。

（五）实践丰富，案例创新

案例部分加强了践行优秀文化带来的生动事例和感人故事，给人以触动和启示。比如，有的地方践行优秀文化后，离婚率、刑事案件大幅度下降；有家房地产开发商，在企业最困难的时候，仍将大部分现金支付给建筑商，说"他们更难"；有的企业上新项目时，首先问的是"这个项目有没有公害？""符不符合国家发展大势？""能不能切实帮到一批人？"；有家民营职业学校，以前不少学生素质不高，后来他们以优秀文化教化学生，收到良好效果，学生素质明显提高，有的家长流着眼泪跟校长道谢："感谢学校救了我们全家！"；等等。

四

调研考察过程也是我们学习总结反省的过程。通过调研，我们学到了许多书本中学不到的东西，收获了满满的启发和感动。同时，我们发现，在学习阐释践行优秀文化上，有些基本问题还需要进一步厘清和重视。试举几点：

（一）"小学"与"大学"

这里的"小学"指的是传统意义上的文字学、音韵学、训诂学等，而"大学"是指"大学之道在明明德"的大学。现在，不少学者特别是文史哲背景的学者，在"小学"范畴苦苦用功，做出了很多学术成果，还需要在"大学"修身悟本上下功夫。陆九渊说："读书固不可不晓文义，然只以晓文义为是，只是儿童之学，须看意旨所在。"又说"血脉不明，沉溺章句何益？"

（二）王道与霸道

霸道更契合现代竞争理念，所以更为今人所看重。商学领域的很多人都偏爱霸道，认为王道是慢功夫、不现实，霸道更功利、见效快。孟子说："仲尼之徒无道桓、文之事者。"（桓、文指的是齐桓公和晋文公，春秋著名两霸）王阳明更说这是"孔门家法"。对于王道和霸道，王阳明在其"拔本塞源论"中有专门论述："三代之衰，王道熄而霸术焜……霸者之徒，窃取先王之近似者，假之于外，以内济其私己之欲，天下靡然而宗之，圣人之道遂以芜塞。相仿相效，日求所以富强之说，倾诈之谋，攻伐之计……既其久也，斗争劫夺，不胜其祸……而霸术亦有所不能行矣。"

其实，霸道思想在工业化以来的西方思想家和学者论著中体现得很多。虽然工业化确实给人类带来了福祉，但是也带来了许多不良后果。联合国《未来契约》（2024年）中指出："我们面临日益严峻、关乎存亡的灾难性风险"。

（三）小人儒与君子儒

在"小人儒与君子儒"方面，其实还是一个是否明白优秀文化的本体问题。陆九渊说："古之所谓小人儒者，亦不过依据末节细行以自律"，而君子儒简单来说是"修身上达"。现在很多真心践行优秀文化的个人和单位做得很好，但也有些人和机构，日常所做不少都还停留在小人儒层面。这些当然非常重要，因为我们在这方面严重缺课，需要好好补课，但是不能局限于或满足于小人儒，要时刻也不能忘了行"君子儒"。不可把小人儒当作优秀文化的究竟内涵,这样会误己误人。

(四)以财发身与以身发财

《大学》讲:"仁者以财发身,不仁者以身发财"。以财发身的目的是修身做人,以身发财的目的是逐利。我们看到有的身家亿万的人活得很辛苦、焦虑不安,这在一定意义上讲就是以身发财。我们在调查过程中也发现有的企业家通过学习践行优秀文化,从办企业"焦虑多""压力大"到办企业"有欢喜心"。王阳明说:"常快活便是功夫。""有欢喜心"的企业往往员工满足感、幸福感更强,事业也更顺利,因为他们不再贪婪自私甚至损人利己,而是充满善念和爱心,更符合天理,所谓"得道者多助"。

(五)喻义与喻利

子曰:"君子喻于义,小人喻于利"。义利关系在传统文化中是一个很重要的话题,也是优秀文化与现代管理融合绕不开的话题。前面讲到的那家开发商,在企业困难的时候,仍坚持把大部分现金支付给建筑商,他们收获的是"做好事,好事来"。相反,在文化传承中,有的机构打着"文化搭台经济唱戏"的幌子,利用人们学习优秀文化的热情,搞媚俗的文化活动赚钱,歪曲了优秀文化的内涵和价值,影响很坏。我们发现,在义利观方面,一是很多情况下把义和利当作对立的两个方面;二是对义利观的认知似乎每况愈下,特别是在西方近代资本主义精神和人性恶假设背景下,对人性恶的利用和鼓励(所谓"私恶即公利"),出现了太多的重利轻义、危害社会的行为,以致产生了联合国《未来契约》中"可持续发展目标的实现岌岌可危"的情况。人类只有树立正确的义利观,才能共同构建人类命运共同体。

（六）笃行与空谈

党的十八大以来，党中央坚持把文化建设摆在治国理政突出位置，全国上下掀起了弘扬中华优秀传统文化的热潮，文化建设在正本清源、守正创新中取得了历史性成就。在大好形势下，有一些个人和机构在真心学习践行优秀文化方面存在不足，他们往往只停留在口头说教、走过场、做表面文章，缺乏真心真实笃行。他们这么做，是对群众学习传承优秀文化的误导，影响不好。

五

文化关乎国本、国运，是一个国家、一个民族发展中最基本、最深沉、最持久的力量。

中华文明源远流长，中华文化博大精深。弘扬中华优秀传统文化任重道远。

"中华优秀传统文化与现代管理融合"丛书的出版，不仅凝聚了子项目承担者的优秀研究成果和实践经验，同事们也付出了很大努力。我们在项目组织运作和编辑出版工作中，仍会存在这样那样的缺点和不足。成绩是我们进一步做好工作的动力，不足是我们今后努力的潜力。真诚期待广大专家学者、企业家、管理者、读者，对我们的工作提出批评指正，帮助我们改进、成长。

企业管理出版社国资预算项目领导小组

前　言

什么是卓越的企业？或者说，如何界定企业的价值？这是一个关乎企业本质与管理性质，乃至终极追求的元管理哲学问题。人们往往从产值、营收、利润等财务指标来判断一个企业是否优秀，但这仅仅是企业价值的一个维度。"企业即人，人即企业"，如同我们不能根据财富多寡来衡量一个人的价值一样，企业在追求经济价值之外，是否应该、能否追求自由、愉悦与幸福等精神与情感价值呢？方太集团董事长兼总裁茅忠群认为，伟大的企业不仅是一个经济组织，要满足并创造顾客需求，而且是一个社会组织，要承担社会责任，不断导人向善，促进人类社会的真、善、美。这就从"人"与"人类"的维度，深刻且全面地界定了企业的本质与管理的目的。事实上，企业作为人为的创造物，在创立之初就承载了许多人类的美好期望，这些期望包含但绝不仅仅限于经济目的，企业存在的依据以及经营好坏的标准，都应回归到"人性"上来。

在中国，有这样一类企业家，他们将企业视为修行的道场，并不刻意追求经济规模和财务指标，而是在适度规模下致力于打造可持续发展的幸福企业。经过多年观察发现，存在一个共同现象：这些企业家大都从中华优秀传统文化中汲取无穷的经营智慧，秉持以人为本、以企为家的理念，践行义利并重的儒家商业伦理，自觉探索出了具有企业自身特色的治理模式。这种探索在一定程度上突破了西方经典企业理论与管理思想的局限，具体而微地于企业管理领域书写了中国式现代化的精彩篇章。

中华优秀传统文化是中国特色社会主义和中国式现代化文明的思想根基，习近平总书记曾指出："如果没有中华五千年文明，哪里有什么中国特色？如果不是中国特色，哪有我们今天这么成功的中国特色社会主义道路？"中华优秀传统文化不仅在悠悠历史长河中始终闪耀着智慧之光，也对当下中国发展具有历久弥新的时代价值，蕴含着解决西方现代化弊端，进而扬弃和超越西方现代化的重要逻辑。在全面建设社会主义现代化国家新征程中，中国特色社会主义创造了人类文明新形态，彰显了社会主义文明、中华文明、现代化文明共同作用和综合创造的伟大力量，为新时代新商业文明构建与中国企业治理范式创新提供了广阔空间与思想资源。

作为人类文明新形态的重要组成部分，新商业文明为企业发展带来了新的选择，也为基于中华优秀传统文化实现中国企业治理创新提供了新的空间。新商业文明是以价值创造为核心的商业文明，在以人为本、个体激活、价值共创等方面，与中华优秀传统文化的共同体思想存在内在契合。在新商业文明中，单纯追求利润最大化的工具理性和市场逻辑已经无法适配数字时代的生产力和生产关系，基于和合共生理念的价值创造逐渐成为商业逻辑的核心，企业发展愈发依赖内部个体的创新能力，以及与外部用户、社区等主体的多方互联和共创共享。在此过程中，企业需要塑造员工个体的幸福感、意义感、价值感，企业可持续竞争优势的获得需要参与构建联结个体、企业、用户、社区等主体的价值网络，实现个体价值、企业价值、社会价值、生态价值的相互促进、共同发展与互惠共生。

以义利并重为特质的中国传统商业伦理，主张将仁、义、礼、智、信等伦理道德贯穿于经营管理和商业行为之中。它既是中国式企业治理现代化进程中重建道德伦理精神以将价值创造作为商业文明核心的必然要求，也是中国商业激发活力与企业持续成长的根本保障。中华优秀传统文化蕴含的以义制利、思利及人、和合共生等共同体思想，为新商业文明中的企业治理创新提供了丰富的文化资源。基于中国特色社会主义的发展规律和人类文明新形态的创造逻辑，在新商业文明中继承、发展、创新以共同体思想为核心的中华优秀传统文化，可以为中国企业治理创新奠定文化根基、提供思想源泉。

中国家文化作为中华优秀传统文化的核心组成部分，是基于义利并重的商业逻辑和共同体思想实现中国企业治理创新的重要文化资源。中国家文化在个体成长、组织发展、社会繁荣等方面凝结并体现了丰富的共同体思想，并彰显了义利并重的组织治理逻辑。中国家文化强调道德成长在个体价值上的重要性，强调在多种复杂职能交织的组织中构建组织共同体。同时，在个体道德成长、组织共同体、家国一体等治理观中，中国家文化通过强调"修身、齐家、治国、平天下"的价值实现逻辑，将个体价值与企业价值、社会价值等联系起来，进而将价值创造的多元主体紧密联结起来，展现出兼顾伦理道德与经济利益，个人成长与企业发展，企业发展与社会繁荣、生态良好的义利并重的治理逻辑。因此，中国家文化与新商业文明具有内在契合性，是基于义利并重的核心商业逻辑和共同体思想实现企业治理创新的重要文化资源。

新时代商业文明的重塑有其特定的技术、制度与实践背景，中国传统家文化需要在新的商业实践中进行创造性转化与创新性发展。基于共同体思想构建中国式企业治理理论，需要结合中国企业的治理需求，吸收融合西方现代企业治理的先进制度以及中国现代企业治理实践积累的先进经验，坚持"美人之美，美美与共"的基本方针。正如费孝通先生所言：首先要认识自己的文化，理解所接触到的多种文化，才有条件在这个已经在形成中的多元文化的世界里确立自己的位置，经过自主的适应，和其他文化一起，取长补短，共同建立一个有共同认可的基本秩序和一套各种文化能和平共处、各抒所长、联手发展的共处守则。因此，实现中国企业治理的创新与发展，既需要充分继承家文化等中华优秀传统文化蕴含的治理智慧，又需要以"守正不守旧，尊古不复古"的守正创新精神，在继承中创新，在创新中发展，实现中华优秀传统文化和中国企业治理相互促进、共同发展。

基于中国家文化中的共同体思想发展中国特色企业治理，应充分研究共同体思想在现代企业治理实践中转化的内在机理、逻辑关系与历史经验。明清时期的晋商乔家字号，以儒家共同体思想为社会价值观基础，以儒家义利观为商业伦理，通过人员选聘阶段的价值筛选构建组织文化共同体，通过培训与晋升阶段的制度耦合构建社会身份共同体，通过激励阶段具有长期导向的身股激励构建经济利益共同体，形成兼顾高度社会嵌入和经济社会效益的共同体式身股激励体系。在此过程中，乔家字号拓展了股权激励的情感、伦理维度，对于矫正过度强调物质报酬和财务指标的制度设计规则，避免现代股权激励产生的短期主义、道德风险等委托代理问题，在企业治理过程中降低监督成本、提高效率并实现激励的长期导向，进而塑造共同体式身股激励模式，具有借鉴和启发意义。

"周虽旧邦，其命维新。"现代企业实践证明，中国传统共同体思想与家文化完全能够与市场经济体系及其商业理念有机结合，在治理过程与机制方面实现创造性转化进而发展出独具中国特色的共同体式治理模式。与资本逻辑与工具理性主导的西方现代企业过度追逐财务指标与刚性约束不同，以香港李锦记、苏州固锝、阳泉天元、宁波方太、东莞泰威等为代表的中国现代新儒商企业，秉持仁义至上、思利及人、修己安人、以道御术、天地人和等儒家商业伦理与价值创造逻辑，在数十年乃至百年的商业实践中，逐渐探索出一条打造幸福企业的中国治理模式。与西方企业治理模式相比，该模式的核心思想是义利并重、以义生利，核心特质是家庭式组织与共同体式治理。

李锦记将强调侧重情感与伦理的家族主义和强调市场理性的现代治理理念相结合，清晰界定家族治理与企业治理的关系，通过家族委员会、"家族宪法"等制度设计强化组织理性，同时兼顾儒家伦理在企业治理中的文化凝聚与资源整合优势，依靠家族的团结和睦实现企业的永续经营，书写了"家和万事兴"的治理佳话。李锦记还基于"思利及人"的文化价值观，发展出"自动波"领导机制。在家族企业公司治理与人员管理中，将儒家伦理与市场经营理念相结合，融通家族主义与经理主义，探索出具有双重治理逻辑的共同体式治理机制。

固锝以中国家文化为核心，探索发展出以"内求、利他"的企业家训和"企业的价值在于员工的幸福和客户的感动"的核心价值观为代表的家文化价值观体系，构建了和谐耦合工作关系和伦理关系的关系治理机制，以及包含人文关怀、人文教育、绿色环保、健康促进、慈善公益、志工拓展、人文记录、敦伦尽分八大模块的治理实践体系，打造出企业共同体至善治理的完整体系。

天元基于作为中国家文化核心的孝道文化，发展出包括"四用""五看""六法则""八心""十修在当下"和关爱员工"四代（袋）"等内容的核心价值观体系；形成了将"孝""悌""敬""忠"等孝道美德与现代治理理念相结合，以领导者践行孝道、标准化制度规范共同构成的核心治理框架；建立了包括企业内部传承和外部传承的文化传承机制，打造出企业共同体孝道治理的完整体系。

方太基于中国家文化衍生的幸福文化，发展出由员工个体幸福、企业整体幸福、外部利益相关者幸福构成的企业共同体幸福治理体系。

泰威基于中国家文化与社会主义文化融合的共同富裕观，践行"大道之行也，天下为公""为政利民""自天子以至于庶人，壹是皆以修身为本"等中华优秀传统文化所蕴含的共同富裕思想，探索出了以"51，25，24"的"天地人和"股权方案为核心，以共同富裕为根本导向，由共同参与治理、共享治理成果和落实全面普遍富裕三个维度构成的和谐治理模式。

在全面建设社会主义现代化国家新征程中，通过社会主义文明、中华文明、现代商业文明的相互融合、彼此促进、共同发展，可以为中国式企业治理创新提供新的价值创造逻辑与路径。对此，中国明清时期的晋商乔家字号，以及当代的李锦记、固锝、天元、方太、泰威等儒商型企业，都在企业治理机制创新方面积累了丰富经验，从中，我们大体可

前　言

以厘清和梳理出基于义利并重的中国企业治理新范式的基本框架。

本书立足新商业文明的价值创造规律，发掘中国家文化与共同体思想在古今企业治理实践中创造性转化与创新性发展的深层机理。通过对晋商乔家字号、李锦记、固铻、天元、方太、泰威等中国企业治理创新实践的案例分析，构建以中国家文化为思想基础、以义利并重为核心价值的新时代共同体式治理体系，以期为中国企业在中国式现代化征程中实现高质量、可持续发展提供借鉴。

本书叙述的是探索性过程，而非确定性结果。在我们熟知的"股东至上"（资本主义物本管理）、"唯利是图"（理性计算导向的纯粹经济激励）的西方治理范式框架之外，还有一个"人民至上"（社会主义人本管理）、"以义制利"（以伦理节制资本，兼顾情感价值与经济激励）的企业治理模式值得关注。或许这些追求善治的企业家的探索带有某种道德理想主义的色彩，但值得期许的是，他们为这个不断物化和内卷的"单向度"社会，提供了一种更为开放的愿景和一股更加向上的力量。

目 录

第一章 儒家伦理与新商业文明：中国式现代化的商业逻辑 1
一、VUCA 时代传统商业文明的价值评判与问题审视 4
二、新商业文明：从经济利润到价值创造 5
三、儒家伦理：新商业文明的价值内核和意义给赋 11
四、儒商型企业：新商业文明下企业的经营模式与组织典范 15
五、范例：海尔商业生态系统与儒商型企业的经营观 20
六、结语 26

第二章 家文化、家庭式组织与共同体式治理 27
一、人类文明新形态下的企业治理创新逻辑 30
二、家文化在现代企业中的延伸及时代价值 32
三、组织重塑：家庭式组织与企业共同体 40
四、追求善治：共同体式治理的历史经验与理论框架 49

第三章 乔家字号：义利并重与古典企业的共同体式身股激励 53
一、身股制：解密晋商雄财善贾的一把钥匙 55
二、儒家共同体与社会嵌入理论 59
三、乔家字号共同体式身股激励的生成路径 61

四、中国古典企业共同体式身股激励的内在机理　73
　　五、结语　80

第四章　李锦记：儒家伦理与市场理性耦合的家族治理　87
　　一、家族经营：家文化嵌入企业治理的一个典范　89
　　二、"家族主义"与李锦记集团的特殊治理结构　92
　　三、家族治理中儒家伦理与经济理性的耦合机制　98
　　四、"思利及人"与"自动波"领导模式　102
　　五、经典之问：儒家伦理"阻滞"还是"节制"资本　106
　　六、结语　112

第五章　固锝：基于家文化的至善治理　115
　　一、至善治理：家文化何以转化为治理力量　117
　　二、家文化及其对企业组织的影响　120
　　三、家文化至善治理的特性优势　123
　　四、家文化至善治理的系统框架　129
　　五、结语　153

第六章　天元：仁义文化与以孝治企　155
　　一、孝道：基于家文化塑造组织共同体的基石　157
　　二、孝道：中国传统治理体系的价值基石　160
　　三、孝道文化与孝道治理机制　165
　　四、基于仁义观的天元孝道治理模式　177
　　五、结语　194

第七章 方太：以道御术的幸福治理 195

一、幸福：方太"以道御术"的价值追求 197

二、"乐"、幸福与企业治理的关系 200

三、幸福治理的三个层次 205

四、方太幸福治理模式的基本框架 208

五、结语 225

第八章 泰威：共同富裕的和谐治理 227

一、泰威：追求共同富裕治理之道的典范企业 229

二、社会主义、共同富裕与企业治理 232

三、企业治理中的共同富裕路径 241

四、泰威"天地人和"股权结构与和谐治理模式 251

五、结语 271

后　记 273

第一章
儒家伦理与新商业文明：中国式现代化的商业逻辑[1]

---

[1] 本章主要内容刊发于《财经问题研究》2023年第8期，原文题目为《儒家伦理与新商业文明：中国式现代化的商业逻辑》，此次选入时内容有所改动。

第一章　儒家伦理与新商业文明：中国式现代化的商业逻辑

党的二十大报告提出，以中国式现代化全面推进中华民族伟大复兴。实现现代化不仅是人类文明发展与进步的显著标志，也是近代以来世界各国孜孜以求的共同目标。资本主义的发展为西方现代化提供了重要的经济基础和动力，也使西方现代化追逐效率和利润等客观指标的最大化，不免催生出人性异化、赢者通吃、两极分化等诸多现代化困境和管理悖论。与之不同，中国式现代化以中国理念、中国智慧和中国方案破解了社会发展中的诸多难题，蕴含着一种与西方现代化迥然不同的商业发展逻辑及文明形态。

现代化并非标准化，文化基因的差异性、历史条件的多样性和国情发展的复杂性等多种因素都决定了中国式现代化与西方现代化的显著不同。前者深深植根于中华优秀传统文化，尤其是与中华民族历史发展联系密切的儒家文化。因此，通过辩证思考深入挖掘儒家伦理思想在现代商业逻辑下的创造性转化模式，抽绎出能为当代中国商业文明重塑提供助益的核心价值观念，对于推进中国式现代化发展和构建新商业文明具有重要价值。对此，本章将辨析传统商业文明与新商业文明的内涵差异，分析儒家伦理与新商业文明在价值内核方面的内在关联，探寻蕴含中国式现代化商业逻辑的儒商型企业的具体特征及其对商业文明的重构途径。这些问题的澄清有助于挖掘和培育传统儒学所蕴含和可承载的现代商业价值，也有助于引导研究者和实践者积极参与中国式现代化建设，在新商业文明构建过程中走出一条中国道路。

一、VUCA 时代传统商业文明的价值评判与问题审视

近年来，企业经营面临的宏观环境发生巨大变化，变化事件以 VUCA（易变性、不确定性、复杂性、模糊性）为特征逐步成为新常态[1]。与此同时，在中国开启高质量发展的新征程上，以西方科学管理范式为主流的企业管理经验和基于相对稳定可控的工业时代发展规律提炼的传统管理理论，以及构建于二者之上的传统商业文明已无法与当下市场特征相匹配，诸多得益于此的传统企业的管理优势在 VUCA 时代到来后逐渐丧失。

以泰罗制为核心的科学管理理论问世，标志着管理学以科学式管理替代了经验式管理。科学式管理推崇效率、分工、组织化、标准化和系统化等控制标准，其中蕴含的理性逻辑和"经济人"假设也为现代管理的快速发展奠定了深厚的理论基础[2]。尽管自产生就备受质疑，但毫无疑问科学管理理论为管理学界的思想发展和实践指导做出了重大贡献，确立了管理学"效率至上"原则的同时，也极大地改变了人类的思想意识和生存形态，指导商业行为取得了一系列成果，形成了与历史时代相适应的传统商业文明。

然而，在西方现代化过程中，传统商业文明以企业为中心，片面强调企业利润最大化和股东第一，在价值理念、经营模式和市场结果方面逐步衍生出资本至上、赢者通吃和两极分化的恶性循环，不但难以激发企业在数字时代对战略性机遇的市场敏锐性和创新持续性，而且难以协调主体间利益关系，以至于无法实现共同富裕。究其原因，可以归纳为

---

[1] 李平. VUCA条件下的组织韧性：分析框架与实践启示[J]. 清华管理评论，2020（06）：72-83.

[2] 胡国栋. 管理范式的后现代审视与本土化研究[M]. 北京：中国人民大学出版社，2017：64-65.

发展于西方现代化的传统商业文明的资本理性化、逐利性等价值逻辑与新商业文明彰显的新伦理价值诉求大相径庭。正如哈克[1]所言，传统商业文明下的世界仿佛是资源丰富的狩猎场，工业经济发展模式的设计与之相匹配，而如今人类所处的世界更像是一叶方舟，拥挤不堪甚至无落脚之地，若依旧采取无法长期持续发展的管理方法和商业模式，看似一派热闹非凡，最终换取的却是虚假繁荣。

经过百余年的历史演变，传统商业文明遵循西方现代化内在逻辑的伦理体系已被深刻反思。根植于中华优秀传统文化的伦理要素，可以解决西方现代化发展过程中产生的现代化困境。任何国家、企业的伦理建设都与其民族传统文化密不可分并深受其影响。儒家伦理对于中国商业伦理构建的意义非凡[2]。因此，学者们需要对儒家文化进行创造性转化和创新性发展，发掘传统儒家文化可承载的现代意义及其赋予中国式现代化商业逻辑的价值内涵，以便厘清新商业文明的文化渊源、思想内涵和实践路径，为打造符合中国式现代化要求的企业提供理论启示和实践指导。

二、新商业文明：从经济利润到价值创造

当今世界正经历百年未有之大变局，近年来传统管理理论和经验中衍生的现代化困境促使企业重新审视未来发展之路。新商业文明为企业发展带来了新的选择。就商业文明而言，已有研究多从商业模式说、市场经济说和社会治理说三种不同理论视角对其进行探讨[3]，本章的

---

[1] 乌麦尔·哈克. 新商业文明：从利润到价值［M］. 吕莉，译. 北京：中国人民大学出版社，2016：8.

[2] 伍华佳. 儒家伦理与中国商业伦理的重构［J］. 社会科学，2012（03）：50-57.

[3] 赵涛，彭龙. 商业文明·要素文明·形态文明［J］. 山东社会科学，2013（11）：130-135.

"商业文明"定义依循社会治理说，是指商业社会呈现的文明状态。换言之，就是将商业社会的整体发展和进步作为文明演进的主体和对象，按照商业发展原则推动社会各方面运行和改革，并最终将商业社会中体现的商业精神和价值理想转变成整个社会的变革诉求和价值追求。

每个历史时代都存在与之相应的商业文明。现阶段，互联网、物联网等信息技术的推动下引发了生产力、生产关系和生产方式的巨大变革。这些变革催生了新的经济、社会和文化的文明范式，并带来了进步和发展。随着生产力水平的显著提升，人们的物质需求与从前相比得到了极大的满足。人们开始注重满足精神层面的需求。西方现代化过程中的传统商业文明经营理念及其衍生后果也被重新审视。在股东价值最大化的驱动下，多数企业只以企业利润作为衡量发展的唯一指标，强调个人效用最大化并以此推导组织存在和运转的逻辑。这种追求利润最大化的工具理性和市场逻辑是传统商业文明下企业普遍遵循的运作规律。资产阶级以追求剩余价值为根本动力，既是资本主义制度的内在要求，又是资本主义精神的外部体现。韦伯将新教伦理禁欲主义、理性行事和"天职"观赋予资本主义精神合理性，为采取理性手段追求财富最大化的理性经济人行为模式提供了伦理依据和道德支撑[1]。尽管资本主义精神和经济制度为工业时代的科技进步和社会发展提供了有利条件，但资本运营自身存在固有的内在矛盾并在愈演愈烈中引发了社会矛盾及精神危机[2]，为社会两极分化埋下隐患。这种现代化发展形式中包含的资本扩张和殖民体系的合理性主张被马克思所深刻批判，他指出，资本与劳动的关系是现代社会体系围绕旋转的轴心，遵循利益最大化原则使经济

---

[1] 叶静怡. 韦伯《新教伦理与资本主义精神》的方法论和思想研究[J]. 北京大学学报（哲学社会科学版），1999（04）：63-68.
[2] 徐大建. 资本的运营与伦理限制[J]. 哲学研究，2007（06）：99-104.

利益优先于道德正当，甚至成为道德正当的化身[1]。这些哲学思想与中国传统文化尤其是儒家伦理观念存在逻辑相似性和内容相通性[2]，二者融合形成的价值理念奠定了中国式现代化商业逻辑的文明基石。

西方现代化的商业逻辑将人视为理性经济人，认为其行动皆为最大限度满足个人私利。同时，企业被视为功利性追求效率和经济利润的场所。这种逻辑及其管理方式需要与儒家伦理中蕴含的人文主义情怀相结合，并重塑商业文明。第一，儒家伦理在对待财富资本的态度上持先义后利的审慎态度，不主张以物质财富衡量人的社会地位，强调关乎社会秩序的整体利益且不容忍一味追求私利的行为。第二，儒家伦理中的仁爱观强调"仁者爱人"（《孟子·离娄下》），重视伦理价值和道德属性，主张以人为本。第三，儒家伦理中的忠恕观是行仁之道，主张尽心为人且己所不欲勿施于人，以爱己之心引出爱他之义，促进个体间、组织间、社会间和平共处、共同发展。将这种价值观念应用于商业文明，意味着不以利己主义作为推动经济社会进步的唯一驱动力，同时也意味着避免因缺乏道德约束而合法化或放任损害公共利益的行为。第四，儒家伦理蕴含强调"和合共生"的文化基因，主张人与自然、人与社会、人与人、人与心灵、不同文化之间的和谐共生，在天人和合中追求生态平衡，在群己和合中遵循伦理自觉，在内外和合中进行价值重塑[3]。因此，在运用转化得当的前提下，儒家伦理不仅可以发挥节制资本追逐利润本性的积极作用，还能促进企业承担社会责任，进而缓解人性异化、赢者

---

[1] 臧峰宇. 马克思的现代性思想与中国式现代化的实践逻辑[J]. 中国社会科学，2022（07）：39-55+204-205.

[2] 王志民，马啸. 中华文明与人类共同价值[M]. 北京：清华大学出版社，2017：231.

[3] 胡国栋. 管理范式的后现代审视与本土化研究[M]. 北京：中国人民大学出版社，2017：219-222.

通吃和两极分化等现代化困境，通过激发商业文明下弱势群体的创新活力实现价值共创和促进共同富裕。

数字时代下的新商业文明要求利润让位于价值。利润只是企业经营核算后的结果，而价值创造是商业精神的实质。一旦本末倒置，将追逐股东利益最大化视为唯一经营目标，以经济利益为价值导向，必然会引发有损企业声誉、破坏与企业有关的其他主体的利益、威胁长期竞争优势等问题。这不仅会影响企业发展格局，也会对社会价值观念产生错误引导。儒家伦理对中国文化-心理结构的培育、商业伦理的构建作用非凡。在现代市场经济环境下，挖掘并发挥儒家文化中的伦理内涵有助于为中国式现代化的商业逻辑找到文化基石，为现代社会的经济发展提供正当性论据，也为财富创造培育正确价值导向，重塑并促进新商业文明迅速、健康和持续发展。

零距离、去中心化、去中介化的互联网科技对企业管理方式产生全方位颠覆，使企业发展更加依赖内部个体的创新能力及其对外部用户需求的反应速度，这也使企业的组织结构和组织形态（企业与员工、用户的角色定位及互动方式）产生变化。在工业时代科学管理的思想浪潮中，企业大多依据合理性和专业化原则，按职能划分建立科层组织结构来整合和配置资源，同时依赖严密的规章制度和操作标准以保证稳定高效的生产效率。这种以科层化和去人格化为精髓的现代组织理论虽然在某些方面有其存在必要性和逻辑必然性，但容易导致组织中理性逻辑与感性逻辑发生背离[1]。这使得组织管理过于功利化和机械化，不仅导致组织难以满足员工对情感价值的真实需求，而且在数字时代用户需求

---

[1] 胡国栋. 中国本土组织的家庭隐喻及网络治理机制——基于泛家族主义的视角[J]. 中国工业经济，2014（10）：97-109.

瞬息万变的背景下，单纯强调专业分工、层层授权和按部就班产生明显的迟滞效应。因此，企业必须突破职能和层级的划分限制，打破传统僵化的垂直结构，发展基于家庭式情感和关怀伦理的纵横交织式网络协作关系，并据此打造开放无界的商业生态系统，实现生态成员间的高效协同，满足价值创造的发展需要，以适应数字时代快速变化的市场需求。在组织形态方面，数字时代下企业与员工的角色定位已从工业时代的领导者和服从者转变为赋能者和创造者，两者之间的关系也由稳定僵化的控制关系转变为灵活动态的共生关系。企业以组织共同目标为核心，通过赋能员工挖掘并满足用户需求，帮助员工实现价值创造和自我成长，并赋予个体在商业文明中存在的价值和意义。这种转变突破了传统商业文明下企业运营管理的按部就班，鼓励员工以主动寻求变化的心态去迎接外部环境的多变挑战。此外，用户在数字时代也发生了转变，不再仅仅是商品的购买者，更能够成为产品交互设计的产消者。用户通过参与生产服务活动为企业创造价值，并推动企业持续发展。

市场环境中零和博弈的竞争方式已无法适应现代市场发展需求，关于经济价值的观念及其引发的企业与利益相关者关系问题也亟待企业经营者深思并重新定位。新商业文明下价值创造机制构建重心从上下游企业单向化的价值链逐步转移到多方互联、共创共享的价值网[1]。企业的战略内涵也从其在特定价值链中的正确定位逐步演变为汇聚整合资源进行价值共创。在生态战略应运而生的背景下，每项产品、服务或场景生态的价值都由生态成员协同创造并整合而成，各成员在商业生态中扮演着不同的角色，创造的价值也与最终价值密不可分。物联网等技术的革

---

[1] 罗珉. 价值星系：理论解释与价值创造机制的构建[J]. 中国工业经济, 2006（01）: 80-89.

新也令生态合作企业引入机制保持着活力，因为用户以其实际购买行为将生态合作企业优胜劣汰的主动权牢牢把握在手中。因此，新商业文明下生态合作企业将用户体验置于产品、服务或场景研发的首要位置，通过与用户的频繁交互升级迭代解决方案，以确保企业可以低成本地针对社群用户的特定需求快速进行规模化定制。相比传统商业文明下以先进生产力为竞争优势，新商业文明下生态成员凭借持续的创造力针对用户痛点提出系列行之有效的解决方案，进而实现商业生态的共赢和进化。传统商业文明与新商业文明的多维比较如表1-1所示。

表1-1 传统商业文明与新商业文明的多维比较

比较维度	传统商业文明（西方现代化）	新商业文明（中国式现代化）
时代背景	工业社会	数字社会（互联网和物联网）
文明基石	新教伦理与资本主义	儒家伦理与马克思主义
经营理念	股东价值最大化（两极分化）	人的价值最大化（共同富裕）
角色定位	员工角色：雇佣者 用户角色：消费者	员工角色：合伙人 用户角色：产消者
管理模式	控制与集权	赋能与放权
组织结构	科层组织	网络组织（商业生态系统）
经营战略	价值链	价值网（价值星系）
市场定位	以产品为中心	以用户为中心
竞争方式	零和博弈	协同共创
竞争优势	先进生产力 （产品优势和产业优势）	持续创造力 （生态优势）
竞争结果	经济利润	价值创造

三、儒家伦理：新商业文明的价值内核和意义给赋

西方现代化本质上是由资本主义逻辑所推动的，其发展模式以追求资本无限增殖和剩余价值绝对化为根本导向[1]。在这个过程中，商业文明也逐渐演变为"只见物不见人"的单向度逻辑。相比之下，中国式现代化强调以人为本，认可发展逻辑中蕴含的伦理要素。中国商业伦理受儒家伦理文化影响深远，本章尝试从经典儒学和古代儒商的文化资本[2]中挖掘新商业文明的伦理思想，对其加以现代化诠释，构建符合中国式现代化的新商业文明蓝图，并通过提炼儒家义利之辨、仁义之道、忠恕伦理、"和合"思想等经典文化内涵，赋予新商业文明"组织愿景－角色价值－相处之道－进化之路"的价值内核。

（一）义利并重：义利之辨与新商业文明下组织的愿景重构

儒家义利观被视为商人群体所共同遵守的商业伦理，潜移默化地成为其特定的共享信念[3]，强调见利思义和先义后利的价值导向，认同利益的作用功效"利以平民"（《左传·成公·成公二年》），也明确表明"富与贵，是人之所欲也"（《论语·里仁》），重义而不轻利。换言之，儒家义利观强调社会的整体利益，提倡"君子爱财，取之有道"（《增广贤文》），注重物质文明与精神文明的均衡发展，实际上蕴含着对西方现代化商业逻辑中个人主义和物质中心主义的根本性超越。对儒家义利观进行吸纳、继承并给予现代化解读，有助于明确新商业文明中的组织发展愿景，重建商业秩序。

---

[1] 徐坤.中国式现代化道路的科学内涵、基本特征与时代价值[J].求索，2022（01）：40-49.

[2] 黎红雷将"文化资本"定义为几千年来影响中国人思维方式和行为方式的、以儒家思想为代表的中国传统文化.详见黎红雷.当代儒商的启示[J].孔子研究，2016（02）：15-23.

[3] 余英时.儒家伦理与商人精神[M].广西：广西师范大学出版社，2004：283.

义利并重、先义后利不仅是儒家商业精神的核心价值，还是儒家传统商业伦理为商业文明树立的理想规范，要求道德贯穿于整个商业文明的价值观念和商业行为中，期许商业文明的共建者有所为有所不为。传统商业文明下过分追寻经济利润最大化，造成为牟取个人暴利而忽视社会责任和商业伦理的不良商业现象常有发生。在外部情境日新月异的前提下，强调伦理精神的重拾既是拓展中国式现代化商业逻辑的必要，也是对商业文明发展活力的长远保障。儒家伦理中的义利之辨可为缓解企业效益导向与道德伦理之间的冲突提供有效的管理启示。

（二）个体激活：己立立人与新商业文明下角色的价值重塑

随着人性假设经由"经济人""社会人"到"知识人""伦理人"的演进，管理范式实现了从理性规范、动机需求、知识创新到幸福意义的转变[1]。在工具理性主导的现代性逻辑影响下，恢复被现代管理去除的伦理、审美和信仰等价值因素，建立组织的文化认同和工作场所中的意义体系成为构建新商业文明的基本诉求[2]。

传统商业文明下组织与个体之间控制-服从的科层制管理范式专注于组织内部的协调控制，忽视了基于信任的积极合作关系和员工的主观能动性，无法满足员工从工作场所中获取幸福感和意义感的需求，难以激发员工主人翁意识及创新行为，也较难维系企业在动态市场下的长期竞争优势。新商业文明下企业管理实践从工具理性向价值理性转化，通过伦理和文化规划组织信任机制，更强调人的核心价值，重新定义了各主体的角色定位和价值内涵，打破组织边界和员工身份的刻板印象，在

---

[1] 陈劲，魏巍. 有意义的管理——以幸福和意义为核心的中国特色管理范式[J]. 清华管理评论，2022（04）：46-53.

[2] 胡国栋，王天娇. 后现代主义视域下管理学的本土化研究[J]. 财经问题研究，2019（04）：21-29.

工作中赋予员工更多的自主权，充分调动并激发员工的积极性和创造力，让其在工作过程中认识自己、了解自己并成就自己，重视并满足员工最本质的意义需求。

以人为本的价值观念是中国式商业逻辑所遵循的重要理论基础，其中蕴含的人性假设和价值观念与科学管理理论不同，受中国传统儒家文化"仁爱观"的影响深远。"仁爱观"需要"己欲立而立人，己欲达而达人"（《论语·雍也》），既反映出人在中国社会价值观念中占据重要地位，也体现出"爱人"在为人处世中的积极作用，为革新控制思维和激活个体价值的新商业文明管理范式提供了价值引导。其中蕴含的商业逻辑明确管理的目的是在完成组织共同目标的同时，帮助个体找寻存在的意义和价值，激发个体自我发展潜能，形成促进组织积极发展的正向循环。在这一过程中，企业各主体的角色定位和相处方式也被进一步重塑。

（三）思利及人：忠恕伦理与新商业文明下的相处之道

当今世界经济处于深度调整期，单边主义和保护主义对全球产业链、供应链造成负面冲击。"覆巢之下，焉有完卵"（《世说新语·言语》），思利及人是儒家处理主体间利益关系时提出的忠恕伦理，可为新商业文明下企业的和谐相处提供启示。

思利及人是儒家处理人与人之间利益关系时提出的"利他式"价值观念和行事准则。这种忠恕伦理凝聚了儒家伦理的思想精髓，"夫子之道，忠恕而已矣"（《论语·里仁》），强调个体在为人处世时多设身处地换位思考，将心比心，推己及人，从而培养仁爱之心和恻隐之心。"己所不欲，勿施于人"（《论语·颜渊》）是儒家仁义伦理的逻辑起点。这种忠恕伦理及其衍生的处世之道也能够使企业间的关系由零和博弈转变为共创共生，合理发挥资本的积极作用，着力解决市场痛点需求而非凭借资本优势追逐赢者通吃，积极赋能更多企业实现价值共创，形成百花齐放的生态系统演化格局。思利及人这一忠恕之道也能够给处于模糊动荡的商业外部环境下探寻"自渡"之路的企业和企业家带来启迪。

（四）和合共生：和而不同与新商业文明下的进化之路

"和合"思想彰显着中国传统文化中尊重差异、取长补短、汲取精华、包容统一的独特思维智慧，体现了中华民族的价值追求和民族性格，既尊重事物存在差异性，也追求不同事物在矛盾中超越对立，和谐共存。"和实生物，同则不继"（《国语·郑语》）是对"和合"思想最好的诠释。

中国古代思想派别百家争鸣，百花齐放，和而不同也是处理不同派系文化关系的重要原则，是学术文化发展的动力、途径和基本规律[1]。不同于西方现代化商业逻辑中个人主义的价值原则和"普世价值"取向，"和合"文化价值观不仅尊重不同文明之间的差异性，也有助于促进多元文化形态之间互通交融，从而成为中华民族生生不息、充满活力的文化源泉。"和合"思想蕴含以文明共存超越文明优越的思想资源，对其进行借鉴吸收并发展形成中国式现代化商业逻辑，有助于推动新商业文明向更高阶段发展。

在互惠共生的商业发展趋势下，复杂产业网络中的任何主体都有其存在的意义和价值。行业内、行业间各企业组织以整体价值最优化为衔接原则协同合作，以一种多角色、大规模、实时的社会化协同方式跨行跨界寻求资源整合，共同为用户创造价值才能实现互利共赢。共生并不意味着不竞争，而是从竞争到竞合的转化过程。在这种相互依存的状态

---

[1] 方克立. "和而不同"：作为一种文化观的意义和价值[J]. 中国社会科学院研究生院学报, 2003（01）：26-33+109.

下，企业或组织利用彼此之间的互补性资源、技术和能力，通过合作性竞争实现相互合作和相互促进，从而在协同发展中驱动差异性知识资源融合碰撞，实现创新涌现和达到"多赢"状态。这种商业环境的开放性和包容性也与中国古代先哲提倡的和而不同文化观有紧密关联

四、儒商型企业：新商业文明下企业的经营模式与组织典范

受科学主义范式影响，遵循西方现代化管理理念的企业组织结构和管理方式日益僵化。对工具理性和经济效益的过度崇拜和盲目追逐，使得现代企业在发展中将情感要素边缘化、去人格化，进而导致组织成员人性异化的问题愈加严重。这种基于理性计算逻辑的组织隐喻和运行机理在被备受儒家伦理文化影响的本土组织照单全收后产生巨大冲突，为发展真正契合本土情境的中国式现代化商业逻辑和构建新商业文明提供了重要契机。

儒家伦理对中国人协作交流的影响深远，形成了民族文化属性中客观存在的文化－心理结构。通过基于情感的信任关系选择交往与合作方式，促进了组织的发展。因此，与建立在理性计算逻辑基础上的正式科层组织相比，由情感关系和伦理关怀衍生而成兼具理性和情感双重逻辑的儒商型企业更能满足本土组织成员的心理需求和社会诉求。一方面，儒商型企业融合泛家族主义内涵，将家族中的关系模式和处事方式推广到组织中，以长期利益为经营导向的盈利观念使得企业除关注自身盈利情况外，也格外关注组织成员的价值实现和社会发展的价值循环，在创造经济效益的同时，协同成员与社会实现良性发展；另一方面，儒商型企业维系多元主体和谐发展的同时，强调以和谐共生的经营方式扩展经营范围，打破以往局限于自身盈利的商业模式，计利应计天下利，担当起带动其他合作企业产能升级、促进商业生态多元主体共同发展的大义。

在现代商业文明的构建进程中，涌现出一批秉持儒家价值观念的儒商型企业。新商业文明体系下的儒商型企业由个体、组织和系统等层面协同演化而成。因此，以下以新商业文明下的儒商型企业为组织典范，从个体、组织和系统等层面构建儒商型企业的商业逻辑与经营之道。

（一）个体层面：以人为本的自我驱动机制

儒商型企业的商业逻辑强调以人为本，在理性计算逻辑之外构造一种对组织成员如家人般的情感关怀逻辑，充分体现对组织成员个体的尊重，为满足组织成员自我实现的精神需求而提供价值创造的广阔平台，避免人的能力和本性被异化并受物质主宰。

其一，儒商型企业给予每位组织成员充分的认可和尊重，强调情理交融的商业逻辑。为避免现代组织隐喻中的机械化和冷漠化印象，儒商型企业以关怀体己和充满温情的家庭来隐喻组织，除包含传统组织理性计算逻辑下的成本效用价值外，更增添情感价值逻辑，让个体在工作中获得精神价值和情感价值，使工作对员工来说不仅是一种营生方式，更能从中获得一种感受自我价值的人生体悟。这种商业逻辑不仅进一步使员工对企业产生情感层面的认同感和归属感，还可以有效缓解传统科层组织中的人性异化问题。

其二，儒商型企业的使命是创造长期价值而非追求短期利益，注重开发员工潜能并满足其精神需求。传统商业文明下现代组织因推崇工具理性而重"物"轻"人"，对经济效益的盲目追逐造成员工难以解决工作与家庭冲突问题，究其原因是企业在发展过程中缺乏道德伦理的有效约束。儒商型企业受儒家伦理思想的深刻影响，明确先义后利的利益观念，满足员工精神和自我实现等价值需求，将激发员工的创造力也作为企业创造价值的途径，为员工实现价值创造提供平台。

其三，儒商型企业通过制定组织制度减少对员工的过度干涉，充分调动员工主观能动性并激发其主人翁意识。一方面，企业将权力下放给员工，不仅为员工创造释放潜能的环境氛围，还通过制度文化形成心理契约，有效激发员工和企业的创新动力；另一方面，企业将奖惩权让渡给用户，保证了组织绩效考核的公平性，调动员工的工作积极性，充分激发企业的创新活力。

（二）组织层面：自利利他的交互赋能机制

儒商型企业在组织制度层面倾向注入情感要素，避免将管理设计视为组织最大限度地控制其成员意志和行为的工具，通过激发认同感和归属感实现成员之间的相互赋能，从而为双方持续发展提供不竭动力。

其一，儒商型企业在组织内部建立了高度信任的环境氛围，强调与组织成员间的情感依存和休戚与共，不仅让成员在组织中产生互联感和团体感，还进一步推动利他文化价值观内化于组织成员的思维认知中，使员工与企业结成文化共同体和利益联盟，在增进员工组织认同感的同时，强化其身份认同和情感寄托。

其二，儒商型企业的组织结构打破了传统工业时代科层组织的僵化结构，被充满灵活性和柔性的网络组织取代。工业革命以后，伴随科学主义范式对组织管理的影响日益加深，组织的科层化和去人格化逐渐被现代组织奉为标准。然而，这种组织结构虽对工业时代企业效率提升贡献颇多，但随着经济社会和科学技术的发展，这种稳定甚至僵化的管理方式已无法保证组织成员面对多变的外部环境及时做出反应，较难适应市场变化和技术发展的新需求。因此，儒商型企业打破传统僵化的垂直结构而发展网络协作平台，便于组织成员以协作方式整合资源，进而对复杂多变的市场环境和用户需求做出迅速反应，在积极调动组织成员主动性的同时，充分激发组织活力。

其三，儒商型企业的组织成员在共事时相互赋能，超越个体小我而实现组织大我，协同发展，合作共赢。成员将组织愿景与自我价值相结合，与企业共同创造价值。同时，企业对员工给予情感和物质上的回馈，在员工工作或生活等方面需要帮助时给予支持，进行股权激励或根据组织绩效分红，使双方形成情感与利益的良性转化。

（三）系统层面：和合共生的万物互联机制

儒商型企业在系统层面突破组织甚至行业的边界桎梏及零和博弈思维，以整体观促进合作者互联，最大限度地发挥商业生态系统的多元价值创造潜能，调动多主体参与协同创新的积极性，推动合作企业成为利益共同体，进而为商业生态创造更多综合价值，实现共创共赢。

其一，儒商型企业将领导角色范畴由组织内部延伸至整个商业生态，坚持探索协同环境、社会、合作企业、员工与用户和谐共处的持续发展模式。与为获得短期利益最大化而牺牲他人利益的行为相比，顾及系统整体的良性循环和持续发展才是儒商型企业的战略目标。

其二，儒商型企业突破传统工业时代的企业发展边界，围绕用户需求与合作企业协同发展构建合作网络，共同打造商业生态战略。伴随数字技术的发展，用户对便利、快捷的体验需求逐步提升，儒商型企业联合合作企业以用户需求和体验为核心打造生态战略，把握用户痛点，整合各方资源并进行高效协调和配置，对复杂问题做出快速反应并提供优质解决方案，能够实现商业生态长期价值增值。

其三，儒商型企业以其丰富资源赋能合作企业高质量发展，在多主体间实现高效互动，共筑商业文明，互惠共生。在商业生态系统运作过程中，儒商型企业通过对合作企业进行资源赋能改变其价值创造方式，提升其价值创造能力及效率，促进经济价值与社会价值的转化，助力其实现高质量发展。同时，使其在所赋资源基础上专注自身竞争优势，提升整体经济效益，也促进商业生态系统创造更多综合价值。

总之，儒家伦理价值观念为企业发展提供了丰富的精神资源和当代价值，在企业个体、组织和系统等层面分别形成了儒商型企业实践经验，儒商型企业的商业逻辑如图 1-1 所示。首先，儒商型企业通过以人为本的自我驱动机制形成内生动力，激活并释放组织成员个体主动性和创造力，为组织成员找寻工作意义，强调物质文明与精神文明均衡协调发展，避免现代组织中人性异化等问题愈加严重。其次，儒商型企业通过自利利他的交互赋能机制保证发展活力，缩小组织成员禀赋差距，挖掘组织成员创新潜能，推动多主体间优势互补，实现价值共创，避免组织僵化而失去创造力。最后，儒商型企业以和合共生的万物互联机制为发展战略，通过突破组织、企业和行业的边界桎梏，紧密围绕用户需求联合合作企业共同打造商业生态，在开放式创新过程中拓展价值创造途径。

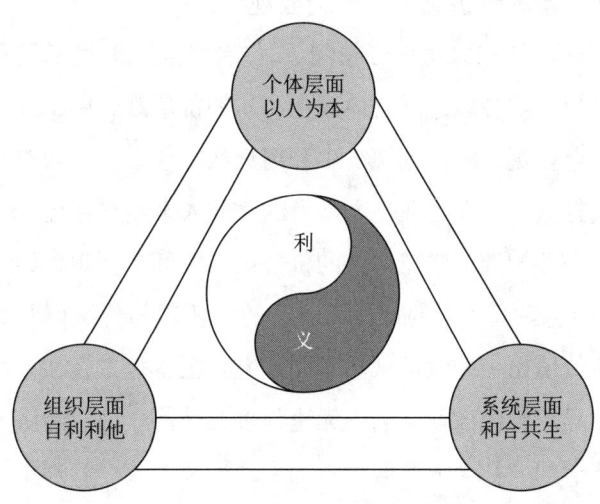

图 1-1　儒商型企业的商业逻辑

五、范例：海尔商业生态系统与儒商型企业的经营观

以人工智能、物联网、大数据等为技术支持的数字创新浪潮正在重构全球产业格局和重塑现代商业文明。一批儒商型企业在新商业文明构建过程中发挥着引领作用。海尔集团探索出"人单合一"模式这一管理智慧结晶，为解决物联网时代管理难题提供了中国智慧和中国方案，也为中国式现代化道路上的新商业文明建设提供了实践经验。

在持续创新创业的过程中，海尔提出"人的价值第一"的企业观、"社会价值最大化"的利益观和"共创共赢与和谐共生"的发展观，充分吸收了儒家文化中的优秀元素。通过"人单合一"模式，以卡奥斯COSMOPlat工业互联网为新引擎，以海创汇为小微创新创业和创客孵化平台，海尔构建了物联网时代引领性的商业生态系统，由一家传统制造企业成功转型为物联网生态企业。

（一）"人的价值第一"的企业观

儒家文化以"仁"为核心精髓。"仁者爱人"阐述了儒家文化中的人本主义思想。这种思想融合体现在海尔的价值观念中，基于"人的价值第一"的企业观，海尔围绕员工和用户从企业宗旨、战略类型和管理体系等方面打造"人即企业，人是目的"的人本实践路径。

海尔在创业初期就坚持"人的价值第一"的企业观，始终认为员工和用户的价值第一。"人的价值第一"的企业观与传统商业文明下企业遵循的股东价值第一的宗旨截然不同，究其根本是二者在人性假设方面存在巨大差异。传统商业文明下无论是古典经济学的"经济人"假设还是行为经济学的"社会人"假设，均未从根本上改变管理主体与客体之间的关系，未能使员工突破下级服从上级的工作角色及参与方式。但"人的价值第一"的企业观不仅使原本被客体化的员工颠覆性地成为管理主体，发展出"自主人"假设，促进员工在数字时代网络组织中成

为主动为用户创造价值的创客合伙人。员工直接对接用户需求，自主驱动为用户提供解决方案，既为企业激发创新活力，也在用户付薪中实现并超越自我价值。

通过对员工自我实现、用户体验升级、合作企业转型赋能与社会大众责任担当的有机融合，海尔将"人的价值第一"的企业观在"人单合一"模式中发挥到极致。模式中的"人"代表员工，"单"代表用户需求。"人单合一"模式基于用户体验，以用户个性化为创新基点。这种模式不仅能够激活员工创造价值的能力，而且能够让企业联合产业链上的相关合作企业，通过动态交互将多方紧密结合到一起，共同打造商业生态圈，最终实现企业、员工、用户和合作企业共创共赢、多元互动、协同治理、长期发展的商业目标。

为打造承载着中国智慧和新时代基因的"人单合一"模式，海尔在组织结构、管控方式、人才吸引和激励方式等方面融合了以人为本的价值观念，冲击并超越了传统理论范式下的组织实践模式。为进一步实现企业战略目标，海尔由适应于稳定、统一市场环境下的科层制逐步转型为适应充满高不确定性、超常规竞争市场环境的"平台+小微"型的组织结构。拆解组织部门隔阂和解散中层管理人员的系列举措令海尔的组织结构充满弹性，面对用户的个性化定制需求，反应也更加快捷；打破员工与用户的界限，强调用户体验和员工自治，将原来的自主经营体发展为一个个独立核算、自主经营的"小微企业"，使海尔整个组织打破组织边界转型为整合社会资源、孵化创业小微的生态平台，体现出"人即企业"的经营理念[1]。在管理方式上，海尔真正做到将决策

---

[1] 胡国栋，王晓杰. 平台型企业的演化逻辑及自组织机制——基于海尔集团的案例研究[J]. 中国软科学，2019（03）：143-152.

权、用人权和分配权下放到创客手中，由控制到赋权，无限放大和激活组织行动者的个人自由、个人力量和个人价值，以便依靠愿景使命驱动和自我价值实现激发每一位员工的创新潜力，让其在创造用户价值中实现自身价值，最终实现员工、用户与企业三者价值的协同发展，实现人的价值最大化。然而，"人单合一"模式下对应的员工并非局限于企业内部。海尔将全球看作自己的人力资源部，通过搭建创客平台吸引人才纷至沓来，保障了企业优质人力资源的吸纳和整合。创客所有制、用户乘数和用户付薪等激励机制也充分体现了"人单合一"模式下"人的价值第一"的企业观。海尔的创客是拥有决策权、用人权和分配权的自我管理者和全员自治的创业者，在被完全赋予自主经营、自负盈亏和自主选择的权利后，自主制定工作目标、自动调整监督和激励措施。通过用户付薪制度将创客与用户紧密结合起来，采取用户交互方式倒逼产品迭代创新，充分挖掘交易之外的消费者剩余，使用户由工业经济时代的顾客转变为物联网经济时代的终身用户，为用户提供超额体验的同时，也使员工共同分享增值部分的收益，充分激发员工的创新积极性，提升企业的生态价值[1]。

（二）"社会价值最大化"的利益观

儒家商业精神以义利观为价值论重要组成部分，其中义利并重、先义后利的价值观不仅是商业行动的指导原则，还是儒家传统商业伦理为推动商业文明而构建的理想规范。儒家商业精神期许君子爱财，取之有道；取之于民，用之于民。同时明确盈利只是营商之"末"，反对本末倒置。这种见利思义、义以生利的利益观落实到现代企业实践中，使得

---

[1] 张瑞敏，姜奇平，胡国栋. 基于海尔"人单合一"模式的用户乘数与价值管理研究[J]. 管理学报，2018，15（09）：1265-1274.

企业反思对股东价值最大化的盲目追寻,更多以社会价值最大化的社会长效发展为责任担当。这也与德鲁克所提到的企业将履行社会责任和实现商业盈利兼容并包的社会创新思想有异曲同工之妙。德鲁克指出,社会创新是企业在将社会需求转化为自身发展机遇,进而在解决社会需求问题的同时实现可持续发展的有效方式[1]。

对于海尔来说,企业存在的目的是为社会创造价值,其他都是实现目的的载体和手段。这种思想一直指引着海尔将满足用户体验和推动社会发展发挥到极致,真正做到将企业发展与用户需求紧密结合在一起。在打造物联网生态品牌的战略实践过程中,除获取商业价值外,海尔还需承担为社会创造价值循环的责任和使命,并从环境、社会和公司治理三个方面实现企业与自然、企业与企业、企业与人的深度融合和持续发展;加强企业社会责任管理建设,携手内外部利益相关者突破工业时代盈利短视的弊端,树立通过互惠共赢实现社会价值最大化的利益观,履行企业社会责任,增进社会整体福祉,让人人都感受到物联网发展对用户体验优化升级的积极影响。

在环境方面,海尔始终坚守高质量发展与生态环境保护的双重承诺,遵循绿色、循环、低碳的发展理念,并将这些发展理念融入产品研发和生产服务过程中,为行业发展指明方向和提供参考标准。在社会方面,海尔将企业社会责任融入自身商业模式中,由聚焦产品体验到聚焦场景体验,搭建以提升用户体验为核心的智慧生活场景,通过数字化交互途径让用户由被动的产品接受者转变为产品创造或优化的主动参与者,在满足用户个性化需求的同时,为用户提供完整的优质服务体

---

[1] 纪光欣,岳琳琳. 德鲁克社会创新思想及其价值探析[J]. 外国经济与管理,2012, 34 (09): 1-6.

验，助力用户成为价值创造的活跃主体，并经由持续体验迭代逐步成长为与企业共生共赢的终身用户。同时，海尔与合作伙伴共享底层技术和数据资源，赋能升级传统制造业，打造开放多元、动态优化、协同共享的物联网个性化智能生态环境，使汇聚到海尔平台上的利益相关方共创共赢，为用户提供更加美好便捷的体验场景和解决方案。在公司治理方面，海尔采用"人单合一"模式搭建共创共赢的生态圈，让利益相关方在这个生态圈中彼此交互并连接更多资源，从而为用户创造最大价值，实现自身价值最大化。在收益分配时，海尔不是简单地让各方根据契约分享相对固定的价值收益，而是在共同获利的基础上，通过为用户提供个性化体验服务获得生态收入。这种模式使海尔财务收入的增长以各利益相关方的价值实现与分享为基础，以创造源源不断的社会价值。

（三）"共创共赢、和谐共生"的发展观

物联网、人工智能、大数据和云计算等信息技术手段正在塑造万物互联的商业生态，推动组织形态向去中心化、去边界化快速变革，企业关系向跨界融合发展。因此，只局限于线性因果层面的原子论式分析方法已无法与万物互联的时代属性相匹配。和谐共生已逐渐成为新商业文明下各商业主体所需面对的时代命题。企业需要与其利益相关方建立有效的衔接，联合共创，不断演进以用户为核心的整体价值体验，最终实现终身用户、生态各方及社会发展的长久性、持续性价值循环，形成共创共赢、和谐共生的发展态势。

相比之下，海尔突破了现代化管理中利己主义、集权主义和资本本位的商业逻辑，将数字时代的协作共享和利他利己观念融入管理实践中，推行以"和谐共生"为发展愿景的"共创共赢"生态品牌战略[1]。

---

[1] 胡国栋.海尔制［M］.北京：北京联合出版公司，2021：14.

"共创共赢"生态品牌战略以动态满足用户的个性化需求和场景体验为起点，通过可连接的物联网智慧产品与用户零距离交互对接个性化体验需求，依托工业互联网平台实现用户需求信息与生态伙伴研发协同匹配，通过打破组织科层制和行业边界桎梏，打造协同共创的共享平台和共创共赢的生态系统，根据用户需求匹配对应企业并赋能企业生产所需资源，联合利益相关方为用户提供不断迭代的高质量方案，实现大规模个性化定制。在场景驱动的体验经济模式中，生态品牌战略不仅有效引领生态各方为用户追求的美好生活进行价值创造和价值增值，而且规避传统商业文明下成本领先战略和差异化战略带来的同质竞争困境和持续成长限制，使企业以共创共赢共生的商业生态系统创造体验经济，在推动生态持续发展的同时，也让企业在数字时代实现持续发展。

海尔的"人单合一"模式打破了西方经典管理理论中非此即彼的二分思维和线性因果关系思维，将员工任务、员工激励、顾客价值、顾客资源、企业规模与企业利润等有机融合在一起，通过持续动态的内外交互消除组织边界，甚至淡化了企业与市场之间的界限，将企业打造成生生不息、自我进化的商业生态。基于"人的价值第一"的企业观、"社会价值最大化"的利益观、"共创共赢、和谐共生"的发展观形成的管理模式，不仅顺应了人性的自然需求，极大地推进了管理向自由、自治和自组织的理想状态发展，而且兼顾了员工、用户和外部合作伙伴等利益相关者的需要，实现了从经营单个企业到经营生态网络，从非此即彼、零和博弈的传统现代化商业逻辑到共创共赢、和谐共生的中国式现代化商业逻辑的演变，为现代化企业管理提供了新方向。

六、结语

在工业时代发展背景下，新教伦理是资本主义发展的精神渊源，推动了工业社会的快速发展并逐渐衍生出商业文明。这种现代化发展过程中塑造的商业逻辑虽然具有历史进步性，但也存在局限性，在指导全球经济长期发展方面余力不足，亟须被重构。西方现代化商业逻辑以资本主义为根本导向，驱动形成"只见物不见人"的单向度逻辑。与之相对，以中国传统文化为核心的东方哲学彰显优势[1]，由儒家伦理发展而来的道德伦理体系规范在缓解组织中工具理性与人文精神之间的张力问题上充满经验和活力。植根于此的中国式现代化商业逻辑注重以人为本和情理交融，更能反映人类普遍意愿的价值体系。与此同时，新商业文明的核心是从经济利润转向价值创造，从利己主义、零和博弈的竞争战略走向利他主义、和谐共赢的生态战略。作为新商业文明下的经营典范，儒商型企业的发展遵循中国式现代化的商业逻辑，在创造经济效益的同时协同成员与社会实现良性发展，促进商业生态多元主体实现价值共创。为此，有必要基于儒家伦理对西方现代化商业逻辑进行审视和批判，探究儒商型企业的经营模式，发展符合中国式现代化的商业逻辑并发掘其转化的实践经验，以矫正西方现代化进程中的商业弊端，为重塑新商业文明提供中国方案。

---

[1] 蔡莉，张玉利，陈劲，等. 中国式现代化的动力机制：创新与企业家精神——学习贯彻二十大精神笔谈[J]. 外国经济与管理，2023，45（01）：3-22.

第二章
家文化、家庭式组织与共同体式治理[1]

---

[1] 本章主要内容刊发于《清华管理评论》2023年第10期,原文题目为《理性与温情——人类文明新形态视域下的中国家文化与家庭式组织》,此次选入时内容有所改动。

第二章　家文化、家庭式组织与共同体式治理

新商业文明是人类文明新形态的重要组成部分，新商业文明下中国企业治理创新的基本路径应该统一于人类文明新形态的基本逻辑中，以"两个结合"为方法论，立足新商业文明的发展规律，推动中华优秀传统文化的创造性转化与创新性发展。作为中国特色社会主义实践过程中探索创造的文明形态，人类文明新形态表征了中国式现代化的伟大成就，凸显了中国式现代化的价值旨归，贡献了人类文明发展的中国样态。在此过程中，人类文明新形态坚持站在历史正确的一边，是符合人类文明发展规律的时代表征与顺应历史发展趋势的伟大创造，也是坚持站在人类文明进步的一边，是实现人们美好生活向往、符合全人类共同价值的人间正道，同时还是真理制高点和道义制高点的有机统一，因此是占领了真理和道义制高点的文明[1]。人类文明新形态的出场对于包括企业治理在内的新商业文明的创造发展具有鲜明的指导和启发意义。

人类文明新形态的创造是马克思主义同中国具体实际相结合、同中华优秀传统文化相结合的过程，是中华文明、现代化文明、社会主义文明共同作用和综合创造的成果[2]。依循人类文明新形态的创造逻辑，重塑新商业文明并在此基础上实现中国企业治理范式创新，需要将马克思主义与新商业文明中的商业逻辑、中华优秀传统文化相结合。中国家文化是中华优秀传统文化的核心组成部分，并在历史发展和时代变迁中始终影响着中国企业实践。在此过程中，中国家文化所蕴含的人文价值

---

[1] 孙熙国，陈绍辉. 人类文明新形态的创造与世界意义[J]. 中国社会科学，2022（12）：26-42+199-200.

[2] 刘建军. 论中国特色社会主义创造了人类文明新形态[J]. 中国社会科学，2023（03）：60-74+205-206.

观、系统整合观、家国一体观，契合于新商业文明的发展规律与中国式现代化的商业逻辑，是推动中国企业治理范式创新的优秀内生性资源。立足人类文明新形态的出场逻辑，面向新商业文明的发展规律，以"两个结合"推动具有时代意义的中国家文化实现创造性转化与创新性发展，从而为中国企业治理范式创新提供源头活水，塑造新商业文明中的中国企业比较优势，是在中国式现代化的商业逻辑研究基础上，实现中国企业治理范式创新的有效进路。本章基于人类文明新形态下的企业治理模式创新逻辑，分析中国家文化与新商业文明的内在契合性，并在此基础上实现中国家文化在企业治理中的创造性转化与创新性发展，构建基于中国家文化的中国式企业治理新范式。

一、人类文明新形态下的企业治理创新逻辑

习近平在《在庆祝中国共产党成立100周年大会上的讲话》中指出，"我们坚持和发展中国特色社会主义，推动物质文明、政治文明、精神文明、社会文明、生态文明协调发展，创造了中国式现代化新道路，创造了人类文明新形态。"文明是一个实践性概念，恩格斯指出："文明是实践的事情，是社会的素质。"[1]人类文明新形态是在中国式现代化实践中，中国共产党带领全国各族人民面对世界之变、时代之变、历史之变，砥砺耕耘、开拓创新结出的文明之花。作为具体实践创造出来的结果，人类文明新形态在应对21世纪现实问题方面具有突出的指导意义，是中国企业在现代化治理道路中摸索前进的灯塔。

---

[1]马克思恩格斯文集（第1卷）[M].北京：人民出版社，2009：97.

人类文明新形态坚守住了马克思主义与中华优秀传统文化缔结而成的特殊品质，是社会主义文明的中国样态。汤因比指出，文明进步的衡量标准是精神自决力的提升[1]，人类文明新形态的精神自决力来源于马克思主义与中华优秀传统文化。因此，人类文明新形态是在扬弃资本主义文明的过程中，不断加深马克思主义同中国具体实际相结合、同中华优秀传统文化相结合的直接产物。人类文明新形态一经出场，便从文明论高度确证了"两个结合"的现实可行性和伟大创造力，增强了我们的道路自信、理论自信、制度自信、文化自信。

对中国企业而言，人类文明新形态的创造赋予了组织发展的底层逻辑，即"两个结合"方法论。要求既要客观看待实际管理问题，尊重组织现代化规律，做到尊古不复古，又要推动中华优秀传统文化的创造性转化与创新性发展，为组织现代化培根铸魂，做到守正亦创新。在新商业文明中，企业的价值创造过程必须摒弃以往唯效率论、唯利润论、唯股东论等逻辑，在企业治理中将员工、管理者、用户乃至全社会的真正成长纳入考虑，在发展目标中兼顾企业利润获取和人的成长与发展，即做到义利并重。在此过程中，企业治理需要做到以人为本、自利利他、和合共生。因此，如何基于人类文明新形态的创造逻辑促进企业治理以义利并重为价值内核，将以人为本、自利利他、和合共生视为主要治理逻辑，是中国式企业治理必须思考的重大问题。

人类文明新形态是中华优秀传统文化创造性转化与创新性发展的产物，人类文明新形态的出场，确证了"两个结合"逻辑下通过发展中华优秀传统文化解决中国问题的现实可行性。基于新商业文明中企业治理

---

[1] 阿诺德·约瑟夫·汤因比. 历史研究（上册）[M]. 曹未风，等译. 上海：上海人民出版社，1986：262.

的价值导向、共同体导向、和合共生导向，推动中华优秀传统文化的创造性转化与创新性发展，是在"两个结合"逻辑下推动组织治理创新的有效选择。中国家文化强调人文价值观、组织共同体观、家国一体观，是有效促进新商业文明中中国式企业治理创新的重要思想资源。作为人类社会基本组织单元的家庭也是充分彰显义利并重等价值的理想组织形态。遵循人类文明新形态的创造逻辑，依托历史悠久的中华优秀家文化构建家庭式组织，探索以人为本、打造和谐共同体、在企业生态圈中和合共生的企业治理逻辑，将可能成为中国企业在21世纪的比较优势。

二、家文化在现代企业中的延伸及时代价值

家文化是中华文明的重要组成部分。家文化是指在中国家庭实践中产生并逐渐延伸到整个社会层面上的，有关家庭观念和行为模式的中国传统文化。中外学者都认为家庭与家族关系是中国社会最核心和最重要的关系，如梁漱溟的伦理本位观指出"伦理关系始于家庭"[1]，黑格尔指出中国历史上那亘古不变的"宪法"的精神就是"家庭的精神"[2]。

家文化在泛化过程中影响着中国本土企业，其核心理念具有历久弥新的时代价值。家文化的泛化与发展构成了人类文明新形态在企业实践中的缩影。作为中华民族最基础和核心的文化信仰，家文化塑造了中国人的认知、情感与行为倾向，其影响延伸至企业组织中[3]。家文化从家庭内部向企业等其他领域延伸的过程或倾向被视作家文化的泛化，家文化通过泛化机制成为中国企业价值观、结构、关系、行为中的民族基

---

[1] 梁漱溟.中国文化要义[M].上海：上海人民出版社，2005：121.

[2] 黑格尔.历史哲学[M].上海：上海书店出版社，2001：121.

[3] 胡国栋.中国本土组织的家庭隐喻及网络治理机制——基于泛家族主义的视角[J].中国工业经济，2014（10）：97-109.

因。同时，家文化所具有的突出的成人性、复杂系统性、和谐性，使其在泛化过程中可以塑造中国企业的独特优势，在知识型员工的管理中具有突出的时代价值。推动家文化在企业实践中的创造性转化与创新性发展，既符合组织现代化规律和现实管理要求，又明确了中国式组织现代化的文化内涵和独特优势。

（一）"成人"导向下的个体道德成长

家文化的本质要求和基本导向是通过道德教化实现人的成长，从而将以人为本的核心聚焦在道德成长上。中国人关于成长的观念以道德修养为核心，如"立身必先立德，无德无以立身""有才无德，德必助其奸"（《资治通鉴》）等。在中国人的道德认知中，家庭是伦理道德的起点，只有具备了处理家庭内部关系的美德，才能推而广之习得更多德性，实现个人的全面成长，如孟子"老吾老以及人之老，幼吾幼以及人之幼"（《孟子·梁惠王上》）的推爱逻辑。

中国家文化以道德品质作为个体成长的核心，这种成长观渗透到企业中便形成一种具有高度人文关怀和道德色彩的价值目标，即提高人的道德修养。例如，宁波方太厨具有限公司（以下简称方太）提出以人品为首，"人品、企品、产品，三品合一"理念。方太董事长兼总裁茅忠群认为，只有具备了好的人品，才会有好的企品和产品，人品是企业的根本。山西正和天元科贸集团（以下简称天元）创始人李景春指出，企业不能只给员工提供岗位和工资，更重要的是引导员工学习儒家智慧、成长修为、提升生命精神，成为承担中华民族伟大复兴重任的"大人"和"君子"。苏州固锝电子有限公司（以下简称固锝）创始人吴念博指出，优良家风来自孩子的明理，来自圣贤智慧的学习，这就是伦理、道德、因果的教育……当员工明理了，企业自然而然就得到发展了。

家文化将道德品质视为核心并基于此实现个体成长，符合知识型员工的成长需求。西方企业往往基于马斯洛需求层次模型看待员工成长问题。马斯洛将个人需求自下而上分为生存、安全、社交、自尊和自我实现，并指出人的首要需求是物质需求，只有当较低层次需求得到满足后较高层次需求才起作用。然而，随着劳动力结构调整，知识型员工愈加重视自我实现和心灵成长，各种需求之间的关系变得复杂起来。

量子管理奠基人丹娜·左哈尔认为马斯洛需求层次模型已经不能满足新的企业需要，进而提出自我的同心圆结构。她将个人需求从中心到外围划分为量子自我（量子真空），超越个人的需求（原型、原则），对家庭和亲密关系的需求（重要的关系），对实践、商业及社会层面的需求（对环境的需求）。根据同心圆结构，自我是一个动态系统，其中对意义的需求是首要且核心的，四种需求相互作用和依赖，同时从个体到企业，所用到的创造性思维都源于心灵层面，企业与个体都必须随时准备触及自己的心灵核心[1]。需求的同心圆模型与家文化对个体成长的观点具有相似性，二者都承认心灵变革是员工自我发展和成长、企业战略变革和成功的核心要素，这为知识型员工管理中企业的价值目标调整提供了新思路，即对于道德意义的关注和在此基础上实现道德成长的价值目标。

（二）复杂系统性下的组织共同体

家文化以情感关系为基础融合多种复杂关系塑造共同体。中国的家庭既承担繁衍后代的生理功能和情感交流的心理功能，又是传统社会的生产活动中心和教育中心，多种功能决定了家庭内情感、经济等多种关系并存。家文化以情感关系和伦理关系为基础，将家庭成员整合为以血缘、亲缘为基础的共同体，从而将多种组织功能有机组合起来。受家文

---

[1] 丹娜·左哈尔. 量子领导者 [M]. 杨壮，施诺，译. 北京：机械工业出版社，2016：26-28.

化共同体思想的影响，中国企业倾向于在经济关系之外建立情感、伦理等多种组织关系交织的复杂联系，强调团结、依赖的类家族意识。因此，与西方企业相比，中国企业具有更多的温情主义色彩。例如，固锝以家文化塑造幸福企业典范，创始人吴念博坚定地表示办企业的最终目的就是让员工幸福，通过在企业内建立团结、友爱、真诚的亲密关系，将固锝打造成员工的第二个家。

家文化的共同体思想对于企业治理创新具有重要意义。数字技术的迅速发展和数字经济的不断蔓延，使得商业环境呈现出多变、不确定、复杂、模糊等新特征。企业组织需要快速响应外部环境，精准对接外部需求，通过扁平化的团队结构充分发挥知识型员工创造性成为转型方向。然而，需要注意的是，扁平化意味着组织内部分裂危机和整合成本的增加。IBM商业价值研究院指出，组织具备敏捷性是至关重要的，但快速增加的"去中心化"迭代可能会失控。为了降低快速变化带来的风险，企业需要采用正确的方法整合各个团队，充分发挥他们的潜力[1]。同时，由于知识型员工和相关团队具有更高的个性化，更难以实现知识整合和团队协作，在新商业环境下如何通过企业治理增强团队内和团队间的凝聚力，是充分发挥团队结构有效性的关键。对此，《2024全球职场趋势报告》显示，员工与组织使命之间的联系变得更加重要也更具挑战性，那些给予员工机会反思个人目标，并将其与组织使命联系起来的组织，其员工敬业度、收入增长和盈利能力都会更高[2]。在家文化熏陶下组成稳定共同体的家庭，比单纯基于经济关系的利益共同体更有效更稳定。家文化的共同体思想使得企业在提高敏捷性的同时，能够稳定发

---

[1] IBM商业价值研究院.构建认知型企业：九大行动领域［R］.2020.

[2] 杰出雇主调研机构.2024全球职场趋势报告［R］.2024.

挥团队功能和保持凝聚力，对新商业环境下的企业治理创新具有突出意义。

在塑造和保持组织共同体的过程中，家文化主张通过耦合理性与情感实现和谐管理。在中国家庭中，情感、经济等多种关系并存，在此基础上的组织功能协调运行，如基于血缘、亲缘的情感关怀与基于生产、分配的理性安排相互协调。因此，家庭管理是一种在多种关系类型并存的基础上，自然耦合情感与理性的理想管理模式。具体来说，家文化既主张以温情维系情感关系和伦理关系，运用情感的力量维持家庭的基本价值观，又存在约定好的、明确的家庭规划和制度，以此明确内部分工、规划未来发展、分配财产和教育子女等，通过理性手段提高家庭多种功能的产出效率。受家文化的情理耦合观影响，中国的企业组织既借鉴基于理性的西方管理手段，又保留大量的人情主义因素，理性与情感在管理过程中发挥协调作用。李锦记以"家族宪法"为基础，综合运用经济理性与儒家伦理的组织治理机制，方太以"法治"为主、"德治""情治"为辅的"三治"模式，以"明判断"为核心的多层次领导力类型，以晋商身股制为原型的全员身股制，固铻基于传统家庭观的情感激励体系等均是典型例子。

管理的有效性依赖于其与管理主客体、管理情境的适配性。随着知识型员工成为劳动力主体，重视科学性、确定性、标准化的理性思维难以满足新的管理需求，个体的信仰、激情、想象力、感情偏好等情感要素对管理的重要性日益提升。情感要素具有价值性、个人性、自发性、体验性等特点，更契合知识型员工管理的需求，同时又具有情境依赖性强、创造性显著、作用速度快等特点，能够基于对知识型员工的有效管理快速诊断和响应外部环境。华为首任人力资源部部长陈珠芳指出，知识经济时代企业间的竞争实际上是创新能力的竞争，而企业创新有赖于个体创造激情的激活，管理者的责任是让员工有伟大的想象力和创造力。陈珠芳还提出了企业知识资本的公式——知识资本 $=m\cdot\sum_{N=1}^{s}$ 知能 × 热情（m：管理系数，决定员工集成起来的结果的好坏，取决于管理者能否建立互相信任与合作的关系，理性的契约合同和感情偏好、价值观等共同起作用；s：知识工作者数量；知能：员工个人的知识与技能；热情：对企业的信任与合作、创新的激情，创新思维的激活程度）[1]。家文化通过协调管理中理性与情感的力量，既利用科学理性的设计原则提升效率，又能够综合情感因素应对知识型员工管理的非线性复杂问题，提供了优化知识型员工管理过程的有效思路，有助于提升员工对组织的认同感和归属感，并通过进一步巩固情感、经济等多种关系以及在此基础上相互协调的组织功能，有助于塑造和维持组织的共同体意识。

（三）和合共生下的家国一体

家文化在家庭内部治理的基础上，主张将家庭治理的基本原则延伸到社会、国家、天下层面，即一种家国一体的治理理念。家文化中的家国一体理念体现为一种家国情怀，即个人对家庭、乡土、区域、社会、国家等共同体所具有的爱，以及基于此所产生的认同感、责任感、使命感等心理。因此，家国情怀是家国一体观的心理基础，并呈现出多主体、多维度的复杂综合特征，囊括了国家情感、民族情感、故土情感、家园情感等，蕴含着个体与集体之间关系的和谐统一[2]，是主体对家国共同体在家国关系、家国结构、家国意识等方面的认知、感念、理悟和实践，表现为一种家国共同体意识上的认识体现、情感表现，并展现了

---

[1] 陈珠芳.管理好了知识，就管理好了一个公司的未来［EB/OL］.（2023-08-15）［2025-04-10］. https://mp.weixin.qq.com/s/uhnrs7xWxFbZRnjYqNKw8w.

[2] 张军.共同体意识下的家国情怀论［J］.伦理学研究，2019（03）：113-119.

主体对家国共同体运行规律的遵循崇奉[1]。同时在此过程中,家文化的家国情怀、家国一体的基础在于个人,并重点在于个人的道德素质。中国古代在治理中主张治理国家、天下应该在个体修身并进而治理好家庭的基础上实现,遵循"修齐治平"的治理逻辑,即"修身、齐家、治国、平天下"。对此,许纪霖指出,所谓家国天下,乃是以自我为核心的社会连续体[2]。因此,家文化的家国一体理念的核心在于家庭内个人的道德素质,并进而通过以家国情怀为核心的道德素质实现家国一体、家国同构的治理水平。

  家文化的家国一体治理理念强调在塑造家庭共同体的基础上,向外延伸拓展进而塑造家国共同体,这种治理观渗透到企业治理中便形成一种具有高度社会责任和生态责任的治理目标,即以企业为中心实现社会、生态、国家等维度的共同富裕。例如,固锝积极组织慈善公益、志愿者活动等,天元积极在社会范围内传播和塑造新时代孝道文化,方太在科技创新、产品研发中始终关注以家庭幸福为核心的社会幸福,东莞市泰威电子有限公司(以下简称泰威)将51%的企业股权用于公益事业等。

  家文化在治理过程中体现的家国一体观对于当代企业治理具有重要意义。一方面,家国一体观主张企业治理中兼顾社会责任、生态责任等,体现了社会主义企业区别于完全以企业盈利为目标的资本主义企业的责任担当。中国特色社会主义强调实现全社会范围内的共同富裕,共同富裕是社会主义的本质要求,对此,马克思在《政治经济学批判》中

---

[1] 徐国亮,刘松. 三层四维:家国情怀的文化结构探析[J]. 四川大学学报(哲学社会科学版), 2018(06): 125-133.

[2] 许纪霖. 家国天下——现代中国的个人、国家与世界认同[M]. 上海: 上海人民出版社, 2017: 2.

指出，"生产将以所有人的富裕为目的"[1]。在此过程中，企业不仅是社会生产力的直接发挥者，而且也是社会制度的直接体现者，因此社会主义制度最根本的特征，都要在企业这个经济细胞中体现出来[2]。也就是说，社会主义企业的治理模式应该体现出共同富裕等社会主义特征，对此，家国一体观为社会主义企业治理模式提供了发展途径。

另一方面，家国一体观有助于当代企业发展。随着员工对企业的期待逐步增高，员工希望看到企业在履行社会责任和生态责任上的积极表现，《2024全球职场趋势报告》显示，在获得认证的杰出雇主们中，最典型的特质是明确承诺其对世界产生的"积极影响"[3]。与此同时，公众对企业的期待由单纯的创造利润、提供工作和产品等经济职能，拓展到履行更多的有关公益慈善、社区建设、生态保护等社会责任和生态责任上。因此，企业在社会责任和生态责任上的积极履行有助于增加员工的认同感并产生激励效果，以及社会对企业的认可和支持，从而提升企业的长期价值创造，塑造可持续竞争优势。例如有研究结果显示，绿色工艺创新、绿色产品创新可以显著提高企业的适应合法性和战略合法性，进而有效提升企业的可持续发展绩效[4]。因此，家文化在治理中的家国一体观既体现出社会主义企业治理的本质特征，又可以有效促进企业实现长期价值，对当代企业治理创新具有显著意义。

[1] 马克思恩格斯全集（第46卷下）[M].北京：人民出版社，1980：222.
[2] 蒋一苇.论社会主义的企业模式[M].广州：广东经济出版社，1998：22.
[3] 杰出雇主调研机构.2024全球职场趋势报告[R].2024.
[4] 解学梅，朱琪玮.企业绿色创新实践如何破解"和谐共生"难题？[J].管理世界，2021，37（01）：128-149+9.

三、组织重塑：家庭式组织与企业共同体

家庭式组织是在"两个结合"逻辑下通过中国家文化重塑企业组织的结果，符合马克思主义的基本理念，顺应了人性解放论、劳动联合体思想、共同富裕观等组织现代化规律。家庭式组织是指以中国家文化为核心，建立在家庭式情感关系和经济关系交织的网络协作关系之上，通过情理耦合的方式运用组织治理、领导、激励等管理机制，以企业发展和员工成长为价值目标，并基于此积极履行社会责任、生态责任等责任的组织类型。

首先，家庭式组织秉持兼顾经济价值和人文价值的组织目标，是马克思主义实现人自由而全面发展的中国形式。其次，在价值目标引导下，家庭式组织构建拟似家庭的组织文化，以及基于情感联系的企业共同体，为贯彻落实价值目标提供温馨、稳定的组织环境，是马克思主义共同体思想、劳资和谐理念的中国形式。在企业共同体基础上，家庭式组织在管理中既重视理性对产出效率的关键作用，又将其融入人情当中，平衡企业的经济理性与价值目标，并巩固和增强企业的共同体意识。最后，在内部治理的基础上，家庭式组织主张将企业与用户、社区、社会、国家等视为共同体。在此过程中，家庭式组织基于家国一体的治理观，以"修身、齐家、治国、平天下"的家国情怀为核心，积极履行社会责任和生态责任，以实现全社会共同富裕和生态可持续发展为外部治理目标，将自身与外部用户、其他企业、社区、社会、自然界、国家视为共同体，通过与其交互参与构建企业生态圈。在此过程中，家庭式组织的治理体系是一种从个体层面、组织层面、系统层面体现出义利并重的治理逻辑，并在此基础上运用儒家共同体思想进行企业治理，以耦合经济价值目标与人文价值目标为基础，以塑造组织共同体为核心，并参与构建企业生态圈的具有中国特色的共同体式治理体系，如图2-1所示。

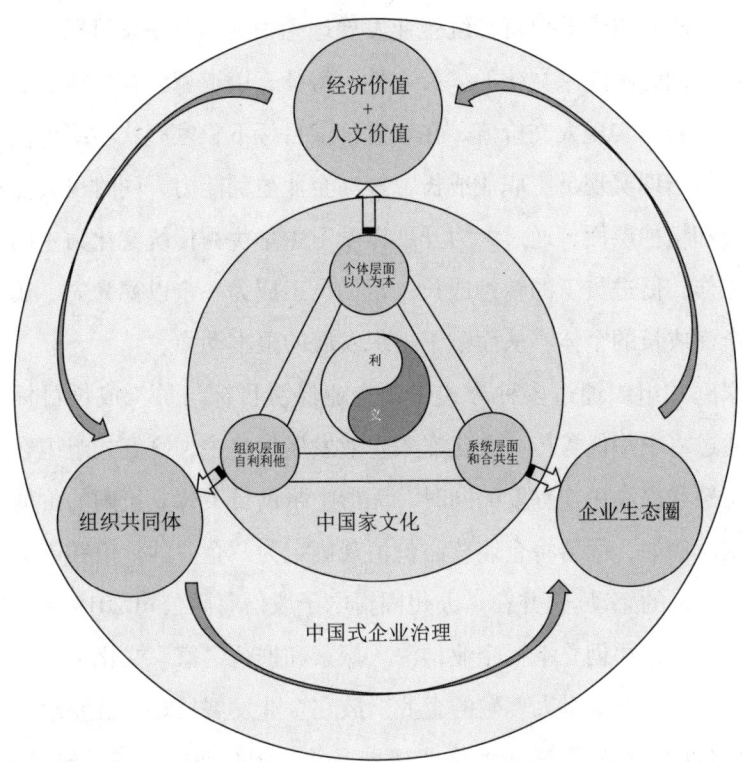

图2-1 基于家文化的中国式企业治理范式

（一）兼顾经济价值与人文价值的治理目标

家庭式组织的治理目标既包括传统企业追求盈利增收的经济价值，也包括实现个人精神成长和愉悦身心的精神价值与情感价值。马克思和恩格斯在《德意志意识形态》中指出："全部人类历史的第一个前提无疑是有生命的个人的存在。"[1]家庭式组织将员工发展视为组织发展的核心，尤其重视个体的精神性成长。兼顾经济价值与人文价值的组织目标

---

[1] 马克思恩格斯文集（第1卷）[M].北京：人民出版社，2009：519.

是指，家庭式组织既保持传统企业发展理念中的财富积累目标，追求经济价值，同时吸收家文化的"成人性"特征，以道德教育为核心实现员工精神成长，实现人文价值。在双重价值目标下，家庭式组织不仅通过工作技能培训实现员工职业成长，提高企业盈利能力，同时也关注员工的心灵和精神层面，通过大力开展以学习中华优秀传统文化为主的道德教育工作，促进员工的精神成长，帮助员工成为一个以德为先、德才兼备的全面成长的个体，从而赋予组织发展的根本动力。

家庭式组织通过多种方式兼顾企业经济目标与员工成长目标。第一，通过将中华优秀传统文化嵌入企业发展战略中，家庭式组织在扩大市场份额和提高用户黏度的同时，无形中帮助员工树立正确的价值观和道德观。例如，固锝将企业核心价值观确定为"企业的价值在于员工的幸福和客户的感动"，并在《苏州固锝电子股份有限公司 2019 年年度报告》中将"公司创立幸福企业，深入探索和推行'家'文化中国式管理模式，全力打造受世人尊敬的企业"放在企业发展战略的首要地位。天元将"帮助人成功"确定为企业精神，并制定企业的"三百愿景"，即培育百名经理人，培养百名百万富翁，打造百年老店。在此过程中，天元将"帮助人成功"确定为企业精神，并将其诠释为帮助员工立德、立功、立言，其中立德就是立人的品德与德行，立功就是立业建功，立言就是正知正念思想的传播和家道的传承[1]。立德、立功、立言本来是中国古代"圣人"的评判标准，主张人的成长过程中基于内在德性修炼不断实现"外王"，即向外做到事业有成，对组织、社会等做出贡献，并积极传播发扬有价值的信仰、文化、思想。将帮助员工立德、立功、立言作为企业精神，即促进员工实现自我成长，并在此过程中引导其在工

---

[1] 李景春. 成人达己，构建天元经营理念[J]. 企业管理，2022（05）：42-46.

作中尽心尽责、做出工作成绩、促进企业发展，以及积极传播和发扬这种优秀的价值观，从而实现兼顾员工成长与企业发展。

第二，通过将中华优秀传统文化嵌入现代管理制度中，家庭式组织有助于促进员工自我管理，在工作中自觉践行价值观和道德观，兼顾企业的经济价值目标和员工的精神价值目标。例如，固锝推行"幸福班组""幸福领班"机制，将家文化幸福观与班组单位的管理相结合，推行拜师会，将尊师重教的中华优秀传统文化与员工培训相结合。同时，固锝基于"支部建在连队，学堂建在班组"的治理理念，为具有不同职责的车间、部门分配相应的人文价值，并将可视化管理、TPM（全员生产维护）、精益管理等与家文化治理实践相结合。方太将"仁义礼智信"定为必须遵循的道德品质；将"廉耻勤勇严"定为职业品质；将主动担责、自动协作、不断创新、追求卓越定为工作品质，后又浓缩为"仁智勇"，并对主要内容进行行为标准化，促进员工全面修炼，同时提高员工的工作素质和道德修养。

第三，通过建立工作之外的常态化学习制度，合理配置工作时间与中华优秀传统文化学习时间，家庭式组织强化员工对传统文化的熟悉度和认同感，在提升员工道德品质的同时改善角色认知。例如，方太为员工购置国学经典读本，号召全体成员在上班前读经。固锝为全体员工提供脱产带薪学习机会（每年5.5天、每期8%的员工参加），开展晨读，午间学习《论语》《弟子规》等国学经典，既提升了员工的道德品质，又帮助员工树立正确的角色认知。天元将《弟子规》定为天元家规，并坚持每日诵读家规，每天一小时组织带薪学习，阅读《弟子规》《大学》《论语》《了凡四训》等经典，以及开设道德讲堂、"开学第一课"等培训活动。泰威组织晨读《论语》《孝经》《朱子治家格言》等传统经典，以及"三达德"班、国学经典生活体验营等活动。

（二）拟似家庭的组织文化与企业共同体

在价值目标引导下，家庭式组织以拟似家庭的组织文化为基础，将自身塑造为文化共同体和利益共同体，提高组织的内外适应性，从而为个体成长和组织发展提供家庭般温馨、稳定的组织环境。组织文化是组织成员共享的一套以价值观为核心的基本假设构成的特定模式，是实现组织目标的重要保障。拟似家庭的组织文化是指家庭式组织中以仁爱思想为核心，营造出基于文化认同、经济联系、情感联系等为基础的成员关系。拟似家庭的组织文化体现在价值观、制度安排、行为模式和物质实体等多个方面。例如，固铻围绕以家文化塑造幸福企业典范的价值观，建立"幸福午餐会"制度，全面取消夜班制度，举办老乡会、生日庆祝会、重阳节感恩会等活动。此外，吴念博还亲自给全体员工的父母致信感谢。家文化的多层次嵌入加强了成员的文化认同感和情感联系，产生比单纯利益绑定更强的凝聚力，使得家庭式组织成为兼具文化共同体与利益共同体特征的"温馨大家庭"。

拟似家庭的组织文化被广泛认可后，会推动形成以情感联系为基础的团队结构。通过在整个组织范围内营造家文化氛围，每个人都能自觉承担工作职责并基于类家族集体主义行为寻求合作。由于需求差异，不同的工作团队具有不同的职能、职责和目标，共享拟似家庭的组织文化能够增强内部凝聚力。另外，近期有关家庭作为生产经营单位的研究表明，在诸多家庭伦理中，自上而下的家长责任心对维持家庭经营的重要性更高也更稳定[1]，因此在家文化扩散中，大家长式的领导责任心对维持共同体至关重要。固铻深谙此道，吴念博认真回复员工短信并进行心

---

[1] 熊万胜，程秋萍. 人生任务的革命：对集体化后期家庭经营发展的解释[J]. 开放时代，2022（06）：88-105+7.

理疏导，提出"领班就是总经理"以提高基层领导责任心。总的来说，通过拟似家庭组织文化的营造，家庭式组织在快速灵活响应环境的同时，通过情感联系和文化认同保证了内部凝聚力，为个体成长和组织发展提供温馨、稳定的组织环境。

在通过家文化塑造温馨稳定的企业共同体基础上，家庭式组织基于中庸思维协调管理中理性与情感的运用，通过和谐管理落实并平衡组织的经济理性与情感价值目标，并基于此维持和巩固企业共同体。中庸思维是指在两个极端之间寻找一个适度的中间点，中间点不是平均值，而是在特定情境下恰到好处的适度值。和谐管理是指运用中庸的适度智慧，协调好科学理性与人文情感的度：既不完全依靠科学理性的制度章程施加控制效果，也避免伦理、人情等非理性因素的过度干预；根据具体的管理问题选择合适的理性与非理性力量配比，做到兼顾人情、事理、法规。通过基于中庸智慧的和谐管理，家庭式组织可以在日常管理实践中合理地协调组织秩序，在此过程中，当员工及其所处的组织秩序受到情理耦合式的管理机制进行审慎地干预时，可以在组织中维持一种总体性的平衡，激发群体的合作意识，使各种分散性的目标产生定向性聚合，从而使系统朝着有集体行动的方向发展[1]。最终，通过和谐管理的系统整合效应，家庭式组织可以维持和巩固员工的文化认同、经济联系、情感联系及其基础上塑造的共同体意识。

情理和谐的领导机制是和谐管理的重要组成部分，是指以兼顾效益和情感的方式进行伦理决策，根据涉及的具体问题制定出符合情理的解决措施，通过深入情境进行事实对错、规章制度、道德认知等多个层次

---

[1] 高良谋，胡国栋. 情感与计算：组织中的逻辑悖论及其耦合机制[J]. 中国工业经济，2013（08）：96-108.

上的调解。例如，方太学习儒家"仁义"原则，取消对 C 类错误（迟到、早退等）的罚款，代之以主管谈话形式了解情况、适时予以教育。方太董事长兼总裁茅忠群在《修炼方太领导力，推动组织持续成功》中强调领导者需要综合做出有关方向、战略和有关是非、善恶、美丑的判断，依据知识、经验、见识和审美能力（知与见），企业的核心理念、基本法则（理与法），天理、良知、大义（道与义），由低到高三个层次的判断准则进行明智判断，做出优质决策。

（三）家国一体与企业生态圈

家庭式组织在内部治理的基础上，主张基于家国一体观实现外部治理，积极履行社会责任、生态责任，将自身与外部用户、其他企业、社区、社会、自然界、国家视为共同体，通过与其交互参与构建企业生态圈。在数字经济时代，网络效应的存在使公司关注点由内部转移到外部，在这个网络效应发挥了巨大作用的世界，用户生态系统则是竞争优势和市场主导的新根源[1]。同时在此过程中，企业同每个主体协同创新、共享资源，充分利用大规模协作的力量已经成为大势所趋，越来越多灵活的企业将会意识到开放已经成为企业成长和打造竞争力的动力[2]。与此同时，积极与外部伙伴协作，不仅是数字经济时代企业发展的必然选择，还是促进全社会共同富裕和生态可持续发展的有效机制，并在此过程中进一步体现出社会主义企业治理的本质特征，以及促进实现企业的长期价值。

因此，企业在新商业文明中需要将以往零和博弈的竞争思维转变为

---

[1] 杰奥夫雷·G. 帕克, 马歇尔·W. 范·埃尔斯泰恩, 邱达利. 平台革命：改变世界的商业模式 [M]. 志鹏, 译. 北京：机械工业出版社, 2017：31-33.

[2] 唐·泰普斯科特, 安东尼·D. 威廉姆斯. 维基经济学 [M]. 何帆, 林季红, 译. 北京：中国青年出版社, 2007：277.

和合共生的价值共创思维，通过生态战略汇聚资源并与用户、外部企业、社区等伙伴协同创造价值。生态圈原为生物学概念，指的是地球上生态系统的综合性整体，后被应用到经济领域，指的是经济运行中众多主体通过相互间的连接、依赖与协作而构成的生态系统[1]。家庭式组织基于家国一体观参与构建的企业生态圈是指，企业自身与用户、其他企业、社区、自然界等主体作为共同体的有机组成部分，共同参与经济、社会、生态的协调可持续发展，并在此过程中相互协作，实现各主体共同发展、和合共生。

家庭式组织通过多种方式参与构建和合共生的企业生态圈。首先，家庭式组织中的领导者贯彻家国一体观，以身作则参与构建企业生态圈。如吴念博作为发起人，联合《人民日报》（海外版）美洲刊创办苏州明德公益基金会，用于支持慈善公益事业。李景春带头践行孝道，以及基于仁爱、孝悌文化感化和教育"响马村"村民，开展企村共建孝道文明村活动等。茅忠群在"修齐治平"的治理逻辑基础上提出"修身、齐家、治企、平天下"的企业治理观，并将方太的企业使命确定为"为了亿万家庭的幸福"，在科技创新、产品研发中始终关注以家庭幸福为核心的社会幸福。李文良认为信仰应该翻译为"boundlesslight"，即没有边界的、普照的光，并亲自担任公司的首席信仰官（Chief Boundlesslight Officer，CBO）。

其次，家庭式组织通过举办和参与社会活动，积极参与社会和生态建设。如固铻坚持组织举办慈善一日捐、爱心义卖、社区志愿服务、节日关怀、环境清洁活动等，以及与社区构建"连心家园"，援建广西大新县、天等县等偏远地区，共建幸福校园等。天元通过与幼儿园心连

---

[1] 肖红军. 共享价值、商业生态圈与企业竞争范式转变[J]. 改革, 2015（07）: 129-141.

心，共建中华优秀传统文化教育基地，主办、承办中华优秀传统文化公益大讲堂等活动，企村共建和谐孝道村等方式，积极宣传和践行以孝道文化为核心的中华优秀传统文化。方太提出"幸福三部曲"，即"新时代家庭幸福观""幸福社区核心理念""幸福厨房理念"。泰威建立和推行"51，25，24"的"天地人和"股权方案，将公司51%的股权作为公益股权，用于公司在社会建设和生态建设上的公益事业，并在此基础上联合斯为美健康生活馆为社会公众提供"衣、食、住、行、用、疗、学"等综合性服务，建设生态实验园，以及参与组织公益培训和研习班等活动。

最后，家庭式组织主张将企业自身发展同社会建设、生态建设相统一，实现兼顾经济效益与社会效益、生态效益。如固锝在生产经营等整个产业链过程中坚持绿色设计、绿色采购、绿色制造、绿色销售"4G"理念，以及投资发展大批太阳能电站、磁悬浮冷冻机、表面科技厂等环保设施。方太在"为了亿万家庭的幸福"的企业使命基础上，将用户以厨房体验为核心的幸福感作为科技创新与产品研发的价值导向，并提出了以"仁爱为体、合理为度、幸福为本"三个维度构成的"创新科技观"。在此过程中，方太将用户幸福与企业发展紧密结合起来，积极承担国家科技研究计划，解决厨房污染、清洁问题乃至环境治理问题，不断推出和发展有助于用户幸福的产品，如FIKS方太智能厨房系统、集成烹饪中心、高端智慧成套厨电"方太玥影套系Pro"等套系产品，以及"风魔方"吸油烟机、A1.i制冷油烟机、洗碗机Y系列等产品。泰威基于"51，25，24"的"天地人和"股权方案，邀请社会贤达组建企业理事会，与内部的运营董事、资本董事协作共同参与企业治理，将企业与社会、自然界等天地万物的和合共生作为企业治理的根本导向，促进企业积极履行社会责任和生态责任。

四、追求善治：共同体式治理的历史经验与理论框架

人类文明新形态的出场，从文明论高度确证了"两个结合"的现实可行性和伟大创造力。立足人类文明新形态，深入推进"两个结合"应该成为企业治理创新发展的底层逻辑。家文化是中华优秀传统文化的重要组成部分，对中国本土企业影响深远并具有突出的时代价值。家庭式组织是在"两个结合"逻辑下，通过中国家文化重塑现代企业组织的结果，在治理实践中表现为兼顾经济价值与人文价值的组织目标、拟似家庭的组织文化与企业共同体、参与构建企业生态圈。总的来说，基于家文化构建家庭式组织的共同体式治理范式，是在人类文明新形态出场逻辑下推动组织发展的结果，具有鲜明的价值导向、系统整合导向、和合共生导向，能够有效解决新商业文明下的企业治理问题，包括通过实现双重价值目标兼顾员工成长和企业发展，通过在拟似家庭的组织文化与和谐管理中提高凝聚力并实现系统整合，通过积极参与构建企业生态圈实现企业与用户、其他企业、社区、社会、自然界等主体的和合共生，最终塑造中国企业可持续发展的独特优势。

基于家文化构建共同体式治理体系分别从个体层面上的以人为本、组织层面上的自利利他、系统层面上的和合共生三个维度展开，并表现出经济价值与人文价值耦合、组织共同体、企业生态圈的主要特征。在此过程中，儒家义利并重思想是共同体式治理的基础治理逻辑，儒家共同体思想是共同体式治理的核心理念。同时，在经济价值与人文价值耦合上，共同体式治理强调兼顾经济价值与人文价值的治理目标，在此过程中，经济价值与人文价值的耦合既需要在个体层面上实现物质报酬与情感价值的耦合，实现企业治理中的以人为本，也需要在组织层面上实现儒家仁爱逻辑与市场理性逻辑的耦合，从而在企业治理中为以人为本的实现提供整体保障。在基于以人为本实现经济价值与人文价值耦合的

基础上，共同体式治理强调企业治理过程中通过拟似家庭的组织文化、基于中庸思维的和谐管理，塑造组织共同体。最后，在企业内部治理的基础上，共同体式治理强调企业应该基于家国一体观将自身与外部用户、其他企业、社区、社会、自然界、国家视为具有内在统一性的有机生命共同体，积极履行社会责任和生态责任，参与构建企业生态圈。

中国存在着大量以中华优秀传统文化为思想基础，探索具有中国特色治理体系的本土企业，并体现出以义利并重为治理逻辑，以儒家共同体思想为治理核心思想的共同体式治理的主要特征。在基于以人为本的经济价值与人文价值耦合上，中国明清时期的晋商乔家字号以儒家义利观为商业伦理，将情感、信任等社会因素嵌入人员激励之中，形成了义利并重的共同体式身股激励体系，实现了兼顾物质报酬（"利"）和情感价值（"义"）的双重激励。中国当代企业李锦记在治理过程中将儒家伦理与市场理性结合起来，以家族主义信任和家族价值观作为非正式制度，加强家族企业的文化凝聚力，同时以经济理性和契约精神等西方先进经营理念进行正式制度建构，减少儒家伦理的亲缘主义对企业经营的不当干预，形成了义利并重的双重逻辑治理体系，实现了企业治理在组织层面上家族主义信任、家族价值观与经济理性、权力制衡、契约精神等理性治理原则的耦合。

在组织共同体上，中国当代企业固锝以强调认同感、归属感、系统整合的中国家文化为基础，构建了系统的至善治理体系，塑造了基于中国家文化的组织共同体。天元以强调仁义观、"孝、悌、敬、忠、顺"以及家庭传承与发展的中国孝道文化为基础，构建了系统的孝道治理模式，为基于中国家文化塑造组织共同体提供了基于孝道文化的核心机制。在企业生态圈上，方太以中国家文化的核心目标——基于中国"乐"文化的幸福感为治理目标，构建了系统的幸福治理体系，为共同体式治理在系统层面的发展提供了核心目标。泰威基于"民为贵、社稷次之、君为轻"的中国古代治理思想，构建了以"51，25，24"的"天地人和"股权方案为核心，以社会主义的本质要求——共同富裕为最终目标的共同富裕治理体系，为共同体式治理在系统层面的发展提供了最终目标。

中国明清时期的晋商乔家字号，当代的李锦记、固锝、天元、方太、泰威等企业，在基于儒家义利并重逻辑和共同体思想探索企业治理创新的过程中，从经济价值与人文价值耦合、组织共同体、企业生态圈等方面，探索了基于义利并重逻辑的共同体式治理体系，如图2-2所示，为共同体式治理研究提供了鲜活的企业经验。

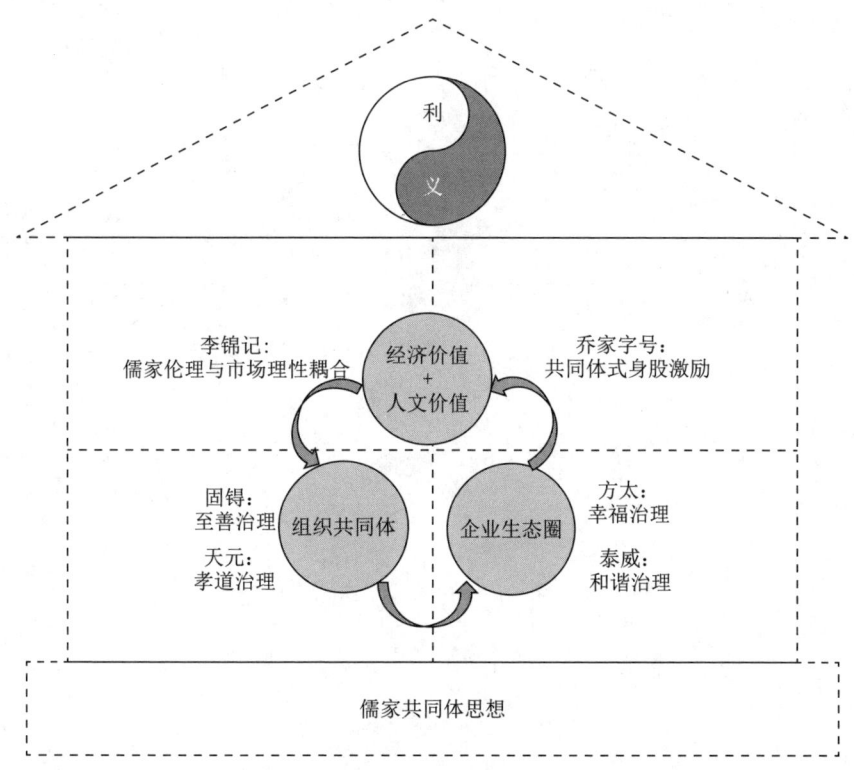

图2-2 共同体式治理的理论框架

第三章
乔家字号：义利并重与古典企业的共同体式身股激励[1]

---

[1] 本章主要内容刊发于《管理世界》2022年第2期，原文题目为《"义利并重"：中国古典企业的共同体式身股激励——基于晋商乔家字号的案例研究》，此次选入时内容有所改动。

第三章　乔家字号：义利并重与古典企业的共同体式身股激励

窃闻之，古圣贤之言治，必以仁义为先，而不以功利为急。
　　　　　　　　——朱熹《朱文公文集》卷七十五《送张仲隆序》

一、身股制：解密晋商雄财善贾的一把钥匙

以股东利益至上为治理逻辑的现代股权激励制度，具有物质报酬本位和短期行为色彩，难以从根本上打造企业与员工的利益共同体。如何避免股权激励中的机会主义行为并长期激发员工的组织认同感以促进企业可持续发展，是现代企业面临的重要治理难题，也是构建基于家文化的共同体式治理的关键。

明清是中国古代企业（字号）发展的鼎盛时期，农产品大量流入市场，赋税的货币化改革[1]，工商业市镇的崛起以及"工商皆本"思想[2]的传播，为企业的规模增长和制度创新提供了广阔空间。这一时期出

---

[1] 明代张居正的一条鞭法对赋税制度的改革推进赋税的货币化和货币的白银化，动摇了国家铸币的主导地位，调整国家与市场间的关系，推动了市民经济与消费社会的发展；清代雍正时期的摊丁入亩将绝大部分劳役都取消，进一步强化税收的白银化，国家和家庭的关系降格为货币交易，这一切都奠定了明清时期商品流通的基础。此外，张居正改革提出"轻关市以厚商而利农"的"厚商"政策，标志着国家最高决策层开始调整传统社会的"抑商"政策，清代延续了这一做法。参见万志英. 剑桥中国经济史：古代到19世纪 [M]. 北京：中国人民大学出版社，2018：292；邱永志."白银时代"的落地：明代货币白银化与银钱并行格局的形成 [M]. 北京：社会科学文献出版社，2019：46。

[2] 黄宗羲《明夷待访录·财计三》指出："世儒不察，以工商为末，妄议抑之。夫工固圣王之所欲来，商又使其愿出于途者，盖皆本也。"

现了以血缘、地缘与业缘为纽带的十大商帮,包括山西商帮、徽州商帮、陕西商帮、山东商帮、福建商帮、洞庭商帮、广东商帮、江西商帮、龙游商帮、宁波商帮,其中晋商为商帮之首,取得的经济成就与经营业绩尤为突出。晋商以"雄财善贾""海内最富"闻名天下,晋商票号一度实现"汇通天下,利赖九州"。清代咸丰三年(1853年),御史章嗣衡向皇帝上报的一道奏折中写道:"山西太谷县孙姓,富约两千余万,曹姓、贾姓富各四五百万,平遥县之侯姓,介休县之张姓,富各三四百万……介休县百万之家以十计,祁县百万之家以数十计。"仅把奏折中所提几个山西县城中富户家产相加,财富数量就超过一亿两白银。而据《清文宗实录(卷九七)》记载,咸丰三年六月,"部库仅存正项待支银二十二万七千余两"。晋商财富的区域聚集程度如此之高,在中国数千年历史上亦属罕见。

  明清晋商的繁荣受益于其管理制度的创新,其中身股制("顶身股制度")是明清晋商字号激励制度体系的核心,也是晋商最具有特色、最具创造性和最具影响力的制度设计。清代徐珂在《清稗类钞》中对此制度有较为清晰的描述,"集钜资,择信义尤著者数人经理之。出资者为银股,出力者为身股,必俟基础确定,而后从事开拓"[1],经理人的选择首重"信义",区分银股与身股乃为"基础"。具体的分配方式则是,"三年结账,按股分余利,营业愈盛,余利愈厚,身股亦因之以增……其发起之人及效力年久者,于其身后,必给身股以赡其家。子孙而贤仍可入号,未得身股以前不得归"。身股制实施的结果是"人人各谋其私,不督责而勤,不检制而俭",即增强了员工的主人翁意识,大大减少了用以监督与控制的成本。晋商取得的卓越经营成就离不开身股制在物质

---

[1] 徐珂. 清稗类钞 [M]. 北京:中华书局,1984:2308.

报酬和精神情感方面的双重激励作用。祁县乔家名列晋商十大财东之冠,是清代晋商的代表家族,鼎盛时期拥资白银数千万两。身股制的推行使得乔家复盛公字号的账期资本利润率达到百分之百左右,乔家大德通票号1889—1908年的盈利增长达28倍[1],最盛时期曾一次从大德通票号分红34万两[2]。《山西票号史料》编写组记载"山西票庄营业,自清初迄今(300余年),其同业间未闻有危险之事,未始非雇佣人之限制,有以绝其弊端耳"[3]。以身股制为核心的人员激励与治理体系在晋商字号数百年辉煌史上发挥着重要作用。

反观中国现代企业的股权激励制度,虽对企业经营尤其是高管激励多有助益,但也有不少待改进之处。推行员工持股制度(Employee Stock Ownership Plans,简称ESOP),激发企业员工个体层面的组织忠诚、角色外行为和职业期望,同时衍生员工的组织主人翁意识,是经济新常态背景下创新驱动的重要力量,日益成为企业制度改革的焦点。多年来,员工持股曾引发内部人控制、长期导向失效、制度套利、国有资产流失等问题。员工持股制度的实践不断碰壁、多次叫停或增加限制,长期缺乏统一的员工持股制度规范,说明这种股权激励的效果并不理想,许多企业的股权激励短期有效却难以持续。未能厘清股东利益至上的企业治理的前置逻辑,以及物质报酬优先的短期主义导向,是现代股权激励制度难以发挥长效作用的重要原因。如何有效且持续激励员工的创造性与参与感,使其知识与技能得以充分发挥以促进企业的可持续发

---

[1] 郝汝椿.乔家大商道[M].北京:新华出版社,2006:128.

[2] 郑文全,卢昌崇.耦合、效率及委托代理问题——基于乔家字号的研究[J].管理世界,2008(08):145-157.

[3] 中国人民银行山西省分行,山西财经学院《山西票号史料》编写组.山西票号史料[M].太原:山西人民出版社,1990:613.

展,是当代企业面临的巨大治理难题。对照明清时期晋商字号或票号这些古典企业,从经营业绩与可持续发展来看,晋商的身股制对我们完善现代股权激励制度具有重要启发。

与现代股权激励制度侧重物质激励不同,晋商乔家字号以儒家共同体思想为社会价值观基础,以儒家义利观为商业伦理,将情感、信任等社会因素嵌入经济组织之中,其身股激励形成了构建"地缘文化共同体—社会身份共同体—经济利益共同体"的生成路径。在此过程中,晋商乔家字号实现了物质报酬("利")和情感价值("义")方面的双重激励,很大程度上规避了短期主义、道德风险等委托代理问题,体现出共同体式治理在股权激励上的情理耦合特征。

本章对乔家字号等明清古典企业的身股制进行理论挖掘,从名列晋商十大财东之冠的祁县乔家的身股激励实践出发,以社会嵌入理论为视角,探索身股激励制度设计与运行的文化基础和制度逻辑,为现代股权激励制度为何失效提供中国本土化理论解释,并抽象出中国古典企业的共同体式身股激励以"价值生成—制度耦合—利益强化"为逻辑进路的内在机理。研究发现,乔家字号等中国古典企业的身股激励是一种面向全员且有条件限制的虚拟股权员工持股制度和动态合伙人机制,是奠基于儒家义利观这一商业伦理基础之上,经济与社会高度嵌入的综合性激励。本章聚焦于股权激励搭建了制度治理与文化治理贯通的桥梁,尝试在"管理哲学(思想:儒家共同体思想)—管理实践(行动:晋商身股激励实践)—管理科学(方法:建构扎根理论)"融通的基础上,建构具有本土契合性的中国古典企业的身股激励理论。在此过程中,本章通过案例研究分析了儒家义利观作为一种商业伦理如何促使中国古典企业身股激励的各项制度形成耦合效应,剖析了身股激励实现经济行为与社会价值高度嵌入的过程,是立足中国经验,扎根中国情境,建构具有中国风格、中国气派，体现义利并重的股权激励与治理理论的一种探索性尝试。

二、儒家共同体与社会嵌入理论

儒家共同体最早的论述出现在《礼记·礼运》开篇孔子对"大同世界"的描述，"大同世界"以"天下为公"为具体表现形式，每个共同体成员均有所归属并努力奉献。儒家共同体的思想基础是"和合精神"[1]，和合精神是一种异质性的元素共处、共生并相互补充、融合、渗透和转化的精神理念，是一种与主客二分、二元对立思维迥然不同的哲学观念和价值系统[2]。与儒家共同体思想相对应的西方理论是社会嵌入理论，其核心观点是强调"所有的经济行为都镶嵌在社会网络中"[3]。本章研究在中西方思想和理论的对话中寻找交汇点，二者均强调异质性元素（如经济与社会）之间的融合、嵌入关系。儒家共同体思想与社会嵌入理论共同成为本章研究的立论基础。下面将以社会嵌入理论和儒家共同体思想阐述个人的决策和行动。

社会嵌入理论指出个人的决策和行动不是基于个人的自利与算计的"理性选择"，而是由规则和价值塑造的心智观念影响着个人的决策和行动[4]。儒家共同体强调个人首先在群体中寻求"个人与他者、群体或社会的和谐、融合关系"[5]。在群己关系上，中国形成了偏重群体的集体主

---

[1] 张立文. 东亚意识与和合精神[J]. 学术月刊, 1998（01）：25-29+88.

[2] 胡国栋. 管理范式的后现代审视与本土化研究[M]. 北京：中国人民大学出版社, 2017：168.

[3] Granovetter M. Economic action and social structure: the problem of embeddedness[J]. American Journal of Sociology, 1985, 91（3）: 481-510.

[4] Dewey J. Theory of valuation[M]. Chicago: University of Chicago Press, 1939.

[5] 胡国栋. 管理范式的后现代审视与本土化研究[M]. 北京：中国人民大学出版社, 2017：219.

义，该价值取向非常注重和谐、合作、融洽的人际关系，强调个人对群体、社会的责任，如："穷则独善其身，达则兼善天下"(《孟子·尽心章句上》)，"鞠躬尽瘁，死而后已"(《后出师表》)，"为天地立心，为生民立命，为往圣继绝学，为万世开太平"(《张子语录》)，此种道义责任规则与集体主义价值是中国人心智观念的重要构成部分，形塑着中国人的决策和行动。

根据社会嵌入理论，经济行动是一种社会行动，嵌入在社会情境之中[1]。嵌入在儒家共同体中的股权激励等经济行动遵循其规则和价值，强调"君子喻于义，小人喻于利"(《论语·里仁》)，义为先而后取利是君子之道，"君子义以为质"(《论语·卫灵公》)即人之心智观念，是人的自觉心之显现。以社会嵌入理论视角探讨个人的经济行为动机，"价值—理性"行动强调"那些不管会带来什么成本，都会采取行动，以追求基于责任、荣誉、忠诚或一些无论内容是什么的重要原因而产生的坚定信仰"[2]。在儒家共同体中，商人群体的经济动机不是自我利润主义，而是家族（集体）利润主义[3]，驱动每个商人能够树立正确的义利观以维护家族（集体）名誉并实践奉公行为，以获得自我认同与满足。人的社会行动总是以一定的道德原则为依据，而人所依据的道德原则主要有两种，即责任伦理和信念伦理[4]。中国古代维系群体价值的伦理规范在表达与形式上具有责任伦理性质，而实质上是一种信念伦理，因为这种

---

[1] 马克·格兰诺维特, 理查德·斯威德伯格. 经济生活中的社会学 [M]. 瞿铁鹏, 姜志辉, 译. 上海: 上海人民出版社, 2014.

[2] Weber M. Economy and society [M]. New York: Bedminster Press, 1968.

[3] 陈来. 传统与现代 [M]. 北京: 生活·读书·新知三联书店, 2009: 246.

[4] Weber M. The theory of social and economic organization [M]. Glencoe, IL: Free Press, 1947.

伦理规范并非纯粹由外在某种权威强加给个体，而是来自个体某种内在的东西并成为其内在信念。儒家共同体中的奉公行为和献身行为之所以能够实现，在于其将注重群体价值的伦理规范建立在个体的自然情感和自觉心的基础之上。

社会嵌入理论为理解和解释儒家共同体在股权激励中的作用提供了有价值的研究视角。儒家共同体作为一种内生性的情境要素，构成考察中国古典企业股权激励制度的社会价值观基础。本章以社会嵌入理论为视角，以儒家共同体为社会价值观基础，尝试从明清晋商身股激励的经验中挖掘经济行动的社会嵌入过程，提炼"义利并重"的中国特色股权激励理论。

三、乔家字号共同体式身股激励的生成路径

在对乔家字号史料进行扎根分析的过程中，逐步发现乔家字号本身是一个较为典型的经济行为嵌入社会网络的共同体组织，财东、掌柜和伙友均以儒家义利观作为共同的商业伦理与价值目标，组织内建立起泛家族化信任关系和牢固的社会身份认同，组织成员上下同欲、齐心协力为乔家字号的基业长青、持续发展而努力。乔家字号共同体式身股激励是指乔家字号通过本地人策略、保人制度等严选共同体成员，以圈内人身份和泛家族化信任使被激励对象产生身份认同和共同体意识，并通过花红制、故身股等长期主义导向的制度设计培养被激励对象的心理所有权，所谓"薪金百两是外人，身股一厘自己人"，最终产生兼有经济效益和社会效益的股权激励效果。本章研究通过扎根分析梳理乔家字号共同体的建构过程发现，乔家字号共同体的表现形式包括地缘文化共同体、社会身份共同体和经济利益共同体，三个阶段的有序构建形成乔家字号共同体式身股激励的生成路径。

（一）第一阶段：身股资质获取的约束条件——选聘本地人构建地缘文化共同体

"查山西票庄同业者，关于雇佣店员之规定，限于山西人，他省之人不得援用"，中国乡土情结浓厚的社会环境下孕育而生的以社群形式存在的乔家字号选聘的学徒和掌柜都是山西本地人，选聘本地人的选聘策略成为身股资质获取的约束条件。选聘策略内含保人制度、上查三代、穿铁鞋等选聘策略以获得优质的选拔结果。保人制度是指乔家字号选聘的学徒和掌柜都需要家境殷实的保人举荐。"将保证人与被保人之关系，如无特殊牵连，最不易找"，确立了保人与被举荐者紧密的信义恩情关系，"倘有越规行为，保证人负完全责任"使得被举荐的学徒和掌柜更加自律谨慎以免辜负保人的恩情。上查三代是指乔家字号选聘过程中的背景审查范围涉及祖上三代的信誉记录。"当练习生，求人说项之时，恐有不良遗传，必先问其以上三代做何事业，出身贵贱，再侦询本人之履历资格"，个人表现直接影响到整个家族在本地的信誉，信誉受损不仅影响自身前程还会影响后代出路。穿铁鞋是指乔家字号铸铁鞋一双，穿不得此鞋，其他条件再好亦不求用，即通过穿铁鞋这一习俗来拒绝那些难以推辞的关系请托以保证人才选拔的公允。

乔家字号选聘本地人从地缘角度形成以儒家义利观为商业伦理的伦理文化圈。"山西是一个被儒家文化浸润很深的地方"，以乔家字号商业资源为依托，"学而优则商"的山西同乡人成为以儒家义利观为精神信仰和行为原则的地缘文化共同体。地缘文化共同体是指在同一地域环境下群体中的个体拥有相互认同的伦理价值观，并能以该伦理价值观作为精神信仰和行为原则。身处儒家伦理文化圈的山西本地人都将儒家义利观视为精神信仰，将其视为不可违背的原则和底线，一旦违背将被认为是非道德行为，产生内心的自我惩罚以及道德舆论的集体惩罚，如倚仗保人重托的学徒"同人感于如此严厉，再受号上道德陶冶，故舞弊情事，百年不遇"。此外，晋商强调安土重迁、落叶归根，即使有的掌柜和伙计被派到遥远的分号但其家眷仍然留在祁县，而且大德通号规明确规定"不准接眷出外"，家人被留在祁县本地形成一种人质约束效应，其在字号内的业绩和伦理表现与其家眷在本地的荣辱紧密相关，"如有卷款潜逃，家眷在本地，似可做相当保障"。此外，乔家字号选聘本地人形成的商业圈使得号内员工"稍有过失，即予开除，别的票号也不用"，进而衍生出集体惩罚效应。由此观之，地缘文化共同体为乔家字号营造出良好的信誉保障环境。在该阶段中，通过选聘本地人建构了地缘文化共同体，选聘本地人的选聘策略成为乔家字号身股资质获取的约束条件，如命题1a所述。乔家字号选拔阶段代表性编码数据示例如表3-1所示。

命题1a：乔家字号以儒家义利观作为商业伦理和行为准则，选聘本地人构建地缘文化共同体营造良好的信誉保障环境，以保人制度、上查三代和穿铁鞋为选聘策略成为身股资质获取的约束条件。

表3-1　乔家字号选拔阶段代表性编码数据示例

相关原始资料	初始编码	聚焦编码
D-6-07:31：山西是一个被儒家文化浸润很深的地方，从山西各地曾先后出土过大量的青铜器，这些青铜器中很大一部分就是礼器。这些珍贵的文物说明，早在春秋时期，山西这片土地就已经成为礼乐昌明的所在	儒家文化影响深远	儒家义利观
D-6-08:02：山西解州的关帝庙始建于隋代，今天看到的主体建筑大都是明清重建的。可以说，人们对关羽的崇拜在这一时期到了无以复加的地步	崇拜关羽作为信义的化身	
L-613：查山西票庄同业者，关于雇佣店员之规定，限于山西人，他省之人不得援用（贺嗽晃:《中国经济全书》，第11册，192页，1910年）	雇佣山西同乡	选聘本地人

续表

相关原始资料	初始编码	聚焦编码
L-611：使用同人，委之于事，向采轻用重托制，乃山西商号之通例。然经理同人，全须有殷实商保，倘有越规行为，保证人负完全责任，须先弃抗辩权。将保证人与被保人之关系，如无特殊牵连，最不易找。倘保证人中途疲歇或撤保，应速另找，否则有停职之虞（颉尊三：《山西票号之构造》，1936年未刊稿）	保人连带责任；保人特殊的人情关系	保人制度
L-612：当练习生，求人说项之时，恐有不良遗传，必先问其以上三代做何事业，出身贵贱，再侦询本人之履历资格（颉尊三：《山西票号之构造》，1936年未刊稿）	宗族信誉背景调查	上查三代
L-613：更有创业老板（同称老掌柜）所遗鞋子一双，欲入该庄学业者，必须本人之足，与此鞋适合，方肯收录，此则匪夷所思矣。其他各庄，尚有以帽子一顶，或衣服一件，为量才利器者。盖因社会间认汇票庄为求取富贵之唯一捷径，有子弟者群思代之在各庄中觅一位置，奔走请托于各庄主持者之门，来者过多，应付为难，遂不得不设一拒绝之法以为藉口，而评定合格与否之权，仍操诸主持者之手也（李谓清：《山西太谷银钱业之今昔》，《中央银行月报》，第六卷第二期，187页，1937年2月）	回绝关系练习生的手段	穿铁鞋
L-612：如有卷款潜逃，家眷在本地，似可作相当的保障……由是观之，山西票庄自经理以下的职员，除了一二仆役外，清一色的雇佣山西人，不但为本省人谋生计，而且是为了就近监督其家眷，作为保障（陈其田：《山西票庄考略》，91-93页）	家眷留守故乡	人质效应
L-608：伙计没有得到身股时，不许回家。稍有过失，即予开除，别的票号也不用。（彭信威：《中国货币史》，661页，上海人民出版社1958年版）	票号集体不再复用	集体惩罚

（二）第二阶段：身股配置的制度基石——培养泛家族化信任构建社会身份共同体

以儒家义利观为商业伦理的地缘文化共同体须接受企业经营情境的

过滤改造,将社会层面的儒家义利观同企业内工作环境和社会关系结合起来,儒家义利观衍生成字号的职业道德规范,形成各式复杂多样的"号规"。大德通票号经理高钰"并手定章程,以身作则,故号规整饬,伙友循谨,为他号所不及",遵守职业道德规范成为号内成员的立身之道。晋商"帮规严整,勤苦耐劳,且崇尚信义,而徒弟教育之健全,在商界尤足矜式"。职业道德规范贯穿乔家字号的培训与晋升阶段,影响其培训与晋升阶段的学徒制和东掌制的制度实践。

学徒制是乔家字号普通伙计的必经培训过程,利用三年学徒期对学徒进行专业技能培养(写字、珠算等)、服务技能培养(烧水、扫地、冲茶等)、特殊技能培养(少数民族语言学习等)以及品德训育,"命阖号同人皆读中庸大学,盖取正心修身,而杜邪教之入"。乔家字号对学徒实施长期雇佣和内部晋升制度。长期雇佣是指从学徒身份转变为伙计身份再到获得身股资格需要漫长的时间积淀。从学徒身份到伙计身份"总号训练学徒一般是三年,到期派分号做事","各伙友入号在三次账期以上"可被掌柜推荐获得身股资格,从伙计入号到获得身股资格要经历将近十年的账期积累。内部晋升是指从学徒、伙计直到掌柜,伴随着经验和心性的成长与成熟,员工职业生涯每个阶段的努力都在为其在组织内部实现晋升夯实基础。学徒制长期培训和内部晋升的目的是培养票号切实需要的长期雇佣人才,使学徒最终获得乔家圈内人身份,为企业的长远持续发展做打算。训育身教的三年学徒期是学徒成为伙计的考察阶段,其间有严格的号规约束学徒的行为,凡发现违反号规或其他营私舞弊的行为,将一律被清除出号。乔殿蛟曾回忆学徒训育期的经历"当我当学徒的时候,大家都是抢着干活,只怕掌柜的不要,哪敢偷闲"。学徒制增强了员工的群体身份认同和网络互动,使企业在人员选聘和培养过程中强化了股权激励前期的社会性嵌入,成为乔家准身股激励对象。经过漫长的价值观沉淀过程使最终留任的伙计具备"基于群体和网络身份而有的信任"[1],从而极大地降低了股权激励实施的监督成本。

东掌制是指掌柜对票号经营事务全权负责,"其权限近乎独裁而非独裁,实即集权制也",除非遇到事关企业存亡的重大决策,财东在日常经营中不干涉号内事务,"管事于营业上一切事项,如何办理,财东均不闻问",是乔家字号所有权与经营权高度分离的典型制度。在东掌制下,财东对企业承担无限责任,掌柜只负赢不负亏。同时财东"用人莫疑,疑人莫用"并"以礼召聘,委以全权",这种以礼相待、充分放权又承担责任的情怀滋养出高黏性的泛家族化信任关系。这里的泛家族化信任是指受"泛家族主义"文化传统影响,组织可以产生拟家庭成员之间基于情感的信任合作关系[2]。与财东的泛家族化信任关系使得掌柜"倘非丧心病狂之流,绝无视如手足,报以寇仇之理"。掌柜将这种信任关系扩展到协理(二掌柜)、襄理(三掌柜)、伙计和学徒。财东(股东)、掌柜(高管)以及伙友(员工)之间的这种泛家族化信任产生亲密性和微妙性的人际关系,增强了字号内部的社会身份认同。

乔家字号通过学徒制和东掌制培养学徒和掌柜的泛家族化信任进行社会身份共同体的构建。社会身份共同体是指通过构建社会群体中个体的社会属性,使得社会群体中的个体明确对其所属社会群体与其他社会群体的边界辨识,将个体自我转化为群体自我,培养群体成员的身份认

---

[1] 马克·格兰诺维特. 社会与经济:信任、权力与制度[M]. 王水雄,罗家德,译. 北京:中信出版社,2019.

[2] 胡国栋. 中国本土组织的家庭隐喻及网络治理机制——基于泛家族主义的视角[J]. 中国工业经济,2014(10):97-109.

同意识。社会身份共同体的构建使乔家字号能够恰当地筛选符合儒家商业伦理和本企业制度规范的身股激励对象并强化组织凝聚力。以上述学徒制和东掌制为铺垫，身股的配置就顺理成章且易于实行。首先由财东聘请大掌柜，并签署正式书面合同，注明掌柜身股份额、结算账期等内容，掌柜无需出资顶身入股亦凭东掌制负赢不负亏，身股配置嵌入在财东和掌柜的泛家族化信任中强化掌柜的职业归属感。商号内的其他"各伙友入号在三次账期以上，工作勤奋，未有过失"具有顶身股资质的伙计，由大掌柜根据考核结果向财东推荐，经财东同意后正式确定身股配给，"不在合同列名，另有'万金账'详载"，"各伙友'顶人力股'多寡，由经理看个人的劳绩而酌定。经过学徒制的长期训育身教和内部晋升，培养并过滤出才德兼备的商号圈内人，身股配置嵌入在商号圈内人身份中强化伙友的身份认同意识。可见，乔家字号的身股制原则上是一种面向全员并有条件限制的员工持股制度，其覆盖范围远较现代企业股权激励的高阶管理人员广泛。学徒制与东掌制通过逐步强化学徒和掌柜的身份认同意识，使商号内形成泛家族化信任关系，建构了一种社会身份共同体，是乔家字号身股配置的制度基石，如命题 2a 所述。乔家字号培训与晋升阶段代表性编码数据示例如表 3-2 所示。

命题 2a：儒家义利观在乔家字号内转化为一种有效的职业道德规范，学徒制的长期雇佣和内部晋升催生乔家圈内人身份，东掌制衍生出泛家族化信任关系，实现社会身份共同体的构建，对身股配置起到过滤和凝聚作用。

表3-2 乔家字号培训与晋升阶段代表性编码数据示例

相关原始资料	初始编码	聚焦编码
L-544：票号肇之乾嘉，直、鲁、豫、鄂、湘、蜀、秦、陇各都市，无处不有山西商人之地盘，帮规严整，勤苦耐劳，且崇尚信义，而徒弟教育之健全，在商界尤足矜式（《山西之沧海桑田观》，《大公报》，1915年3月26日）	推崇信义的伦理道德	职业道德规范
L-573：并手定章程，以身作则，故号规整饬，伙友循谨，为他号所不及（贾家鼏：《高子庚翁传略》）	制定号规	
L-613：练习生由总号年资深者训育，训育的科目，在技术方面为打算盘、习字、背诵平码、抄录信稿、练习写信及记账等（卫聚贤：《山西票号史》，57页）	专业技能培训	学徒制
L-613：主要是做日常事务，打水、扫地、侍候掌柜等一切杂活（《乔殿蛟访问记录》，1961年1月）	服务技能培训	
D-2-30：31：他这个山西人无论从外形，还是心理、语言，几乎就是蒙古人。这是因为他从小，从14岁学徒，掌柜的就把他放在草原上，字号就要求他，在草原上要习蒙俗，用蒙古语，对顾客要尊重，要掌握顾客的心理，这样你才能够战无不胜	特殊技能培养	
D-7-30:31：像乔家这个大德通，高钰那个时候，面对的西方商人入侵，进来之后的话，市场上花花世界，外面这个各种各样声色犬马刺激，他觉得我这个号，一定要把人这个思想维持集中起来，那么就通过学习《大学》《中庸》，维持一种正常的心态，一定把信用、道德放在前面	品德训育	
L-613：票号用人，全要经过总号训练。训练以后，总号派出去驻号，分号无权用人。总号训练学徒一般是三年，到期派分号做事。有的聪明出众，二年也有被派到分号去的（《乔殿蛟访问记录》，1961年1月）	学徒训育期长	长期雇佣
L-583：各伙友入号在三次账期以上，工作勤奋，未有过失，即可由大掌柜向股东推荐，经各股东认可，即将其姓名登录于万金账中，俗称为"顶生意"（李谓清：《山西太谷银钱业之今昔》，《中央银行月报》，6卷2期，190—191页，1937年）	身股资格获取经历漫长	

68

第三章 乔家字号：义利并重与古典企业的共同体式身股激励

续表

相关原始资料	初始编码	聚焦编码
L-614：每一伙友入号，日间在门市部练习，晚间收市后，分由各高级伙友教授珠算及习字。半年以后，经高级人员推荐，乃有练习跑街资格。上市经年，经高级人员认为可以造就者，乃派充录信员，先誊各埠来函一年，后经文牍先生赏识，乃改缮外发信件，同时由文牍先生教以文字学。再经年余，乃有升充帮账之望。帮账半年后，遇各分庄有调换人员之举，经高级人员提拔，乃得派赴各埠分庄服务。一经外派，身价立高，勿问在分庄担任何项职务，皆有二老板之身份（李谓清：《山西太谷银钱业之今昔》，《中央银行月报》，6卷2期，1937年）	专业能力和经验积累实现从学徒到掌柜的晋升	内部晋升
L-594：经理既受财东信赖与委托，得以经理全号事务，任重而道远，所以事事不出于忧勤惕励之一念。领导同人，崎岖前进，其权限近乎独裁而非独裁，实即集权制也。盖同人均享有建议权，非任何拘束，小事亦可便宜行事，大事则须决之经理（颉尊三：《山西票号之构造》，1936年未刊稿）	掌柜高度权力集中	东掌制
L-594：将资本交付于管事（即大掌柜）一人，而管事于营业上一切事项，如何办理，财东均不闻问，既不预定方针于事前又不施其监督于事后，此项营业，实为东方特异之点（《山西票商盛衰之调查》，《中外经济周刊》，119页，1925年7月4日）	财东充分放权	两权分离
L-594：如票庄营业失败经济上损失之责任，全由财东负担，而管事不闻有赔偿之义务。（《山西票商盛衰之调查》，《中外经济周刊》，119页，1925年7月4日）	财东负担经济损失	财东无限责任
L-613：当我当学徒的时候，大家都是抢着干活，只怕掌柜的不要，哪敢偷闲（《乔殿蛟访问记录》，1961年1月）	勤奋工作以获得留用资格	圈内人身份
L-604：学徒的薪水，按其成绩逐年增加一次，自二两、四两起至十二、四两止，到了年俸可得七八十两时，则有资格"顶身股"一二厘了（陈其田：《山西票庄考略》，87-88页）	逐年积累以获得身股资格	

69

续表

相关原始资料	初始编码	聚焦编码
L-594：财东所负无限责任既重且大，特持其眼光远大，信义待人，倘非丧心病狂之流，绝无视如手足，报以寇仇之理。	信任和忠诚的相互作用	泛家族化信任

（三）第三阶段：身股激励的长效机制——获取心理所有权构建经济利益共同体

身股是一种顶身入股的虚拟股权，号内员工无需付出资本代价，凭借个人的绩效成果被赠予股权，账期的高额分红发挥强物质激励作用。身股是一股为限的饱和股，"最初所顶之身股，最多不能过二厘（即一股之十分之二），然后每逢账期一次，可增加一二厘，增至一股为止，谓之'全份'"，达到饱和除非有极大特殊贡献可突破一到二厘，无特殊情况不可继续增持。饱和目标使得号内员工产生一种极强的目标意识，通过绩效和经验的积累缩短与终极目标的差距，随着持股数和红利的阶段性增加，持续地激发号内员工对于更高物质激励水平的追求。同时，报酬差距可以产生意图缩小差距的动机，激发号内员工的活力和进取意识。身股设置了股份上限却没有限制身股占企业总股份的比例，如"大德通在光绪十五年（1889年），银股20股，身股9.7股，身股占银股的48.5%；到了光绪三十四年（1908年），银股20股，身股23.95股，身股为银股的119.75%"（《山西票号史料（增订本）》，2002），实现了身股规模的扩张，维系了号内员工激励的相对公平。

为使身股激励更加有效，乔家字号设计了花红制、故身股、身股应支等将身股激励导向长期主义的制度规范。花红制是指从每轮账期红利中计提出来的风险准备金，"此项花红，存积于分店，付以一定之利息，以之为填补经理人损失赔偿之需，非经理人出店时决不付还"，分号掌柜任职期间未产生巨大的经营损失，花红将成为一笔高额的退休金。故身股是指考虑到身股的终止条件为激励对象解决后顾之忧，票号中已"顶身股"的伙友去世后，财东视他们生前贡献的大小及所顶身股的多寡，在几年内，返还其家属其生前享受的待遇。身股应支是指考虑到身股长周期的账期分红特征，掌柜和伙友可根据身股数量提前提取匹配额度的应支款。"每年应支，大概每股多则五百两，少则三四百两不等，分四季支用。到了三四年后合账分红时候，无论应支多寡，概由各人应得的红利内扣除"（《山西票号史料（增订本）》，2002）。花红制、故身股和身股应支是身股制的重要组成部分，在增强激励的长期导向和减小系统运行风险的同时，保障了身股激励的高效运行，提高了身股激励对号内员工的持续吸引力。

身股制是以利润分享为基础的一种员工所有制，掌柜和伙友在乔家商业圈内同为身股激励对象，受地缘文化共同体和社会身份共同体的影响，物质报酬的物质激励过程表现为财东与身股激励对象之间"义与忠""施与报"的互动关系，"资本家出钱，劳动者出力，均有股份，一经获利，平等分配，以是经理伙友，莫不殚心竭力，视营业盛衰，为切己之利害"，身股制丰厚的物质报酬起到的是强化情感价值逻辑的积极作用，使得号内员工尽心竭力唯恐受之有愧。通过身股制，乔家字号劳资之间建立"同心协力"的良性关系，物质报酬与情感认同长期正向强化，使物质报酬由最初的物质所有权意识转化为心理所有权意识，财东、掌柜和其他伙友形成更加紧密和长久的经济利益共同体。经济利益共同体中的成员在社会的经济结构中具有相似的地位或共同的经济利益，同一群体成员会自觉团结起来争取字号整体效益的最大化。该阶段通过心理所有权建构了经济利益共同体，是乔家字号身股激励的长效机制，如命题3a所述。乔家字号激励阶段代表性编码数据示例如表3-3

所示。

命题 3a：受地缘文化共同体和社会身份共同体的影响，乔家字号的花红制与故身股等身股激励的配套制度使身股激励对象获得长期导向的心理所有权，财东和掌柜、伙计等身股激励对象形成自觉争取企业整体效益最大化的经济利益共同体。

表 3-3　乔家字号激励阶段代表性编码数据示例

相关原始资料	初始编码	聚焦编码
L-583：最初所顶之身股，最多不能过二厘（即一股之十分之二），然后每逢账期一次，可增加一二厘，增至一股为止，谓之"全份"，即不能再增（李谓清：《山西太谷银钱业之今昔》，《中央银行月报》，6卷2期，190-191页，1937年）	饱和股；报酬差距	身股
L-584：大德通在光绪十五年（1889年），银股20股，身股9.7股，身股占银股的48.5%；到了光绪三十四年（1908年），银股20股，身股23.95股，身股为银股的119.75%	身股的比例超过银股	身股
L-604：依大德通光绪十年（1884年）所立的号规：一分者一百二十两，九厘者一百十两，八厘者一百两，七厘者九十两，六厘者八十两，四五厘者七十两，二厘者六十两，二厘者五十两，分为春冬两标支使，若至大账期，已分得红利，则将应支的数目（已支过的）在红利内扣除（卫聚贤：《山西票号史》，58-59页）	身股数的多少决定应支银两限额	身股应支
L-591：又关于经理人之损失赔偿，则有所谓经理人损失赔偿准备积金者，即营业决算后，依纯益多少由总店分给各分店经理之花红也。此项花红，存积于分店，付以一定之利息，以之为填补经理人损失赔偿之需，非经理人出店时决不付还（东海：《记山西票号》，《东方杂志》，14卷6号，1917年）	以损失赔偿准备金作为退休股	花红制
L-598：定人力故股，一厘至六厘，四年清结，七厘至一俸，六年清结。若初顶身股，未经账期而故者，勿论多少，三年清结。若功绩异常，或临故有毁之事，宜加宜减，众东另议（大德通《光绪十四年三月初六日合账重议号规款录——第一次修改章程》）	顶身股数决定故身股分红期数	故身股

续表

相关原始资料	初始编码	聚焦编码
L-582：资本家出钱，劳动者出力，均有股份，一经获利，平等分配，以是经理伙友，莫不殚心竭力，视营业盛衰，为切己之利害（陆国香：《山西票号之今昔》，《民族杂志》，4卷3号，1936年3月）	顶身股的组织归属认同感	心理所有权
L-604：若经理等顶人力股的，如到大账期……有红利则分红，无红利分时，则有应支。如票号赔账，经理不负赔偿责任。又经理顶人力股的有公积金，积年累月，所余甚丰。死后又有协账。这是山西票号待遇甚厚，经理人等视票号如己事，莫不尽力经营（卫聚贤：《山西票号史》，58-59页）	身股负赢不负亏	

四、中国古典企业共同体式身股激励的内在机理

考察乔家字号身股激励的实施过程，可以发现，身股的资质获取、身股配置以及制度设计都体现出儒家义利观为商业伦理基础上的共同体式激励特质。首先，通过选聘本地人构建地缘文化共同体，通过共同的精神信仰和生活经验使字号员工成为一个"信用社区的群体"[1]，为实现群体内行为一致性奠定了儒家义利观的伦理文化基础，同时也对字号内身股资质的获取提供了稳定可靠的约束条件。其次，通过培养身份认同意识构建社会身份共同体，按照乔家字号伙友的群体原型对学徒进行教化使之产生自我认知的趋同化，从学徒、伙计到掌柜的长期雇佣和内部晋升，从赚辛金到配身股，逐步赋予学徒圈内人身份，注重财东和掌柜关系信任的培养，组织内形成泛家族化信任关系，使学徒和掌柜产生对乔家字号成员的身份认同意识，从而为身股制的实施提供了坚实的制度基础。最后，通过获取心理所有权构建经济利益共同体，共同体逻辑下

---

[1] 杜维明. 新加坡的挑战：新儒家伦理与企业精神[M]. 北京：生活·读书·新知三联书店，2013：115.

将物质报酬（经济要素："利"）嵌入在社会关系（商业伦理："义"）之中，发挥儒家义利观和职业道德规范的调节作用，使得乔家字号的激励对象将身股激励获取的物质所有权转化为心理所有权，从而使身股激励具有长期主义导向。三种共同体的形成过程分别反映了身股制实施的约束条件、制度基石与长效机制，儒家义利观是贯穿其中的隐性文化基础。乔家字号的案例揭示了中国古典企业的身股激励本质上是奠基于儒家义利观的共同体式股权激励。

从熟人社会到生人社会的现代化变迁进程中，我国的商业文明已从身份这种传统社会合约向价格这种现代市场契约转变。但是，儒家义利观作为一种商人信仰已经深深内化为中国人的文化－心理结构[1]之中，从而成为华人心智模式的一个重要部分。这种深深嵌入民族心理和价值思维上的隐性烙印很难因时代的变迁而发生骤变，目前中国许多成功的企业家喜欢以"儒商"来界定自我的形象，儒家的传统价值观仍然具有巨大的现实影响力。乔家字号共同体式身股激励对于现代企业股权激励缘何短效提供了中国本土的解释。股东利益至上的现代股权激励制度虽然不断强调员工参与和长期导向而进行自我优化，但仍尚未摆脱由于理性计算逻辑和物质利益激励属性而遭致的短效或失效问题。物质报酬的收益通过企业和雇员（含高管）之间的契约关系进行维系，雇员不得不根据物质报酬付出超额的努力，公司与雇员在法定的契约关系中是彼此制衡和博弈的行动者。市场契约的不完全性则加剧了企业和员工间的零和博弈和对抗关系，给契约的履行带来潜在风险。"唯利是图"属性使股权激励成为物质报酬的一种变种形式，它除短暂的物质回报之外不具有其他情感和精神等社会性因素支撑，一旦收益和付出之间的平衡被打

---

[1] 李泽厚. 中国古代思想史论［M］. 天津：天津社会科学院出版社，2003.

第三章 乔家字号：义利并重与古典企业的共同体式身股激励

破，股权激励的效果也会大打折扣。也就是说，现代企业的股权激励模式并未有效地建立一种具有社会嵌入性的经济激励体系，以物质为本位的股权激励使该制度可能诱发经营者过度冒险甚至财务造假等短期主义行为和委托代理难题。

在缺乏现代公司治理结构的明清时期，股东承担无限责任，经营者负盈不负亏的晋商身股制并无导致现代企业股权激励的上述问题，其关键在于乔家字号使经济报酬与社会认同在商业伦理基础上实现了嵌入关系。因而，儒家义利观等传统商业伦理与现代市场契约在企业组织的股权激励中仍然具有结合的巨大制度空间。在乔家字号共同体式身股激励的生成路径的基础上，从更为抽象的层面来剖析中国古典企业共同体式身股激励的内在机理，在历史（客观经验）与逻辑（论证推理）的统一中发现规律性可以建构具有中国特色的股权激励理论。如图3-1所示，以身股制实施的约束条件、制度基石与长效机制三个环节为着眼点，以稳定、综合且持久的股权激励效果为目标，可以提炼出中国古典企业身股激励的内在机理，它由价值生成、制度耦合以及利益强化三个互相衔接和强化的子系统构成。

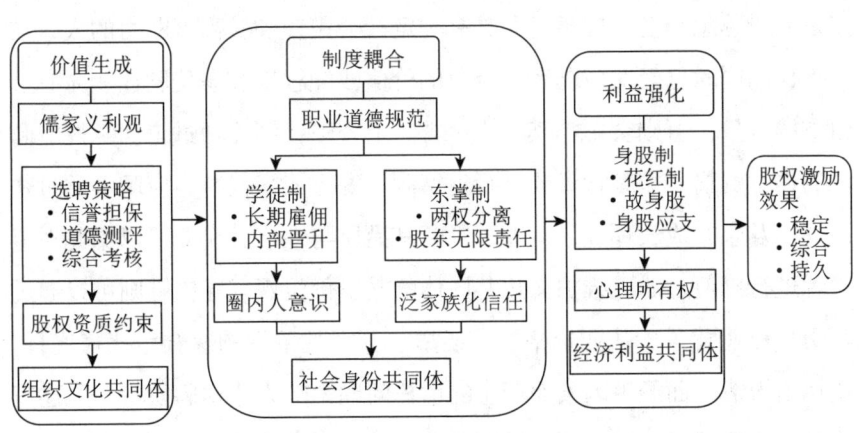

图 3-1 中国古典企业共同体式身股激励的内在机理

第一，身股激励的价值生成。身股激励的价值生成是指儒家义利观等商业伦理嵌入到身股激励该经济性行为中的过程，其结果是通过身股资质获取的价值约束形成具有地方属性的组织文化共同体。乔家字号的启发是在人员选聘的事前环节就严格进行价值筛选，从而为股权资格的获取提供约束条件。在人员选聘过程中，可以通过熟人举荐、第三方信用机构担保、道德测评、综合考核等多种方式进行价值过滤和行为约束以生成并强化全员共享的价值信念（商业伦理）。通过道德筛选和价值过滤，构建具有地方属性的组织文化共同体为身股激励的实施营造了良好的信誉保障环境和价值向心力，这是晋商身股制在缺乏现代治理结构前提下仍旧能够长期有效的一个前置条件。根据社会嵌入理论，全员共享的价值信念无论是基于责任、声誉抑或是其他重要原因，无论结果是否会损害自身利益，都会使得员工采取必要且合适的行动，因为该价值信念已被视为"天命"或"必需"。从乔家字号身股资质获取的前提条件可知，身股配置对象必须是德才兼备的员工，乔家字号的保人制度依然能够发挥重要作用，通过熟人推荐和第三方信用机构担保可以确保在不熟悉应聘者的前提下对其品质和才能有相对客观的了解，因为担保者多是同时熟悉企业与应聘者并具有一定社会声望和较高判断力的人，在其担保的同时已经对应聘者与企业的价值匹配程度和职位胜任能力有过慎重的考量，否则会影响其个人声誉。上查三代则可通过全面掌握应聘者的档案资料、家庭背景或进行道德测评等方式来代替，应聘者的过往表现以及家庭成长环境，有助于判断其品质与性格，企业可以据此对应聘者进行价值过滤以维护文化共同体的共享价值观。穿铁鞋则可以通过学历、专业背景、从业资格、言谈举止等客观条件的综合考核来代替，避免由人情、面子等因素而产生的请托问题影响人才招聘质量。上述三项制度使选聘出的员工更容易领悟并接纳企业价值观所共享的理解和意义，通过社会网络传播企业价值观进而对员工的心智结构产生影响，使得价值信念完全内化于人们的偏好之中。价值观作为一种复杂的规则构成企业的重要资源，常被用于企业的战略用途[1]，对身股激励的实施具有价值生成功能。综上，我们以乔家字号身股获取的约束条件为着眼点，在命题 1a 的基础上提炼出身股激励的价值生成系统，如命题 1b 所述。

命题 1b：儒家义利观经由信誉担保、道德测评和综合考核等人员选聘策略，能够生成具有"地方属性"和"价值向心力"的组织文化共同体，为身股资质的获取提供约束条件。

第二，身股激励的制度耦合。制度耦合是指在组织文化共同体的影响下，通过学徒制、东掌制与身股激励的融通互动，将经济行为嵌入在社会关系之中，激发群体的合作意识，使各种分散性的制度目标进行定向性聚合，通过多个关联制度的协同耦合来提升股权激励效率。乔家字号的东掌制与学徒制在现代企业中普遍存在，一些企业的委托代理关系、员工雇佣与晋升制度的设计甚至远不如乔家字号精致和科学。对于身股激励来说，问题的关键在于如何使这些制度之间产生耦合效应而不是互相摩擦损耗。欧洲的组织社会学认为，组织的正式规则及非正式规则都不能直接决定组织成员行为，而是对行动者之间的协商和游戏的诸种环境进行建构[2]。组织成员根据已有的经验性知识及自己的利益需要对包括组织正式规则、程序、命令或偶然事件进行过滤性感知，根据具体情境来决定具体采取何种行为。由此可知，使制度耦合与员工采取一致性行动的关键是过滤性感知。组织文化共同体衍生的职业道德规范可

---

[1] DiMaggio P. Culture and cognition [J]. Annual Review of Sociology, 1997, 23 (1): 263-287.

[2] Friedberg E. Local orders: dynamics of organized action [M]. London: JAI Press Inc, 1997.

以影响和矫正员工对制度与情境的过滤性感知，从而发展出一种意识程度更高的和有目标定向的合作意识，在各制度之间形成聚合性的耦合逻辑[1]。乔家字号东掌制、学徒制与身股激励实现制度耦合的原因是社会关系的高度嵌入，产生了圈内人意识和泛家族化信任，减弱了各制度之间的摩擦力而增强了其黏合性，这也是乔家字号能够建构社会身份共同体的关键举措。根据社会嵌入理论，从职业道德规范合法化到学徒制、东掌制的关系性嵌入，身股激励的制度耦合使得员工产生对群体社会身份的认同[2]，并对其所属群体产生一种义务感[3]，有别于算计得失而采取的理性行动，对群体社会身份的认同降低了人们从共有财产中掠夺资源的倾向[4]。综上，以乔家字号身股激励实施的制度基础为着眼点，在命题 2a 的基础上可以提炼出身股激励的制度耦合系统，如命题 2b 所述。

命题 2b：在组织文化共同体基础上，共享的职业道德规范促使内部晋升、长期雇佣、两权分离等各种分散性的制度目标进行定向性聚合而产生制度耦合效应，形成高度的群体信任和社会身份共同体，为身股配置和身股激励功效的发挥奠定了社会关系高度嵌入的制度基础。

第三，身股激励的利益强化。利益强化是指在社会身份共同体基础上，通过长期主义导向的身股激励制度设计强化持续的利益绑定，使激励对象对于组织的产权感知由理性计算逻辑下的物质所有权，转化为经

---

[1] 高良谋, 胡国栋. 情感与计算：组织中的逻辑悖论及其耦合机制[J]. 中国工业经济, 2013（08）：96-108.

[2] Dutton J E, Dukerich J M. Keeping an eye on the mirror: image and identity in organizational adaptation [J]. Academy of Management Journal, 1991, 34（3）：517-554.

[3] Bourdieu P. The forms of capital [M]. New York: Greenwood Press, 1986.

[4] Tyler T R. Why do people rely on others? Social identity and social aspects of trust [C], in Cook K S. Trust in society, Russell Sage Foundation.

济的理性计算逻辑与社会的情感价值逻辑互相嵌入融合的心理所有权的过程。部分现代企业的股权激励出现短期行为而失效的深层次原因在于，股权激励方案基于财务数据而缺乏对情感与心理要素的考量，使被激励对象盯着不断变化的股价和市值而患得患失，难以专注于改善自身的经营与管理行为。乔家字号的身股激励在组织文化共同体与社会身份共同体的基础上建构了经济利益共同体，其核心举措是通过花红制、故身股和身股应支等配套制度有效地将物质报酬无限延伸到具有长期主义导向的心理所有权层面，即从心理上将自身与企业建立起联系，员工能感觉到企业是自己的，或者企业的一部分是自己的[1]，进而将企业的福祉视为个人福祉的一部分[2]，将激励对象对财务和报酬的关注点引向了对未来自身价值（同时包含家庭利益）的主动实现。尽管时代环境有较大差异，乔家字号这种独特的身股激励制度在现代企业中依然能够发展出一种利益强化机制来改善股权激励效果。其中，花红制约定了损失赔偿准备金，具有一定的经济利益的约束与捆绑作用，而身股应支和故身股则是基于高度的信任与认同才可能实施的制度。如果股东与高管、员工之间未能基于共享的伦理价值观和耦合的制度体系而建立起高信任度和身份认同意识的组织文化共同体和社会身份共同体，企业几乎不可能实施与身股应支和故身股相类似的制度。综上，我们以乔家字号身股制实施的长期主义导向为着眼点，在命题 3a 的基础上提炼出身股激励的利益强化系统，如命题 3b 所述。

命题 3b：在社会身份共同体基础上，通过提前预支收益、风险准

---

[1] Pierce J L, Kostova T, Dirks K T. Toward a theory of psychological ownership in organizations [J]. Academy of Management Review, 2001, 26（2）：298-310.

[2] 马克·格兰诺维特. 社会与经济：信任、权力与制度 [M]. 王水雄, 罗家德, 译. 北京：中信出版社, 2019.

备金、退休后激励，以及激励对象故去后的家属延期激励等身股激励配套制度持续强化利益绑定，使激励对象对企业产生具有长期主义导向的心理所有权，进而使股东、高管团队与员工形成同心协力追求企业整体效益最大化的经济利益共同体。

综上，价值生成、制度耦合和利益强化三个子系统围绕身股激励的资质获取、实施过程和结果反馈三个环节，依托组织文化共同体、社会身份共同体和经济利益共同体三个基础，从约束条件、制度基石与长效机制三个维度分别保障股权激励的稳定性、综合性与长期性，体现出层层递进和互相强化的股权激励逻辑，构成中国古典企业共同体式身股激励的内在机理。

五、结语

（一）基本结论：根植儒家伦理的中国企业原创性股权激励模式

梁启超曾对晋商评价道："鄙人在海外十余年，对于外人批评吾国商业能力，常无辞以对，独至此，有历史，有基础，能继续发达之山西商业，鄙人常自夸于世界人之前。"（《梁任公莅山西票商欢迎会演说词》，《大公报》，1912）此处高度肯定晋商的地方不在其财力，而是其制度基础和管理能力。"各省钱业唯山西汇号流通最广，生意亦最久。其资本系合股而成，而所以能广其久者，则在号中用人之法"（《申报》，1882年3月21日），身股制是明清晋商字号激励制度体系的核心，也是晋商最具创造性和最具影响力的制度设计。

研究发现，乔家字号身股激励是一种面向全员且有条件限制的虚拟股权员工持股制度和动态合伙人机制，本质上是奠基于儒家义利观这一商业伦理基础上的共同体式股权激励。现代股权激励存在的主要弊端是经济行为与社会因素相脱离而呈现一种原子式的割裂状态，而晋商身股激励的特质则是建立在儒家共同体思想基础之上，经济与社会高度嵌入的综合性激励。乔家字号采用本地人选聘策略严选共同体成员成为身股资质获取的约束条件，构建地缘文化共同体为身股激励的推行营造良好的信誉保障环境；儒家义利观在乔家字号内转化为企业的职业道德规范，通过学徒制和东掌制对身股配置起到过滤和凝聚作用，培养伙友和掌柜的圈内人身份认同意识和泛家族化信任关系，构建社会身份共同体实现身股激励的制度耦合；以构建地缘文化共同体和社会身份共同体为前提，身股激励以及花红制与故身股等配套制度使激励对象获得心理所有权，构建经济利益共同体强化身股激励的长期导向。根据乔家字号共同体式身股激励的三个实施阶段，提炼出中国古典企业共同体式身股激励的内在机理，即价值生成、制度耦合以及利益强化。

（二）理论启示：股权激励模式的古今中外比较分析

本章通过对乔家字号身股激励的案例研究，为现代企业股权激励的弊端缘何发生提供了中国本土的解释，与基于股东利益最大化聚集于"利益"的现代股权激励相比，中国古典企业身股激励在激励主体、激励依据、激励诱因、激励效果，以及资金来源、股权性质、管理关系，尤其是制度逻辑、所有权性质和理论基础都存在较大差异，如表3-4所示。

表3-4 中国古典企业身股激励和现代企业股权激励的比较分析

比较项目	现代企业股权激励模式（复制西方）		古典企业身股激励模式（本土原创）
	股票期权计划（ESO）	员工持股计划（ESOP）	
激励主体	高管团队	普通员工	高管团队+普通员工
资金来源	自筹、金融机构贷款		无需出资，资方赠予顶身股

续表

比较项目	现代企业股权激励模式（复制西方）		古典企业身股激励模式（本土原创）
	股票期权计划（ESO）	员工持股计划（ESOP）	
股权性质	限制性股票、股票期权	二级市场购买、虚拟股权	虚拟股权
激励依据	股价、利润（能力与业绩）	能力与业绩	德、能、勤、绩
制度逻辑	理性计算逻辑（"利"）		情感价值逻辑+理性计算逻辑（"义"+"利"且"义">"利"）
所有权性质	物质所有权		物质所有权+心理所有权
激励诱因	物质报酬本位		物质报酬+社会激励
管理关系	高监督成本+高激励力度	低监督成本+低激励力度	低监督成本+高激励力度
激励效果	短期有效但存在机会主义风险	稳定、短期有效或效果不明显	安全、稳定且长期有效
理论基础	股东利益至上理论	利益相关者理论	儒家义利观与共同体思想

现代企业股权激励是一种基于资本、利润、效益等理性计算逻辑和围绕"利益"而展开的经济激励体系，在某种程度上可以说具有"唯利是图"的属性。中国古典企业的身股激励模式则是"义利并重"，围绕"利益"展开的理性计算与围绕"情义"展开的情感价值逻辑有机融合于各项身股激励制度之中，形成价值感化、社会认同、经济利益组合互动且循环强化的多维度激励体系。以经济利益为本位，无论计算如何精良，在高度复杂多变的市场环境下，也总是难以避免各种利害冲突而消

解制度效率和影响激励效果。当利益博弈难以规避时，通过导入情义、信任等伦理价值观并将之融入股权激励的制度架构中，以此节制股权激励中的利益争夺，为股权激励对象提供一种内聚性的合作动力，是避免现代股权激励的短视效应和投机行为的合理选择。

（三）实践启示：追寻稳定、综合与可持续的股权激励善治模式

本章研究深化了对于中国古典企业股权激励制度的认识，对于修正股权激励以物质利益为本位进行理性计算的制度逻辑，从社会嵌入角度改进企业治理方式和员工持股办法，构建家庭式组织治理过程中义利并重的股权激励机制具有启发意义。晋商身股制对现代企业追寻股权激励的善治模式具有重要启发，有助于从治理的顶层设计层面解决员工激励的稳定性、综合性与长期性问题。

其一，提升股权激励的稳定性方面。将儒家义利观转化为一种积极的商业伦理并导入股权激励体系，通过共享的文化价值观来规避股权激励中的机会主义行为，提升股权激励的稳定性与安全性。现代股权激励制度失效的一个深层原因是对制度背后所依循的文化价值观要素重视不够[1]。与之相比，晋商乔家字号则充分发挥了儒家伦理对于股权激励的约束与黏合作用。儒家义利观作为一种商人信仰，至今在华人组织中仍然发挥重要作用。为规避股权激励过程中的机会主义和败德行为，在员工招聘与经理人选聘等环节，可以进行价值过滤和伦理约束以增强全员共享的价值信念，在股权配置时将个人价值观与伦理表现是否与企业文化共同体相匹配设为资质获取的条件。现代社会的大数据、云计算和物联网等信息技术为企业提供了更为精准的信誉监督与保障环境，但不经过长期共处仍旧难以深度认知和判断一个人的个性与伦理价值观，因

---

[1] 董志强. 制度及其演化的一般理论[J]. 管理世界，2008（05）：151-165.

而，企业可以尝试通过熟人推荐和担保来确保对应聘者的品质和才能有更为全面客观的了解。通过选聘环节的价值筛选和伦理约束，可以为企业未来进行股权激励时提供具有文化归属感和易于产生身份认同的潜在激励对象，减少伪造财务数据和套现离职等机会主义行为，提升股权激励的稳定性与安全性。

其二，提升股权激励的综合性方面。在复杂的股权激励实践中兼顾各种约束激励元素的综合性，以身份认同为核心实现股权激励各相关制度之间的耦合，以降低委托代理产生的监督成本和提升股权激励的制度效率。股权激励的效果取决于各个相关制度能否形成聚合性目标而产生制度耦合效应，而非各制度之间的互相冲突在运行过程中产生内部损耗或出现见利忘义、以权谋私、以私害公的制度漏洞。围绕"利益"展开的股权激励制度，股东和经营者需要在持续博弈的过程中寻找实现有效股权激励效果的制度平衡点，进而不断产生股权激励的制度损耗和不可控的内部交易成本，造成股权激励制度低效。企业在建立共享的组织价值观基础之上，将股权激励嵌入在社会关系中发挥非正式制度对股权激励的调节作用，可以尝试实施内部晋升、长期雇佣等易于和股权激励发生制度耦合效应的配套制度，以使股权激励对象产生高度的身份认同。以身份认同为基础的社会身份共同体的构建，能有效筛选符合儒家商业伦理和本企业制度规范的准股权激励对象，身份认同与物质报酬产生耦合效应共同构成股权激励的激励诱因，从而在股权激励制度逻辑上强化情感价值逻辑以弱化理性计算逻辑，产生义利并重的股权激励属性，削弱各激励制度之间的摩擦力并增强其聚合力，进而降低由委托代理产生的监督成本和提升股权激励的制度效率。

其三，提升股权激励的持久性方面。对股东、管理层与员工进行持续的利益绑定，使激励对象对企业产生具有长期主义导向的心理所有权以提升股权激励的长期效果。现代股权激励制度存在的一大问题是容易使管理层产生短期主义行为，股权激励对象的未来收入与行权期的股价等财务指标相关，这些财务指标与企业的短期业绩关系密切而与长期价值的关系则不甚明显，因而经理人可能为了短期的财务指标和获取股权收益而牺牲企业的长期利益。为解决这一问题，企业可以借鉴晋商乔家字号的花红制和故身股制度，建立与之类似的长期利益绑定的股权配套制度。如从利润中提取一定比例的准备金作为风险基金，规定管理层任期届满或员工退休时，如未出现经营风险，则连本带利一起分配给被激励对象。激励对象为企业服务年限越久，其积累的风险基金越多，就越会增加其跳槽的机会成本。此外，为长期服务且贡献较大，对企业产生高度身份认同的管理者或员工，可设定类似于故身股之类的分红规则，使企业经营的业绩能够惠及其家人和提供长期的生活保障。在股权份额、持股锁定期以及利润分配等方面，通过建构一系列类似具有长效机制的配套制度，明确股权激励的长期导向和风险规避规则，促使物质报酬与身份认同之间循环互动和正向强化，进而使激励对象产生具有长期主义导向的心理所有权，从而更持久地投身于企业经营。

第四章
李锦记：儒家伦理与市场理性耦合的家族治理[1]

[1] 本章主要内容刊发于《理论探索》2017年第4期，原文题目为《儒家伦理与市场理性耦合的家族经营——基于李锦记集团的经验分析》，此次选入时内容有所改动。

第四章　李锦记：儒家伦理与市场理性耦合的家族治理

一、家族经营：家文化嵌入企业治理的一个典范

作为家庭式组织的核心，中国家文化强调仁爱逻辑，并在此基础上以情感、伦理等因素作为共同体式治理机制中的关键。同时，作为经济单位，家庭式组织还需要兼顾市场理性逻辑，从而更好地适应现代资本运作及职业管理需求。因此，基于家文化的共同体式治理需要协调基于情感、伦理的治理逻辑与基于市场理性的治理逻辑，从而在维系基于家文化的信念和凝聚力的同时，适应新商业环境中的市场理性需求。

李锦记集团是闻名世界的中式酱料、调味品及健康产品企业，是国际知名的中华老字号民族品牌。1888年，在珠海南水镇发明蚝油的广东新会人李锦裳先生创立李锦记，至今已经走过137年，成为寥若晨星的中国当代百年名企之一。李锦记总部位于香港新界，在美国、马来西亚，以及中国新会、营口、黄埔等地投资设厂，仅其旗下的无限极（中国）有限公司就在中国内地设立36家分公司、28家服务中心和超过5000家的专卖店。其酱料调味品行销世界80多个国家及地区，蚝油、豉油、辣椒酱、方便酱料等产品逾200多款。多年来，李锦记集团以"弘扬中华优秀养生文化，创造平衡、富足、和谐的健康人生"为使命，坚守"务实、诚信、永远创业精神"和"思利及人"的文化理念，致力于为社会大众提供高质量的中草药健康产品，不断精益求精和超越自我，以"跨越三个世纪的人情味"为宣传主题，将"为大众创造平衡、富足、和谐的健康人生"作为企业终极追求，创造了无数辉煌的经营业绩。

李锦记依靠传统的家族亲缘关系，挖掘中华传统智慧，运用现代经营理念，在延续家族事业的同时，打造中国家族企业的典范。2005年与2007年，无限极（中国）有限公司连续两届同时荣获美国翰威特咨询公司颁发的"亚洲最佳雇主"和"中国最佳雇主"荣誉。2006年，

无限极（中国）有限公司获得象征中国质量领域最高荣誉的"中国质量鼎"和"中国用户满意鼎"。2005年、2007年与2011年，该公司三度荣获《财富》杂志发布的"卓越雇主——中国最适宜工作的公司"称号。2012—2014年，李锦记健康产品集团三度荣获《镜报》颁发的"杰出企业社会责任奖"。目前，李锦记健康产品集团已经成为能够研发和生产包括健康食品、个人护理品、个人护肤品、家居用品和养生用品在内的118款产品，消费者高度认可的行业领军企业之一[1]。

　　在中国泛家族主义影响下，李锦记集团形成了独具中国特色的家族企业治理模式，既实现了经典公司治理理论的两权分离，也没有将控制权完全让渡给职业经理人，但有效避免了股权分散、内部人控制、代理成本较高和难以规避外部风险等现代公司的治理弊病，体现了以义利并重为核心的具有双重治理逻辑的共同体式治理特征。这种成功得益于李锦记将以中国家文化为核心的儒家伦理与现代市场经济的组织理性结合起来，形成了兼顾中国家文化和市场理性的双重治理逻辑。李锦记的企业治理首先将家族治理视为企业治理的根本，将其也视为家族事业的一部分，基于繁荣和传承家族的家族主义设计企业治理结构。在此过程中，李锦记设置家族委员会作为家族治理的核心，清晰区分家族的治理与公司的治理，以及在此过程中通过兼顾非正式规则（儒家伦理中的家族文化价值观）与正式规则（治理结构设置与"家族宪法"）的方式进行家族治理，实现了在通过发挥中国家文化在治理中的文化凝聚与资源整合优势，塑造以传统家族主义信念及家族凝聚力为基础的组织共同体的同时，基于组织理性和契约精神在公司治理、代际传承、家族伦理等

---

[1] 资料来源：李锦记健康产品集团及无限极（中国）有限公司的官方网站，http://www.infinitus-int.com/?l=zh-cn；http://www.infinitus.com.cn/。

第四章 李锦记：儒家伦理与市场理性耦合的家族治理

方面对李锦记家族及公司进行制度约束，提高组织共同体的经济效率。

家族企业既是盈利性的经济组织，同时也是维系亲情的亲缘共同体，天然具有经济理性因素与情感价值因素之间的融合与张力，需要在中国家文化嵌入企业治理的过程中兼顾市场理性逻辑，并在此基础上实现基于中国家文化的情感逻辑与基于市场理性的理性逻辑的耦合。一方面，家族企业的经营和其他完全市场化导向的民营企业不同，其运作并不完全遵循物质利益最大化的经济理性和市场规律，而是受到家族内部情感、伦理等非正式规则的影响，"关系"对于家族企业的公司治理、资源分配、人员管理、组织流程及代际传承具有特殊意义；另一方面，作为经济组织的优秀家族企业，之所以能够长盛不衰，取决于其"关系"的运作与家族、氏族等组织原始、自然的亲缘关系不同，而是展现出与现代资本运作及职业管理相适应的经济理性与组织理性，使原来的家族关系在某种程度上纳入契约化、制度化和理性化的渠道。因而，家族企业成为传统社会的家族亲情与现代社会的市场理性交汇与冲突最为集中的地方，从中也最易于窥见中国传统儒家伦理、家文化与现代市场制度的冲突、交织与融合的复杂关系，也更需要在此过程中实现儒家伦理与市场理性的耦合，以一种兼顾情感与理性的双重治理逻辑塑造兼顾团结和睦与理性效率的组织共同体。

本章重点考察以李锦记为代表的华人家族企业独特的经营方式，揭示儒家传统的家族主义文化与现代市场机制在家族企业中的冲突与交锋，发掘中国家族企业在化解效率与人性、伦理情感与经济理性之间悖论问题上积累的相关经验智慧，以及在此基础上发展形成的具有双重治理逻辑的共同体式治理的制度设计。研究发现，李锦记的企业治理逻辑是一种中国家文化与市场理性耦合的双重治理逻辑，实现了兼顾基于中国家文化的情感凝聚功能和基于市场理性的经济效率功能，进而在此过程中塑造了兼顾家庭式团结与经济效率的组织共同体。

在企业治理过程中，李锦记以家族主义信任和家族价值观作为非正式制度，加强家族企业的文化凝聚力；同时以经济理性和契约精神等西方先进经营理念进行正式制度建构，减少儒家伦理的亲缘主义对企业经营的不当干预，从而兼顾了基于儒家伦理的文化凝聚力和资源整合优势，以及基于市场理性的经济效率和企业整体利益，塑造一种兼顾情感联结与理性效率的组织共同体。在双重治理逻辑的基础上，李锦记基于"思利及人"的儒家价值观发展出一种去中心性的"自动波"领导模式，在领导过程中以"团队"和"人才"为核心，围绕人才激励和团队效能，在员工、团队层面兼顾了高信任氛围的工作环境、高效率的工作团队以及个人潜能激发，实现了企业的永续经营和员工的快乐成长。李锦记的经营经验表明，泛家族主义与"思利及人"的儒家伦理在节制资本的逐利本性与侵害行为，增加企业社会责任和社会福利等方面具有积极意义。现代公司治理与经营并非只有美国模式可以依循，融通中国家文化与西方经理主义，寻找儒家伦理节制资本缺陷的制度途径，则可能发展出一条具有中国本土特色和民族智慧的具有双重治理逻辑的共同体式治理模式。

二、"家族主义"与李锦记集团的特殊治理结构

中国的家族事业及其财富传承常有"富不过三代"的现象，李锦记集团却走过了130多年历程而久盛不衰。目前李锦记家族的第四代成员已成为集团业务的中坚力量，家族第五代成员也已逐渐成长起来。李锦记最为人瞩目和称道之处就在于其百年来成功的代际传承及持续创业，这种成就得益于其不同于普通家族企业的独特治理结构。一般来说，家族企业的治理都不可避免地受到家族主义的影响，尤其在创业早期，直

接依靠家族成员及其姻亲进行管控。但随着企业的发展壮大,公司治理中的家族主义因素会逐渐淡化,家族控制、任人唯亲的家族主义治理不断转向两权分离、由职业经理控制并能进行专业化管理的经理主义治理[1]。从世界范围来看,家族主义治理向经理主义治理过渡是一种历史趋势[2],一般的家族企业从创建期到成熟期会经历由亲族合力的人治管理转向现代专业化经营的制度管理。

儒家伦理笼罩下的中国,"家族主义"及其泛化对中国家族企业的治理影响更大。根据所有权与经营权的分割状况,控制权让渡与家族企业治理模式大体呈现以下规律:A 纯家族治理(家族成员完全掌握控制权)→B 泛家族治理(家族成员与类家族成员分享控制权)→C 混合治理(家族成员和经理人分享控制权)→D 现代公司治理(即经理主义治理,由职业经理完全控制企业)[3],如图4-1所示。图中横轴表示企业控制权让渡程度,纵轴表示家族企业治理模式演化阶段。O—A 区间属于企业初创期,所有权和控制权没有任何分离,企业完全被家族成员所控制。A—B 区间属于企业治理的成长期,在泛家族主义文化影响下,特殊主义取向的信任由家庭成员扩展到"亲缘、地缘、业缘"等外部类家族成员,家族成员与类家族成员分享控制权。B—C 区间属于企业治理的发展期,由于公司快速发展对人才、资源具有大量需求,企业逐渐吸收外部经理人掌握部分关键岗位,以同时解决信息不对称所致的

---

[1] 小艾尔弗雷德·D. 钱德勒. 看得见的手——美国企业的管理革命[M]. 重武,译. 北京:商务印书馆,2004:1.

[2] 徐华. 从家族主义到经理主义:中国企业的困境与中国式突围[M]. 北京:清华大学出版社,2012:192-193.

[3] 周源源,周扬波. 家族企业控制权让渡及其治理模式演进的研究[J]. 北方经济,2006(12):23-24.

低效率代理问题和控制权失控风险,这样企业的控制权由家族成员与外部经理人共同掌握,公司治理采取混合治理模式。此阶段如果缺乏正式有效的制度保障,会出现股权分散和控制权争夺情况,部分企业可能会收回原来让渡的控制权,回归到泛家族化治理,如图4-1中K线所示,2010年至2011年的"国美陈黄之争"及其结局就是K线的典型事件。C—D区间属于企业治理的成熟期,受家族后继无人或企业主个人意向影响,企业尝试将特殊主义取向的人际信任转向普遍主义取向的、规范性的制度性信任,家族仅根据持有股份进行财务投资和通过股东会行使股东权益,公司控制权则由职业化的外部经理人掌握,企业完全实现两权分离,并建立规范的现代法人治理结构,家族企业沿着D线向公众公司发展,由此进入现代公司治理阶段。目前的家族企业,很多处于泛家族化和家族掌握临界控制权的阶段,即企业人治管理与制度化管理同时存在的混合治理阶段,如何吸纳外部人力资源优势,并能保证自身家族意志和家族利益的实现,是许多家族企业面临的共同问题。

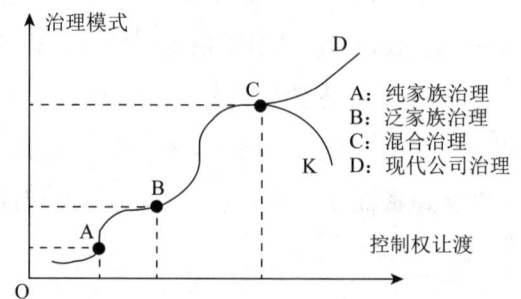

图4-1 中国家族企业治理模式演化规律

资料来源:周源源、周扬波[1]。

---

[1] 周源源,周扬波. 家族企业控制权让渡及其治理模式演进的研究[J]. 北方经济,2006(12):23-24.

第四章　李锦记：儒家伦理与市场理性耦合的家族治理

李锦记发端和兴起于宗法思想及家族观念浓厚的中国南方区域，同时在近代较早地接触海外西方制度文明，在家族企业治理方面走出一条与中国普通家族企业不尽相同的道路。即：股权封闭，只允许具有李锦记家族血缘的家庭内部成员持有股份，通过一套正式与非正式的制度安排进行家族治理，培育和选择具有创业精神和经营才能的家族精英来治理企业，同时吸收部分外部职业经理人辅助治理。这种治理模式并未实现经典公司治理理论中的两权分离，也没有将控制权完全让渡给职业经理人，但却有效避免了股权分散、内部人控制、代理成本较高和难以规避外部资本市场风险等现代公众公司的治理弊病，开辟了一条中国家族企业治理新路径。这种治理模式大体处于图 4-1 中的 B—C 区间位置，但不会沿循 D 线向公众公司发展，而是坚持家族控制、职业经理参与的泛家族主义形式的混合治理模式，走出一条与中国家族企业治理演化规律中的 D 线不同的上升发展路径。

李锦记集团的公司治理首先着眼于李锦记家族的治理，将公司视为家族事业的一部分，通过制度周密的家族治理涵盖和稳固公司治理。李锦记第四代继承人之一、李锦记健康产品集团主席、无限极（中国）有限公司董事长李惠森指出，李氏家族致力于探索的并不仅仅是一个家族企业的延续，而是着眼于一个家族的传承[1]。也就是说，在李锦记集团的控制者来看，家族是一切事业的根本，李锦记的企业项目首先是一份家族事业，应以繁荣及传承家业的家族主义思维来设计李锦记企业集团的治理结构，因而李锦记的治理具有鲜明的家族主义色彩。

李锦记家族治理的核心是作为家族利益最高代表机构和权力决策中

---

[1] 吴小丹，王泠欢. 解密香港李锦记家族传承密码［EB/OL］.（2013-01-23）［2015-04-10］. http://finance.ifeng.com/business/renwu/20130123/7594099.shtml.

枢的家族委员会。2003 年，李锦记正式成立家族委员会，核心成员由李文达夫妇及其五个子女构成。家族委员会是家族成员的正式沟通机制，主要讨论家族的发展规划、后代培育等事关家族整体及全局的重大事项，其基本任务是完善"家族宪法"、强化家族核心价值观以及家族成员培育等，同时增进家族成员之间的感情和交流。家族委员会每季度召开一次，会期四天。家族委员会并不坚持一言堂式的传统家长制决策方式，而是由进入委员会的家族成员轮流主持，在自然、友好、融洽的亲情氛围中各抒己见、民主决策。会议第一天由每个委员介绍自己与家庭上季度情况；第二天和第三天讨论各项家族建设的重大议题；第四天则向参会人员的配偶和子女通报前三天会议内容及其他事项。家族委员会之外还有一个包括全体家族成员在内的家族议会，目前由李锦记第三代、第四代、第五代的 28 名成员（含配偶）组成。每年通过组织外出旅游等形式召集一次，讨论需要所有家族成员参与的家族事务，提供所有家族成员沟通交流的平台。为重视对后代子女的教育与培养，李锦记还专门成立"超级妈妈"小组，专门为家族配偶交流后代培养经验提供正式沟通渠道，成员由家族内所有妈妈组成[1]。

李锦记家族委员会设立多个直属机构来执行委员会通过的决策事项。其中，学习与发展中心负责家族成员进修及培训，制定和实施后代成员的培养方案，强化家族价值观的承继和传播，负责人由第四代成员轮流担任。家族慈善基金主要负责整个家族的慈善事务，履行家族"思利及人"价值观和承担社会责任等慈善工作。家族投资中心负责家族企业之外的其他投资，家族办公室则是家族事务常设的支持机构。家族企

---

[1] 郑宏泰，周文港. 家族企业治理：华人家族企业传承研究 [M]. 北京：人民东方出版社，2013：172-175.

业即李锦记企业集团，通过董事会及职业经理人集中管理家族的企业事务。李锦记集团下设酱料、健康品及医科等集团业务，其中，酱料集团董事会主席和健康产品集团董事会主席都由家族委员会选举产生，代行家族意志对家族核心企业业务进行掌控。根据已有资料可知，李锦记健康产品集团目前至少拥有在中国大陆、中国香港、中国台湾及马来西亚四地的无限极有限公司、天方健药业有限公司，以及2015年初成立的爽乐健康科技有限公司。

可见，李锦记正式设定的治理结构，深受中国儒家思想中的家族主义影响，家族经营的色彩十分浓厚。从根本上来说，在李锦记，企业集团属于家族事业的一部分，家族整体利益的维护及家族的治理先于公司的利益及其治理。与国内其他形式的企业以及其他家族企业将经营重心放在"企业永续"不同，李锦记追求的首先是"家族永续"。秉持着中国传统"家和万事兴"的事业理念，在百年发展的历史经验及教训中，李锦记的创业者认为，企业经济利益至上的经营理念将个人和企业利益置于家族利益之上，很可能导致家族的四分五裂，家族的矛盾及动荡则会对企业产生十分消极的影响，进而威胁整个家族的长远利益。因此，只有保障家族的团结与和睦，将儒家伦理与现代公司治理与经营的先进制度相结合，企业才能得到真正的永续发展。以美、德为代表的西方上市公司以董事会为核心的现代公司治理模式，由于其治理弊病，也并不能保证图4-1中的D线永远呈现上升态势。李锦记的家族治理模式及李锦记集团百年经营的成功经验则表明，根植于中国本土的文化与制度资源，借鉴西方先进科学的治理制度与方法，在图4-1中的B—C区间，中国的家族企业可以大有作为，有可能长期维持上升态势。因此，李锦记为中国本土家族企业勇敢地探索嵌入在本土文化情境之中的有效治理模式提供了成功的经验样本。

三、家族治理中儒家伦理与经济理性的耦合机制

与大多数家族企业类似，李锦记在创业初期属于典型的纯家族治理（图 4-1 中的"A"节点），企业高层管理者及员工基本由家族成员组成，家族治理与公司治理高度重合，企业经营及人员任用建立在传统的家庭结构及家族主义为核心的儒家伦理基础之上。但是，多年的经营经验及教训表明，家族自身难以完全依靠天然的亲缘关系和传统家庭伦理支撑家族企业的持续创业，婚姻、病故、分家等家庭变故容易对家族企业的稳定运行产生重大消极影响[1]。李锦记百年兴旺的成功之处就在于，它从历史的教训中汲取经验，既没有走向中国传统家族企业纯粹家族治理的路子，也没有走向西方上市公司的现代治理模式，而是将中国的儒家伦理与现代市场经济中的组织理性结合起来，融通两者长处，以儒家伦理中的家族主义信任及家族价值观作为非正式制度，推己及人、思利及人，加强家族企业的文化凝聚力；以经济理性、权力制衡、契约精神等西方经营中的先进理念来进行正式制度建构，对家族进行自我约束，减少儒家伦理的亲缘主义对企业经营的不当干预，探索出了以义利并重思想为核心双重逻辑耦合的治理机制。

单纯依靠传统儒家伦理这种非正式规则来约束家族行为，李锦记发展史上曾出现两次家庭分裂，每次都对家族企业造成资源短缺等经营困境，也对家族亲情造成重大伤害。1971 年前后，李氏家族发生第一次内乱和分裂。李锦棠去世之后股份分给三个儿子，但长子李兆荣、次子李兆登两兄弟与幺子李兆南因经营理念不同而激发矛盾，两者合谋意欲将李兆南的股份买下，结果李兆南在儿子李文达支持下，以 460 万港币

---

[1] 徐华. 从家族主义到经理主义：中国企业的困境与中国式突围[M]. 北京：清华大学出版社，2012：180.

成功进行反收购，把李兆荣、李兆登两人的股份买下。随后李文达接任父亲的职务，成为公司第三代掌门人，但这次骨肉相残事件，令其痛苦不堪。1980年，李氏家族发生第二次家庭分裂，李文达的弟弟因病不能参与公司经营，要求李文达成立股份有限公司并借机清算股权，两兄弟因股价问题对簿公堂。最终，李文达在厂房建设资金紧张的情况下，以8000万港币的高昂代价收购弟弟全部股份，但使企业陷入内忧外患的财务困境，对李家兄弟亲情也造成莫大伤害。两次家变的创痛之后，李文达十分忌惮自己和五个子女因为企业事务发生家庭悲剧，并深刻思考如何将李锦记企业永续经营而不伤害家族情感。

除家族分裂对家族企业的生存环境产生致命影响之外，在股权开放的家族企业内，利己主义的家族还可能通过隧道挖掘行为掏空、转移和侵占企业财产[1]，损害非家族投资者和企业员工等相关方的经济利益。此外，在儒家伦理背景下，企业管理的正式制度容易受到差序格局的亲缘主义干预，在人员选聘、晋升、薪酬安排及业务外包、采购等方面偏私亲信，降低企业制度的公信力，间接侵占非家族成员的机会和利益。因此，家族企业虽与家族有千丝万缕的联系，但本质依然是营利性的经济组织，其运营需要遵循组织中理性计算系统设定的逻辑。无论古代还是现代，中国的家族企业都难以摆脱经济理性与组织理性的形塑，家族企业的关系远较家族中的关系理性化和正式化。关系本身在企业事务中不断被利益最大化逻辑所形塑、复制和再生产，结果是"自家人"之间的关系不断趋于理性化，使家族关系的治理在某种程度上契约化[2]。

---

[1] Claessens S, Djankov S, Fan J P H, et al. Disentangling the incentive and entrenchment effects of large shareholdings [J]. The Journal of Finance, 2002, 57 (6): 2741-2771.
[2] 杨光飞. 家族企业的关系治理及其演化：以浙江昇兴集团为个案 [M]. 北京：社会科学文献出版社，2009：6.

基于以上诸多考量，李锦记第四代成员于2002年赴欧洲、日本等地考察家族企业永续经营的经验，将儒家伦理与西方市场经济体制下的组织理性结合起来，逐渐探索出具有中国本土特色的家族企业治理模式。该模式的核心思想有三个：一是公司是家族事业的一部分，家族的治理重于公司的治理，家族牢牢掌握公司控制权，只有家族的团结和谐，家族企业才能永续发展；二是清晰区分家族的治理与公司的治理，减少家族对公司治理的不当干预；三是家族的治理由非正式规则（儒家伦理中的家族文化价值观）与正式规则（治理结构设置与家族宪法）共同组成。

强调家族治理的正式制度安排，克制儒家伦理的消极影响，发挥儒家伦理文化凝聚与资源整合的特殊优势，是李锦记家族治理的成功之处。在李锦记治理的正式制度中，除家族委员会、家族议会、家族投资中心等正式结构设置之外，李锦记还有另外一项维持家族长治久安和平衡家族利益及企业利益的重要制度安排，即李锦记"家族宪法"。"家族宪法"由家族委员会制定和完善，是所有家族成员必须遵守的根本行为准则，旨在根据儒家伦理与经济理性，对家族成员行为进行自我约束，同时清晰确定家族治理与公司治理之间的界限及关系。

"家族宪法"以公私分明、唯才是举、依法治理的组织理性和契约精神对李锦记家族及公司进行最高层面的制度约束。在公司治理、代际传承、家族伦理等方面，"家族宪法"都有较为细致的规定。公司治理方面，李锦记坚持家族完全控股，股权不对外部非家族成员开放，家族内部无论男女，只要具有血缘关系，均具有李锦记公司的股份继承权；家族成员可以退出股份，但必须在家族内部市场转让股份；公司董事局中的家族董事由家族委员会根据经营才能及创业精神选举产生，为保障家族控制权，酱料和保健品两大核心业务集团的董事局主席必须是家族成员；为保障决策科学，董事局中必须有非家族成员担任独立董事，公司 CEO 可以聘请外部职业经理担任。

李锦记宪法关于公司治理的上述规定，厘清了家族委员会与公司董事局之间的职权界限，解决了困扰许多家族企业的一大难题，即家族与企业之间的混乱关系。同其他家族企业类似，在李锦记未成立家族委员会之前，完全依循家族主义的情感逻辑对公司进行治理，几乎所有李氏家族的成员都在李锦记集团各层次公司的管理层任职，股权封闭的同时，控制权也完全由家族成员掌握，公司股东既是家族成员，又是董事长，甚至同时还是总经理，家族对企业的过多干预严重影响了企业的发展。李锦记的"家族宪法"正是加强组织理性，将儒家伦理、现代资本市场与企业管理中的经济理性、组织理性融合起来，从家族治理与公司治理分离的角度来设定相关制度，通过治理结构和治理机制的科学设计，实现家族、股东、董事和管理层的独立与区分。其中，家族委员会是李锦记家族治理的最高机构，在结构上高于家族企业的董事会，但在事务上与董事会是平行关系，二者各司其职。家族委员会负责家族内部重大事务，而公司董事会负责企业运营的战略决策。这样，李锦记从"家族宪法"的层面确立了股权封闭、家族控制（集团董事长及关键业务的董事会主席必须是家族成员）、职业经理人参与（可以是家族培养的职业经理，也可以是外部非家族成员）的李锦记公司治理模式。这种治理模式既能避免现代公众公司开放分散股权带来的外部资本市场风险，也能避免纯粹家族治理带来的人才匮乏、利益侵占、激励不足等弊端。

为增强组织理性，李锦记"家族宪法"在代际传承及家族伦理方面也有许多具体规定。如，家族委员会按季度组织召开并采取民主决策机制，家族成员年满 65 岁时退休，家族成员进入家族企业必须先在其他公司工作三到五年,进入家族企业后按照企业制度与其他普通员工一起工作和竞争。"家族宪法"对李氏家族成员进入家族企业设定条件,即便在自家企业也不能享受特殊权利,并以宪法的形式对之进行明确规定。这样做就是为了避免亲缘、情感关系与经济、管理才能相互损害,既有助于家族的团结和睦,也符合企业的整体利益。在儒家伦理中,通过自我约束和以长期导向来对待生活是教化过程中至关重要的步骤。李锦记的"家族宪法",遵循企业组织效用最大化的理性计算逻辑,以儒家的自律与自我约束思想设计用以消解儒家伦理的消极影响,这是李氏家族在百年经营中融通儒家伦理与经济理性而提炼出的卓越治理智慧。

四、"思利及人"与"自动波"领导模式

公司治理机制需要领导模式保驾护航,核心领导者驾驭亲情伦理与市场理性的中庸能力是李锦记家族治理成败的关键决定因素。李锦记在企业文化及人力资源管理领域也具有鲜明的儒家伦理痕迹,并成功地将之转化为一种具有后现代主义色彩的领导模式。与家族文化基因重合的李锦记企业文化是"思利及人",它凝聚了儒家伦理思想的精髓,并被巧妙地转化为一种现代企业集团的文化价值观,是李锦记中国式管理智慧的灵魂。在"思利及人"思想驱动下,李惠森在无限极有限责任公司等李氏家族企业发展出"自动波"领导模式,是道家"无为而治"思想和后现代主义者主体离心化与去中心性的"无形领导"与"自我管理"的一种实现形式。

"思利及人"在李锦记始于台湾某研究字画的老人送给李文达的一帧字幅,原文是颜真卿的《争座位帖》中的"修身岂为名传世,做事惟思利及人"。李文达亲笔题写"思利及人"并将之作为李锦记家族做人、

第四章 李锦记：儒家伦理与市场理性耦合的家族治理

行事及办企业的核心价值理念，同时也是李锦记企业在处理与员工、供销商及社会等相关方利益关系的基本准则。在建设与推行企业文化的过程中，"思利及人"被李文达、李惠森等人释解为"做事之前先思考如何有利于我们大家"，即谋利时考虑他人利益，才能将自己的事业做大。"思利及人"是儒家处理人与人之间利益关系时提出的一种忠恕伦理。"夫子之道，忠恕而已矣"（《论语·里仁》），忠恕作为儒家"合外内之道"的基本原则，在儒家伦理体系中具有十分重要的位置。元代学者戴侗在《论语》训诂中精辟地提出忠恕的内涵，"尽己致至之谓忠"，"推己及物为恕"[1]。"己所不欲，勿施于人"（《论语·颜渊》），"己欲立而立人，己欲达而达人"（《论语·雍也》），"推己及人""将心比心"等都是忠恕思想的体现。也就是说，一个人只有将自己对甘、苦、利、害的体验推及到他人，才能产生仁爱之心与恻隐之心，这是儒家仁义伦理的逻辑起点。儒家伦理的"忠恕"思想类似于西方心理学中的"通情"（移情与换位思考）机制，不同的地方在于，"忠恕"是一种"推己及人"的意义认知过程，而"通情"则是一种"推人及人"的情感体验过程[2]。

"思利及人"是在利益获取认知中"推己及人"的体现，首先认可个人追求自身利益的合理性，但对利益的追求设定了某种条件，即当个人能够给别人带来利益的时候，才能获得自身的长远利益。"思利及人"被视为李锦记的文化基因和李锦记健康产品集团的核心竞争力。李惠森在李锦记推行"思利及人"时将之界定为以下三个基本要素：升到更高位置以俯瞰全局和顾及系统整体的"直升机思维"、超越自我局限以把

---

[1] 程树德.论语集注[M].北京：中华书局，1990：264.

[2] 景怀斌."忠恕"与"通情"——两种人际认知方式的过程与特征[J].孔子研究，2005（05）：38-46.

对方视为自己的"换位思考",以及"关注对方感受"。这些价值观让无限极有限责任公司在经营转型过程中留住经销商,以及激励员工获得成就感、归属感和以企业为家的过程中发挥了重要作用。在李锦记企业的经营中,"思利及人"还被转化为具有中国道家"无为而治"智慧的"自动波"领导模式。"自动波"领导模式折射的正是"思利及人"的文化基因,本质是对"思利及人"理念的具体落实、传承和发展,两者聚焦的都是个人与集体的关系,强调对人的关怀和尊重[1]。

"自动波"语义上指粤语中汽车的"自动档",被李惠森用以表达企业领导者凝聚共同价值观,依靠信念和制度,除公司发展战略、人才策略与企业文化之外,不干涉公司其他具体事务,即便领导者不在,公司员工也都坚守岗位、各司其职,所有成员致力于共同目标的领导模式。这种领导模式追求"太上,不知有之……功成事遂,百姓皆谓:我自然"(《道德经》)的道家理想治理境界,是后现代主义者主体离心化和消解权力中心性的一种有益尝试,其经营企业的目的并非物质利益最大化,而是获得自由与快乐的情感体验。

在经营目的与人生哲学方面,李惠森首先将"健康、家庭和事业"三者的平衡作为最高目标,让员工在心理上主观感知到"爽",这是他在李锦记公司中推行"自动波"领导的深层次原因。基于此,他在家族及公司中发展出"爽指数",用以衡量成员某时段在健康、家庭和事业等方面的综合感受。为实现这种经营理念,李惠森自 2000 年始,就不断探索、思考和实践其领导模式。2009 年,李惠森及其核心管理团队在深圳开会,对其领导实践进行研讨总结,结合近十年的经验心得和中西方优秀管理智慧,对"自动波"领导进行优化和修正,最终形成

---

[1] 李惠森.自动波领导模式[M].北京:中信出版社,2012:182.

了具有李锦记特色的"自动波"领导模式。"人才"在李锦记的"自动波"领导中是第一要素,企业的一切经营活动及员工行为最终都是为了满足人的需要及实现人的价值。另外,人才通过"思利及人"而融入团队之中才能发挥更大作用,团队利益的最大化同时也意味着个人利益的增长。因而,"团队"和"人才"是"自动波"领导中的两个基本元素,高效、高信的团队能够激发人才的经营潜能,而人才能力的发挥能够打造更为高效和高信的团队。围绕人才激励和团队效能,通过正确选拔人才,建立高信任氛围的工作环境,组建高效率的工作团队,明确团队共同目标,同时进行有效授权以激发个人潜能,最后通过"教练育才"推动员工与团队共同成长,提升员工"爽指数",降低"压力指数",实现企业的永续经营和员工的快乐成长。

在"思利及人"理念影响下,李锦记的"爽指数"对员工的满意程度进行了具体化的设计,并以不同指标进行评分,领导层随时抽查各部分的评分情况,同时帮助员工进行调整。在此过程中,员工增强了对李锦记这一家族企业的公平感和公信力,在企业内部建立了高度信任的环境氛围,进一步推动"思利及人"价值内化为所有利益相关者的一种文化信念。李锦记以家族经营企业,但将家族主义泛化到普通的企业员工,使员工与企业结成文化共同体和利益联盟,在工作中获得快乐体验。"自动波"领导赋予员工极大的工作自主权和成长空间,领导者在其间扮演引领者、教练者和激励者角色,而不是执行者、监督者和指挥者等管理角色,因而是一种去管理化和去中心性的领导模式。"自动波"领导对"爽"及"快乐"的追求,以及在工作场所对情感体验的强调,都使之具有丰富的后现代意象,是互联网时代和后工业社会中国本土企业探索"无为而治"领导境界的一种积极尝试。

五、经典之问：儒家伦理"阻滞"还是"节制"资本

无论从"家族主义"到家族企业治理结构，还是从"思利及人"到"自动波"领导模式，我们都能发现儒家伦理与李锦记公司经营之间存在着千丝万缕的深层联系。学者对李锦记家族企业的独立研究，以及李氏家族成员李惠森对李锦记多年经营管理实践的总结提炼，都对儒家伦理与家族企业经营之间的关系做出积极与肯定的评价。家族企业经营是在市场经济体制下释放资本活力的增值增效机制，是产权清晰、资产私有、通过雇佣劳动进行价值创造和追求效用最大化的资本主义组织形式。依照马克斯·韦伯的经典理论，儒家的亲缘主义伦理难以发展新教伦理对财富的理性追求和效用计算逻辑，作为中国传统社会最为正式化的律令更像是一种编纂的伦理规范，儒家的这种亲缘伦理及其塑造的"礼法"式律令会阻滞中国资本主义的发展。德国学者何梦笔也曾指出，在有数千年文化积淀的中国，非正式的制度因素更接近于文化内核。与正式的制度与法律体系相比，非正式规则更具有稳定性和难以改变性，与人们的生活世界也更加契合，对人们行为的影响也更加直接和深远[1]。作为农业文明集大成者的儒家思想似乎天然排斥由工业技术缔造的现代市场经济体系，在一个投入与产出相对稳定，财富的增加主要依赖于勤奋劳作的农业国看来，精于计算而以资本增值为目的的工商业经济体系无疑具有某种侵略性[2]。许多学者受韦伯的影响，认为基于儒家伦理的非正式规则大行其道，中国传统社会的治理属于一种人治模式，人情、面子等因素干扰制度的公信力，难以实现数字化的货币管理和标准化的制度约束，因而难以适应现代组织的治理需要，更是与作为

---

[1] 何梦笔. 网络、文化与华人社会经济行为方式 [M]. 太原：山西经济出版社，1996：序.
[2] 黄仁宇. 中国大历史 [M]. 北京：生活·读书·新知三联书店，2006：310.

第四章　李锦记：儒家伦理与市场理性耦合的家族治理

法人主体和有限责任契约的现代公司难以相容。然而，李锦记的经营实践则表明，儒家的家族价值观及忠恕伦理，与资本主义基于计算的经济理性并不完全相斥，只要具备高超的经营智慧，中国本土企业完全可以将儒家伦理转化为企业运营的特殊优势。

考察中国古代管理史可以发现，儒家已经开创出蕴含丰富经济理性的经理主义，尤其在明清时期山西商号达到巅峰，如无近代西方列强对中国现代化进程的外部干预，中国经营中的家族主义与经理主义或可形成自然融通之势。中国的经理主义实践从政治体制治理中衍生，儒家由"内圣"而"外王"，由"齐家"推演到"治世"的整个伦理体系决定其"家族主义"伦理具有外推泛化的扩展色彩。根据儒家家族主义文化与差序格局的社会结构难以认定中国人不信任他人，难以将家族经营权交托给家族之外的人员，这也不符合中国历史的真实情况。传统中国社会的整个国家可视为天子的家族企业，由于规模过于庞大，天子无法管理全天下的行政事务，于是把国家的管理事务委托给由丞相统领的文官集团治理。这些文官是通过科举制度选择的具有儒家伦理修养及治理知识专长的职业团体，在"家天下"的古代社会，实质是天子治理家族事业的代理者。明清时代，幕宾制度又使文官治理权进一步被师爷代理，获得正式任命的各级地方官僚难以了解地方行政细节，将财政与司法这两项最重要的行政工作委托给更为职业和专职的幕宾打理，由此形成钱粮师爷与刑名师爷两类政府治理的二级代理人[1]。委托代理关系在企业中则集中体现为明清晋商集团开启的东掌制。即，股东出资，承担所有债务的无限风险责任，但不参与也不干预商号的经营事务，商号及

---

[1] 徐华. 从家族主义到经理主义：中国企业的困境与中国式突围 [M]. 北京：清华大学出版社，2012：192-193.

其分号的经营事务交由大掌柜领导下的员工团队负责。大掌柜是由东家礼聘的非家族成员，经理以下的所有员工由其招聘，股东不得向掌柜推荐任何自己的亲属或朋友。通过法度森严的东掌分离制度，使东家与掌柜之间摆脱功利性计算和猜忌，经理人得以保持独立的道德人格与职业权威。

中国传统社会并不缺乏效益导向的组织理性与经济理性。霍夫斯泰德父子（2010）考察了1970年到2000年30年间，儒家伦理影响下的中国、日本、韩国及东南亚国家与新教伦理影响下的美国、西欧国家等的经济表现。研究表明，这30年间，儒家文化圈的东亚及东南亚地区经济呈高速发展之势，而新教伦理影响下的欧美地区的经济则增长缓慢或者没有增长。虽然我们不能截取某特定历史时期的经验数据来总结普适性的规律，但从表4-1儒家伦理与新教伦理在企业经济领域中的差异，我们可以清晰地厘清强调长期导向、和谐关系与"以义节利"的儒家伦理对东亚、东南亚国家经济发展的贡献。事实上，在霍夫斯泰德父子研究之后，儒家文化圈与新教文化圈所涵盖区域的经济表现依然大体沿袭了过去30年的发展形势。无论基于事实，还是基于逻辑，我们有理由认为，在未来相当时期内，儒家伦理对于中国经济发展与中国企业经营依然是不可或缺的价值推手和历史财富。

表4-1 儒家伦理与新教伦理在企业经济领域中的差异

比较项目	新教伦理	儒家伦理
价值导向	短期导向、竞争、理性追逐财富	长期导向、和谐、以义节利
代表区域	美国、西欧	中国、日本、韩国及东南亚国家
对世界态度	否定、主宰	肯定、适应
意识形态	以自我权利为中心	以社会责任为中心

续表

比较项目	新教伦理	儒家伦理
工作价值观	自由、权利、成就和为自己考虑[1]	好学、诚实、适应性、责任感和自律
人际关系	"相抗衡的体系"，高法治环境	"信用社区的群体"，高礼仪环境[2]
经营重点	关注盈亏状况	关注人员状况与市场地位
利润认知	当年的利润很重要	未来十年的利润很重要
管理关系	管理者和工人在心理上属于两个阵营	充当管理者的所有者和工人共享相同渴望
奖赏规范	精英主义，基于能力进行奖励，社会关系及经济收入间的差距较大	均平主义，资历和地位更重要，不欢迎广泛的社会和经济差距
忠诚行为	个人忠诚度会随着企业需求的改变而改变	投资于终身的人际关系网络（"关系"）
经济增长	1970—2000年间经济增长缓慢或无增长	1970—2000年间经济高速增长
储蓄率	低储蓄率，几乎不做投资（消费观）	高储蓄率，有资金用于投资（节俭观）
投资方向	投资于共同基金	投资于房地产

目前多数中国家族企业面临家族主义与经理主义的治理困境。家族主义难以满足日益扩大的企业经营对人才、资本、技术及创新要素的需求，甚至抵制基于普遍主义的信用、公正、效率等价值要素的需求。基于这些原因，已经引入国内20多年的现代公司治理机制和经理主义往往在家族企业中形同虚设。两权分离、权力制衡及职业经营等现代公

---

[1] 吉尔特·霍夫斯泰德，格特·扬·霍夫斯泰德. 文化与组织：心理软件的力量[M]. 李原，孙健敏，译. 北京：中国人民大学出版社，2010：235-236.

[2] 杜维明. 新加坡的挑战：新儒家伦理与企业精神[M]. 北京：生活·读书·新知三联书店，2013：111-118.

司治理的基本原则与儒家伦理之间的冲突被无限放大,似乎儒家伦理总是阻滞现代资本逻辑及其效力的发挥。然而,美国公司治理的资本主义(股东至上论)与经理主义同样面临各种困境,诸如劳资冲突、内部人控制、恶意并购、高昂的监督约束成本以及外部金融市场风险等。公司是现代社会物质与制度上的强者,不受约束和节制的资本逻辑如果在公司中横行将是人类的灾难,20世纪70年代的普强实验便是其真实写照。资本具有双重逻辑,"一种是借助物的力量而产生的创造文明的逻辑,另一种是从社会关系中产生的追求价值增殖的逻辑"[1]。前者是一种推动社会进步的文明力量,后者如不受制度机制约束则会在人与人的关系中形成统治、压迫、剥削和不公平等人权问题。"资本的本质是盈利,是人的贪婪和恐惧心理的化身,所以资本的不断扩张过程必然是一个侵犯他人权益的过程"[2]。因而,资本增殖机制是一种聚集财富的机械过程,它本身并不受到伦理和政治的规制,除非使用它的人主动地考量和节制这些要素。

如何对资本进行有效节制呢?新教伦理影响下的欧美国家在人性本恶的假设之下,通过《公司法》、《证券法》、公司治理结构等相关法律、制度来约束资本之恶。儒家伦理与新教伦理不同,它在对待财富资本的态度上,并不鼓励理性地追逐财富和以财富的多寡来衡量人的成功与否,而是持有一种"以义节利"的审慎态度。"彼以其富,我以吾仁;彼以其爵,我以吾义,吾何慊乎哉?""天下有达尊三:爵一,齿一,德一。……恶得有其一,以慢其二哉?"(《孟子·公孙丑》)在孟子的思想中,道德、才能与权力、财富具有同等的尊严,拥有专长和道

---

[1] 丰子义. 全球化与资本的双重逻辑[J]. 北京大学学报(哲学社会科学版),2009,46(03):24-30.

[2] 徐大建. 资本的运营与伦理限制[J]. 哲学研究,2007,(06):99-104.

德的经理人与拥有资本的股东相比,并不处于劣势地位。"君子喻于义,小人喻于利"(《论语·里仁》),"不义而富且贵,于我如浮云"(《论语·述而》)。在现代市场经济环境下,如果运用转化得当,儒家伦理依然可能成为一种"节制"资本追逐利润的本性和扩展企业社会责任的积极力量。

中国的民营企业家特别重视追求政治关联,企业政治行为在公司战略中具有重要位置。如果简单地从利己主义的经济动机出发来解释这一中国特殊情境下的经营现象,那么,随着中国各项制度的健全,企业的寻租空间不断萎缩,民营企业家从政治关联中获得的经济利益呈现降低趋势。照此逻辑,企业家的政治关联行为应该相对减少,追求政治关联的企业家相对数量也会同步下降,但事实并非如此。李绪红等学者从"正心、诚意、格物、致知、修身、齐家、治国、平天下"(《大学》)这一个体"安身立命"的儒家伦理秩序中,建构了"儒家社会动机"模型,以此来解释中国民营企业家独特的企业政治行为和政治联系[1]。研究表明,当企业还未获成功时,中国的民营企业家往往热衷追求政治联系以期获得经济利益。当企业获得某种程度的成功之后,个人利益动机较强的企业家会远离政治联系,但儒家社会动机强烈的企业家则会更为显著地增加这种政治联系。这些基于儒家社会动机的企业政治行为主要体现为运用各种社会影响力和法定角色监督、督促行政部门解决社会公平、民生和贪腐问题,这与古代中国士人"穷则独善其身,达则兼善天下"(《孟子·尽心章句上》)的安身立命之道十分契合。因此,儒家"内圣而外王"的利他主义伦理在节制资本的逐利本性与侵害行为,增

---

[1] Li X H, Liang X. A confucian social model of political appointments among Chinese private-firm entrepreneurs [J]. Academy of Management Journal, 2015, 58(02): 592-617.

加企业的社会责任和增进社会的长远福祉方面具有特殊的积极意义。

六、结语

目前，西方国家的家族企业在治理中也面临着家族化与公众化之间的控制权问题。为了避免公众公司的恶意收购、内部人控制等治理问题，西方国家的家族企业尽力保持家族控制，而并不完全青睐中国近年来所引入的两权分离式的现代企业制度。丰田、保时捷、宝马、菲亚特四个家族控制的汽车集团，在公司治理上采取了"家族控制—职业经理人管理"模式，在治理谱系中位于图4-1中的C阶段，即混合治理模式。米其林家族为了保持控制地位，拒绝股权分散，不惜承担无限责任，采用一种股份两合公司体制。具有理想主义情怀的全球各地优秀企业家们，不满意基于资本市场的公司控制权体系，又想超越家族所有权限制，正在努力尝试将家族控制与市场理性、资本约束与经理激励在治理体系中进行有机融合，探索公司治理的第三条道路[1]。

基于家文化的企业治理模式可以带来企业经济效益的显著增长，研究显示，基于人治和法治兼顾的治理模式，所有者和经营者既会受家文化的规范影响自身行为，同时也会受家族的规章制度、合作规范、薪酬考核等一系列管理规则的约束，从而产生初始的稳定信任关系，并与其他家族治理模式相比具有最好的资源交换效率[2]。李锦记集团在家族企业公司治理与人员管理的制度创新领域积累了丰富经验，为将非正式的传统儒家伦理与正式的现代企业经营制度结合，探索家庭式组织具有双

---

[1] 仲继银. 公司治理案例：世界顶尖公司的创立、传承与控制[M]. 北京：中国发展出版社，2013：251.

[2] 吕鸿江，吴亮，周应堂. 家族企业治理模式的分类比较与演进规律[J]. 中国工业经济，2016（12）：123-139.

重逻辑的共同体式治理机制做出了巨大努力，提供了一个成功范本。李锦记将每年清明前后的"祭祖"与"创业纪念"活动相融合，其开展的清明节活动包括为先辈创业者扫墓、参观灵堂、重温先辈创业的艰辛历程、召开李锦记企业家族企业创业表彰大会等。在维系传统家族主义信念及家族凝聚力的同时，将面向市场化与国际化的经济理性嵌入其中，将理性创业精神灌输给每个家族成员。总之，李锦记将家族的治理置于企业治理之上，确立家族核心价值观，设立家族委员会，制定"家族宪法"，通过家族的团结和睦实现企业的永续经营。可见，现代公司治理并非只有美国式两权分离、专业经营的经理主义治理一条道路可循。如果恰当地将中国儒家伦理与西方治理制度及制衡机制结合起来，探索儒家伦理节制现代公司资本劣性的制度途径，融通家族主义与经理主义，以义利并重思想为核心构建家庭式组织具有双重逻辑的共同体式治理机制，则可能开辟一条具有中国本土特色和民族智慧的家族企业治理模式。

第五章
固锝：基于家文化的至善治理

一、至善治理：家文化何以转化为治理力量

家文化是家庭式组织的价值基础，也是基于中华优秀传统文化构建共同体式治理模式的核心价值观。厘清家文化在个体、群体、组织等层面上塑造共同体的基本过程，有助于把握当代企业在治理过程中对中国家文化的创造性转化与创新性发展的深层逻辑。

固锝自2009年开始在企业治理中导入中国家文化，探索出以中国家文化为核心的至善治理模式。受益于以家文化为核心的至善治理模式创新，固锝近年来取得了巨大的商业成功。固锝目前已成为全球最大的半导体整流二极管生产企业之一，以及中国最有特色的集成电路生产企业、中国半导体功率器件十强企业、中国电子信息行业创新能力50强企业。此外，固锝是中国整流器行业中首家获得ISO 9002国际质量体系认证的企业。在企业自身发展之外，"苏州固锝践行圣贤文化"作为中国式治理模式的案例，被写入哈佛商学院的案例教程，公司创始人、终身名誉董事长吴念博先后四次应邀前往联合国教科文组织总部作报告，并多次赴美国、韩国、日本及东南亚国家介绍基于"家文化"的企业治理模式。近年来，固锝每年接待近800家企业、学校及机关等单位，3000多人次来参访交流[1]。吴念博获得"2020—2021年全球华人经济年度成就与贡献100人"称号，其事迹被选编入《百年筑梦——一百位杰出华商的赤子之心与家国情怀》。

中国现代企业已经在贯彻以人为本导向，并基于此驱动企业发展上展开了丰富的实践探索。以人为本作为一种以人的价值最大化为核心的治理导向，它充分尊重企业成员个体在情感、价值等方面的需求，并帮

---

[1]资料来源："固锝'家'文化"模块，固锝官网，https://www.goodark.com/whjs.php。

助其在工作能力提升、情感联系深化、精神境界提高等方面获得成长，避免人的能力和本性被异化并受物质主宰。在商业文明中，数字经济快速发展，商业环境趋向 VUCA（易变性、不确定性、复杂性、模糊性）特征，使得员工成为塑造企业优势的核心资源，智力资本的重要性不断提升[1]。但与此同时，将以人为本作为企业治理的核心导向，应该将其与企业经济收益、创新发展紧密结合起来，通过塑造组织共同体建立成员与企业之间的交互赋能、共生共赢关系。IBM 商业价值研究院指出，组织具备敏捷性是至关重要的，但快速增加的"去中心化"迭代可能会失控，为了降低快速变化带来的风险，企业需要采用正确的方法整合各个团队，充分发挥他们的潜力[2]。

因此在新商业文明中，企业治理需要贯彻以人为本的核心导向，还需要在此基础上实现人与企业、企业与社会的和合共生、共同发展。在此过程中，以人为本并不意味着企业单纯将满足员工需求视为核心，而是应该在企业治理过程中将员工成长与企业发展、企业发展与社会繁荣等视为共同体的一体两面，实现双方的彼此促进、彼此融合、共同实现，进而在此基础上实现兼顾"义"（情感关怀、道德教育、社会繁荣等）与"利"（企业发展）。未能成功将成员成长与企业发展、社会繁荣等联系起来，基于组织共同体塑造战略优势，是现代企业在治理过程中基于以人为本导向无法充分促进企业发展的重要原因。因此，如何在以人为本的基础上塑造成员与企业共生共赢的组织共同体，耦合成员目标与企业目标，从而真正围绕成员的智力资本塑造企业创新发展的长期战略优势，是现代企业需要解决的重大治理难题。对照固锝多年来实践探

---

[1] 戚聿东，肖旭. 数字经济时代的企业管理变革[J]. 管理世界，2020, 36（06）：135-152+250.

[2] IBM 商业价值研究院. 构建认知型企业：九大行动领域[R]. 2020.

第五章　固锝：基于家文化的至善治理

索形成的基于中国家文化的至善治理模式，从取得的治理成果及其在国内外受到的广泛认可来看，固锝的至善治理模式对现代企业在治理中如何基于以人为本真正塑造企业长期战略优势具有重要启示。

固锝在企业治理中取得的重大成就源自其在多年治理实践探索中形成的基于中国家文化的至善治理模式。至善治理模式是指以家文化为核心，以实现企业员工、顾客及所有利益相关者的价值为目标的治理模式。其中，"至善"体现为在企业的经济价值之外，兼顾基于家文化的伦理关系及其所承载的人文价值上，这种伦理关系是一种表达善的关系，或者说它可以抽象到人类把握世界基本方式的高度，即善的方式和善的领域，这是伦理关系在最高抽象意义上的存在领域[1]。

固锝坚持"义利并重"的治理逻辑，既实现了企业治理中以家文化为核心的人文价值，又将其与企业经济价值的获取相结合。固锝的成功得益于以家文化为基础，从企业核心价值观、企业关系治理机制、家文化实践模块三个维度出发，构建了系统的至善治理体系。在此过程中，固锝通过家文化建设将员工、用户等主体视为家人，并通过在具体治理实践中贯彻和落实这一价值导向，实现了塑造组织共同体意识，并提高了现代企业治理中员工的高归属感、责任感、积极性，以及用户、社区等外部利益相关者对企业的支持、认同等，实现了兼顾员工成长与企业发展。

本章对固锝基于中国家文化的至善治理模式进行理论挖掘，从固锝以中国家文化为核心构建企业文化并实现兼顾"义"（员工成长）和"利"（企业发展）的文化建设实践出发，探索中国家文化如何嵌入企业治理过程并发挥作用的治理逻辑，并抽象出固锝至善治理模式以"价值基础—关系基础—整体框架"为逻辑进路的内在机理。研究发现，固锝

---

[1] 朱海林. 论伦理关系的特殊本质[J]. 道德与文明, 2008 (04): 32-36.

通过基于家文化提出了"内求、利他"的企业"家训",形成了"企业的价值在于员工的幸福和客户的感动"的核心价值观,通过关系治理和谐耦合人文价值对应的伦理关系与经济价值对应的工作关系,并在此基础上形成至善治理的八大模块。固锝的至善治理模式是一种以义利并重为基本逻辑,以组织共同体为核心,面向员工、企业、用户等利益相关者的共同体式企业治理模式。

二、家文化及其对企业组织的影响

家文化一般被认为是承载了中国传统家庭观、家族观的细分文化。家文化在中国社会中的重要性已得到广泛关注,学者们普遍认同中国传统文化的基础就是家文化,中国传统文化最大的特点之一是对"家族主义"(familism)的重视,家庭始终是中国社会中最重要的基础单位[1][2],家文化是华人社会传统中占主导地位的思想体系[3]。即使是西方学者如黑格尔也观察到,中国亘古不变的宪法的"精神"就是家庭的"精神"[4]。家庭、家族作为组织单元的重要性始终位于中国的第一次列,造就了中国文化区别于西方文化的根本区别,对此,梁漱溟指出,西方人集团生活偏胜,中国人家族生活偏胜,正是分向两方走去,由此开出两种相反的文化[5]。因此可以说,家文化作为中华优秀传统文化的核心组成部分,随着数千年文化延续和历史传承,一直显著影响着中国社会、组织、个人的价值基础、认知结构和行为方式。

---

[1] 梁漱溟. 中国文化要义 [M]. 上海:上海人民出版社,2005:121.
[2] 黄光国. 儒家关系主义——文化反思与典范重建 [M]. 北京:北京大学出版社,2006:7.
[3] 储小平. 中国"家文化"泛化的机制与文化资本 [J]. 学术研究,2003(11):15-19.
[4] 黑格尔. 历史哲学 [M]. 上海:上海书店出版社,2001:121.
[5] 梁漱溟. 中国文化要义 [M]. 上海:上海人民出版社,2005:67.

第五章　固锝：基于家文化的至善治理

作为中华优秀传统文化的核心组成部分，家文化内涵的治理理念是中国式治理模式的核心。中国自古以来就是重视治理的国家，中国的治理模式主张以家庭、家族治理为基础和典范并向外部延伸，即遵循"身修而后家齐，家齐而后国治，国治而后天下平"（《大学》）的基本治理逻辑。在此过程中，中国治理理念的最高理想是"天下太平"，天下太平之内容，就是人人在伦理关系上都各自做到好处（所谓父父子子）[1]。中国的治理原则以伦理道德为基础，中国的伦理关系又始于家庭关系，如经典的五伦中"君臣""朋友"的关系处理原则是由"父子""兄弟"的关系处理原则延伸而来的。孟子首次提出五伦的关系处理原则，"使契为司徒，教以人伦，父子有亲，君臣有义，夫妇有别，长幼有序，朋友有信"（《孟子·滕文公上》）。因此，中国的治理理想在于"平天下"，而"平天下"的治理原则源自家庭中的治理原则，家庭中的个人通过修养心性而"成人"；"成人"而后"家齐""国治""天下平"；一个"各安其分""各得其宜"即"君君、臣臣、父父、子子"的宗法等级伦理由此而"和"，达至古人所梦想的"国泰民安"[2]。因此由此生成的中国家文化既是中国传统家庭观的典型表现，又充分彰显了中国式的治理理念。因此可以说，中国的治理始于家庭，家庭治理是中国式治理理念的源头。

基于家文化的家庭治理延伸到企业组织层面不仅具有文化上的合理性，也具有充分的现实基础。从现实基础上看，家文化是中国人心理结构的核心组成部分，中国企业管理者和员工倾向于将家庭关系的处理原则拓展至企业当中。杨国枢等指出，家文化通过组织形态的类化、角色关系的类化及心理行为的类化实现了中国人的家族化（泛家族化）历

[1] 梁漱溟.中国文化要义[M].上海：上海人民出版社，2005：76.
[2] 朱贻庭."伦理"与"道德"之辨——关于"再写中国伦理学"的一点思考[J].华东师范大学学报（哲学社会科学版），2018，50（01）：1-8+177.

程，从而将家族主义"移植"到家外团体而形成拟似家族主义[1]。正是经由在社会层面的泛化，家文化的影响实现了在企业、学校、医院及政府等非家族组织中的延展，并塑造了中国社会、企业及其内部成员的一系列行为。因此梁漱溟指出，中国就家人父子兄弟之情，推广发挥，以伦理组织社会，举社会各种关系而悉伦理化之，亦即家庭化之。全社会之人，不期而辗转互相连锁起来，无形中成为一个大家庭[2]。同样地，张东荪亦认为，中国的社会组织是一个大家庭套着多层的无数的小家庭，构成家庭的层系（a hierarchical system of families），而在这一家庭层系中，五伦发挥了关键的黏结作用，故而张东荪又补充说，中国的五伦就是中国的社会组织，离了五伦别无组织[3]。因此，从历史发展的角度来看，自古以来的中国组织受到中国家文化的显著影响，基于家文化考察企业治理问题具有历史性角度上的现实合理性。

在中国历史发展中，中国家文化持续影响着中国企业组织，并体现在当代中国社会与企业的多个方面。在自2007年开始的三次全国调查和江苏的两次独立调查中显示，由父母子女、夫妻、兄弟姐妹依次构成的家庭血缘关系始终是中国人心中伦理关系的最重要构成部分[4]。进一步地，在主题为"对社会秩序和个人生活具有根本性意义"的调查中，2007年、2013年家庭关系或血缘关系分别占比40.2%、64.4%，居第一位；2017年，在"对社会秩序具有根本性意义"一项调查中，家庭关系

---

[1] 杨国枢，黄光国，杨中芳. 华人本土心理学（上册）[M]. 重庆：重庆大学出版社，2008：274.

[2] 梁漱溟. 中国文化要义[M]. 上海：上海人民出版社，2005：170.

[3] 张东荪. 理性与民主[M]. 长沙：岳麓书社，2010：82.

[4] 樊浩. 中国社会大众伦理道德发展的文化共识——基于改革开放40年持续调查的数据[J]. 中国社会科学，2019（08）：24-44+204-205.

或血缘关系占比32.6%，仅次于"个人与社会的关系"（占比46.7%），在"对个人生活具有根本性意义"一项调查中，家庭关系或血缘关系占比54.3%，居第一位。同时，有关"与同事之间发生重大利益冲突"，基于伦理原则的"直接找对方沟通但得礼让人，适可而止"始终是中国人处理原则的最优选项（2013年、2017年分别占比47.5%、43.5%），次优选项为"通过第三方从中调解，尽量不伤和气"（2013年、2017年分别占比29.7%、39.4%）[1]。即使在更广泛的组织外部的技术服务外包、企业政治行为、组织间关系协调以及组织内部的经理人选拔、员工激励和资源配置等企业事项中，基于泛家族主义信任的关系网络仍然发挥关键作用，是本土企业治理的关键影响要素[2]。因此，家文化不仅在历史上持续影响了中国社会和组织，而且在当代中国企业管理者和员工的心理认知、情感倾向、处事原则中占据重要甚至核心位置，从而为基于家文化的治理模式提供了现实基础。

三、家文化至善治理的特性优势

（一）基于价值观的治理导向

家文化的生成和目的在于以家庭精神、价值观为核心维持家庭发展和传承，并主要涉及基于价值观的家庭内部治理和家庭传承与发展两方面内容。一方面，家文化关注基于价值观的内部治理。家文化在维持家庭作为一种组织单位正常运行的过程中，主要围绕不同家庭内部形成的共享价值观展开。中国家文化注重内部核心价值观对家庭治理的关

---

[1] 樊浩，等.中国伦理道德发展数据库（第6卷）[M].北京：中国社会科学出版社，2018，中国2007年、2013年、2017年伦理道德发展比较数据库.

[2] 胡国栋.中国本土组织的家庭隐喻及网络治理机制——基于泛家族主义的视角[J].中国工业经济，2014（10）：97-109.

键作用，家庭内部核心价值观往往呈现为家风的形式，家风"指的是一个家庭在代代繁衍过程中，逐步形成的较为稳定的生活方式、生活作风、传统习惯、道德规范，以及待人接物、为人处世之道等等，其核心内容指一个家庭的思想意识方面的传统"[1]。中国传统家庭主张对"仁义礼智信"等道德体系进行发展创新，进而形成特定的家风、家训，对家庭成员施加教化效果，塑造家庭成员的价值认同。历史上著名的家风家训如颜之推的《颜氏家训》，诸葛亮的《诫子书》，朱熹的《朱子家训》，曾国藩的《曾国藩家书》等，其中体现的"诚孝、慎言、检迹、立身、扬名"，"静以修身，俭以养德，非淡泊无以明志，非宁静无以致远"，"仁、忠、慈、孝、友、恭、和、柔、礼、信"，"诚、敬、静、谨、恒"等思想，成为其家庭和家族特定的价值观，在家庭治理中发挥核心引导作用。同时围绕特定家风，中国家庭往往制定相关的家规、家法，从而强化家风在内部治理中的作用，形成了以家风、家训为核心，以家规、家法等为外围的治理体系。

另一方面，中国家文化通过家庭精神、价值观实现了历史意义上的家庭传承与发展。家文化之所以历经千年始终作为中国传统文化的核心，不仅是整个中华文化系统的本身规定，还涉及传统家庭自我延续的发展过程。家庭的继承延续自古以来具有极为重要的地位，有学者观察到，家庭对中国人的意义不仅在于夫妻之间，更在于亲子及代际之间[2]，特别是在家的运行机制和其文化逻辑方面，表现出极大的继承性，

---

[1] 阎旭蕾，杨萍.家庭教育新论[M].北京：北京大学出版社，2012：11.转引自陆树程，郁蓓蓓.家风传承对培育和践行社会主义核心价值观的意义[J].苏州大学学报（哲学社会科学版），2015，36（03）：14-20.

[2] 彭希哲，胡湛.当代中国家庭变迁与家庭政策重构[J].中国社会科学，2015（12）：113-132+207.

而这种继承性的特点又和中国文化的继承性有机地结合在一起[1]。中国家庭延续的关键是家庭价值观（家风），中国传统家庭在家风、家训之外，还存在扫墓、祭祖等各项家庭活动，宗庙、家庙、祖祠等各种场所，其目的在于传承家庭价值观，通过家庭实践活动、意义空间营造等方式实现共享价值观、组织模式、治理模式等延续，最终实现家庭系统的传承。在此过程中，家庭传承基于家风，并塑造了中国家庭在代际间的情感认同和价值共享，对此，杜维明谈到，这种代与代之间的亲情的联系，在东亚社会里的质和量都比西方社会强得多[2]。

因此从本质上讲，中国的家庭在"小家庭"之外，还涉及横向的家庭延伸（家族）和纵向的家庭传承（祖先和子孙[3]），因此金耀基才指出，"中国的家，乃不止指居同一屋顶下的成员而言，它还可横的扩及到家族、宗族、而至氏族；纵的上通祖先，下及子孙，故中国的家是一'延展的、多面的、巨型的家'（extented, multiple, great family）"[4]。总的来看，基于家文化的中国家庭在组织治理中强调家风的价值引导、凝聚、传递作用，并以此为基础构建了家庭治理体系和家庭传承体系。

（二）以伦理关系作为治理基础

作为中国传统伦理的核心部分，家文化的形成奠基于对家庭伦理关

---

[1] 麻国庆. 家族化公民社会的基础：家族伦理与延续的纵式社会——人类学与儒家的对话[J]. 学术研究，2007（08）：5-14.

[2] 杜维明. 现代精神与儒家传统[M]. 北京：生活·读书·新知三联书店，1997：354.

[3] 有关中国家庭祖先和子孙的详细资料，可参见《诗经·尔雅·释亲》：对于上代，尔雅曰，生己者为父母，父之父为祖，祖父之父为曾祖，曾祖之父为高祖，高祖之父为天祖，天祖之父为烈祖，烈祖之父为太祖，太祖之父为远祖，远祖之父为鼻祖；对于下代，尔雅曰，父之子为子，子之子为孙，孙之子为曾孙，曾孙之子为玄，玄孙之子为来孙，来孙之子为昆孙，昆孙之子为仍孙，仍孙之子为云孙，云孙之子为耳孙。

[4] 金耀基. 从传统到现代[M]. 北京：中国人民大学出版社，1999：25.

系的维持和发展上，家庭伦理关系又是所有伦理关系的起源，因此家文化往往是中国人认识和实践伦理关系的起源，家文化内含着中国伦理关系的基本构成。对于伦理而言，《说文解字》中解释为："伦，从人从仑，辈也，明道也，理，治玉也。""伦"即人伦关系，"理"即规律、原则、规则，因此伦理可以被理解为处理日常人伦关系的原则，如父子有亲、兄弟有序、夫妇有别、君臣有义、朋友有信。基于这一层意义，《辞海》将"伦理"定义为"处理人们相互关系应遵循的道德和准则"。因此伦理关系涉及中国人在维持人际交往中的原则、规范，家文化则是这一原则、规范的起源。换句话说，家文化内涵着中国人维持人际交往原则、规范的基本构成，进而使其具有基于伦理关系的礼治秩序的治理意蕴。

在基于伦理关系的家庭治理中，呈现出以道德意识为核心，强调家长的积极影响，以及注重家庭和谐的基本特征。

首先，中国家庭治理以个体道德意识为核心。中国家庭以伦理关系为基础组织和治理家庭成员，而中国伦理关系的稳定离不开道德，其中道德属于伦理角色个体的内在精神，伦理角色之"有德"也就稳固了伦理关系，稳固了"礼"的社会结构和秩序[1]。而中国的道德体系强调内在道德意识的确立和发展，朱熹解释为"得其道于心而不失之谓也"（《朱子集注》），指个体从心出发内化吸收"道"的理念并持久地保持下去。同时在修身的基础上，中国道德体系强调"齐家、治国、平天下"的拓展逻辑，并塑造了中国人的家国情怀。因此，中国的家庭治理以成员的内在道德意识为核心，即"内圣外王"的治理理念，并向外拓展至社会、国家等层面，形成"家国同构"的治理体系。

---

[1] 朱贻庭."伦理"与"道德"之辨——关于"再写中国伦理学"的一点思考[J].华东师范大学学报（哲学社会科学版），2018，50（01）：1-8+177.

其次，中国家文化强调家长的积极影响。根据许烺光的说法，中国的伦理关系是以父子关系为"主轴"而展开出去的[1]，家长（父亲）在伦理关系中占据关键位置。因此，在以伦理关系为基础组织和治理家庭的过程中，家长往往是其中的关键角色，对此，史华兹观察到，在儒家的概念中，家长角色所采取的特殊方法对于维护家庭秩序来说是至关重要的[2]。家长作为家庭治理中的关键角色，其道德水平对家庭治理的影响毫无疑问是巨大的，因此中国家庭中的家长往往必须特别关注自我道德修养，并基于此借由直接规划和参与家庭实践，参与家训、家规、家法编写，以及以身作则的榜样作用等方式，自觉或不自觉地维持家庭秩序，实现家庭的有效治理。

最后，中国家文化强调塑造和谐的治理局面。和谐自古以来是中国治理体系中的终极价值，"家和万事兴""家和为贵""家和易养，家不和难存"等都体现出家庭和谐的重要性。李泽厚指出，中国从家庭、氏族、部落、国家到天下，虽然有一定的理想化，但和谐却是明确的总目标，强调人不只是社会理性的、秩序制度的，同时也是人际情感的、心灵和同的[3]。同时，中国家庭治理中的和谐是多面向的，既包括人际关系间的和谐，也包括个体的身心和谐，基于人的自然情感与基于群体的理性规范之间的情理和谐，以及人与自然的天人和谐等。因此中国的家庭追求实现多个维度上的和谐，家庭治理是以和谐为终极价值的治理模式。

---

[1] 金耀基. 从传统到现代[M]. 北京：中国人民大学出版社，1999：26.

[2] 本杰明·史华兹. 古代中国的思想世界[M]. 程钢，译. 南京：江苏人民出版社，2008：45.

[3] 李泽厚. 人类学历史本体论（上卷）[M]. 北京：人民文学出版社，2019：176.

（三）组织功能复合协调的治理优势

家庭作为一种组织的存在，往往是多个功能共同发挥作用，同时又反过来基于家庭伦理不断维持多个功能成功和谐运作。

首先，家庭是提供人文关怀的重要场所。作为以血缘关系、亲缘关系为基础的组织单位，家庭自古以来重视人文关怀，是肯定个人价值、提供情感依存、实现意义建构的重要场所，"家是温馨的港湾"。因此，家庭是彰显人文精神，履行维持情感联结等心理功能的重要场所，与其他一切政治、经济及社会组织相比，能够表征家庭组织特质的关系是情感关系，感情互爱和伦理关怀是家庭建立和维系的决定性要素[1]。

其次，家庭是履行教育职能的重要场所。对于中国社会而言，个人教育的核心是道德教育，道德教育的重点是以"仁"为核心的道德体系。在这一道德体系中，家庭及其内部的家庭伦理关系是其基础和起源，因此家庭伦理是中国教育体系的基础和起点，同时也是履行教育职能的最基础和重要单位。数据显示，自2007至2017年的三次有关"在自己的成长中得到道德训练的最重要场所或机构"一项的调查中，家庭始终是中国人的第一选择[2]。对此，习近平总书记强调："家庭是社会的基本细胞，是人生的第一所学校。不论时代发生多大变化，不论生活格局发生多大改变，我们都要重视家庭教育。"[3]

最后，家庭还是从事生产经营活动的基本单位。在农业经济时代，

---

[1] 胡国栋. 管理范式的后现代审视与本土化研究［M］. 北京：中国人民大学出版社，2017：269.

[2] 樊浩，等. 中国伦理道德发展数据库（第6卷）［M］. 北京：中国社会科学出版社，2018，中国2007年、2013年、2017年伦理道德发展比较数据库.

[3] 中共中央党史和文献研究院. 习近平关于注重家庭家教家风建设论述摘编［M］. 北京：中央文献出版社，2021：3.

家庭始终是从事农业生产的核心单位，并逐渐发展出一套完整规范的经济管理机制，如麦迪森观察到，宋与明交替之间，中国农业转向了一个以拥有生产与经营自主权的自耕农和佃农为主的土地制度[1]。在履行生产与经营职能之外，基于家文化的中国家庭还同时履行资源调配职能，如黄光国指出，传统中国家庭的理想是把家庭成员整合在一起，成为一个共同的收支单位[2]。

此外，以家文化为依托的中国家庭还承担繁衍后代、扶幼养老的生理功能，社会学习、宗教传承的社会职能，以及休闲娱乐、身心发展的文化功能。家庭组织的存在本身并不能有效保证多个职能同时有效运行，因此需要内部所有成员的共同努力，通过有效的治理机制实现多个职能的协调和发展。一个优秀的家庭单元往往需要实现多项职能之间的协调，并不断发展和维持多项职能正常运作，否则将会产生家庭成员不满、经济面临困境、家庭稳定性降低甚至家庭破裂的风险，进而使得家文化具有协调和发展诸如人文关怀、教育、生产经营、文化塑造等多项功能的管理意蕴。

四、家文化至善治理的系统框架
（一）"经济+人文"：至善治理的价值追求

家文化在治理中首先体现为价值观层面上的积极影响，即经济价值与人文价值的耦合。企业治理中经济价值与人文价值的耦合具有现实合理性，现实的人往往具有多种需要，其人性中天然含有理性、德性、感性三个部分，人性中的智力结构、意志结构与审美结构三者相互作用，

---

[1] 安格斯·麦迪森. 中国经济的长期表现：公元960—2030年[M]. 伍晓鹰，马德斌，译. 上海：上海人民出版社，2008：21.

[2] 黄光国. 儒家关系主义——文化反思与典范重建[M]. 北京：北京大学出版社，2006：7.

共同决定了人的行为选择，这就在人性根源上决定管理的科学性、道德性及艺术性天然地联系在一起[1]。企业中的人文价值主要体现为注重员工本身的情感和价值需求，以及与企业相关的员工家庭、用户及其家庭、相关企业等所有利益相关者的情感和价值需求，乃至对自然环境的关注。企业的经济价值主要体现为通过提供优秀的产品、服务、体验实现盈利增收，有效履行企业作为社会系统中的生产经营单位所天然具有的经济责任。企业治理中实现人文价值与经济价值的耦合是指在企业治理过程中兼顾员工及其家庭、用户及其家庭、相关方企业的情感与价值需求，保护自然环境，以及提高企业的生产经营效率并获得经济收益，并通过有效的治理模式实现人文价值与经济价值的和谐耦合，以经济价值稳定人文价值，以人文价值促进经济价值，实现人文价值与经济价值"你中有我，我中有你"，即"义利并重"。

在企业治理中，首先，经济价值是人文价值的基础。经济价值是企业作为社会系统中的生产经营单位天然具有的经济责任，也是实现企业人文价值的物质基础。一方面，经济价值创造是企业存续的基础条件，如果没有稳定的经济收益，企业就无法实施其他层面的价值创造活动。另一方面，企业是社会物质积累的关键来源，如果没有稳定的企业经济基础，势必会影响社会的有效资源调配和财富创造。从文明层面上看，企业经济价值创造作为物质基础的关键来源，也是文明发展的重要基础条件，任何一个文明的存在与发展，都必须有一定的物质基础作为支撑，雄厚的物质基础为文明的发展提供坚实的条件，厚植了文明发展的

---

[1] 胡国栋. 管理范式的后现代审视与本土化研究[M]. 北京：中国人民大学出版社，2017：153.

经济结构基础[1]。

其次，人文价值是经济价值的必要补充。企业作为主要由人组成的开放系统，在履行基本的经济职能之外，还负有基于对人的关注产生的社会责任。企业作为当代人们生活的主要场所之一，必须充分考虑人之为人的存在问题，而不能简单地将员工视为实现经济价值的工具和手段。员工作为人首先具有自己的存在价值，企业在治理过程中必须充分考虑个体的目标、情绪、情感偏好、信仰、价值观，彰显企业作为愈加重要的生活场所所肩负的人文价值。正如彼得斯和沃特曼指出的一般，企业的价值观念必须与经济健康、服务于消费者和贡献社会结合起来[2]。因此，企业治理在创造经济价值的同时，必须同时关注企业的人文价值，正视现实中人之为人的现实需求，即都是具有价值观念、感情和偏好并且能够进行自我思考的人，管理者与被管理者在自主而积极地完成管理任务的同时，都可以从工作本身中体验到自我实现的愉悦，管理不能以完全理性的科学方法将人机械化而伤害人的自由、尊严与价值[3]。

最后，人文价值可以有效促进经济价值的实现。企业在治理中关注人文价值，有助于提高员工的情感认同和价值认同，更好地激励员工并促进个人目标与组织目标的聚合，从而以员工为核心促进实现企业的经济价值。此外，在更广泛的关于员工家庭、用户及其家庭、其他企业利

---

[1] 项久雨. 世界变局中的文明形态变革及其未来图景[J]. 中国社会科学，2023，（04）：26-47+204-205.

[2] 托马斯·彼得斯，罗伯特·沃特曼. 追求卓越[M]. 戴春平，等译. 北京：中央编译出版社，2000：104.

[3] 胡国栋. 管理范式的后现代审视与本土化研究[M]. 北京：中国人民大学出版社，2017：146.

益相关者以及自然环境的层面上，企业创造的社会价值有助于向员工及社会传递有关企业的积极信号，并反馈到企业中。有关企业的积极信号有助于进一步提高社会合法性，增强员工及社会对企业的信心和支持，从而促进实现企业的经济价值。

在有效耦合企业经济价值与人文价值的过程中，固锝坚持"建设'家'文化凝聚'家'动力"，将以"家文化"为核心的人文价值观与企业的经济价值观紧密结合起来，形成了独具特色的固锝至善治理价值观。固锝2023年社会责任报告指出：苏州固锝不断丰富其内涵，拓展其外延，使其彰显出强大的生命力，成为每一个固锝人的精神追求和价值引领，持续推动固锝的发展，引领固锝人启智润心，幸福成长。

固锝至善治理的核心价值观主要体现为企业的内求与利他。在中国传统文化中，至善作为内求诸己的终极目标，主张不断实现自我修养的提升，并基于此实现造福社会，即在"内圣外王"的过程中实现"修身、治家、治国、平天下"的治理逻辑。对企业来说，以至善为核心价值观，意味着企业对内塑造符合善的原则的企业文化，兼顾企业的经济价值与人文价值，既不断提高企业治理效率和效果，又坚持对员工的关爱。在塑造企业文化的基础上，企业应该不断以内部的善影响和促进企业外部的善的发展，即关爱员工家庭、用户及其家庭、社会乃至自然环境，促进整个社会上善的发展和人与自然的和谐共生。

对此，固锝在坚持止于至善的过程中，制定了企业的"家训"：内求、利他。其中"内求"主张我是一切问题的根源，只有真正实现员工和企业自身的内在修炼，才能有效应对企业面对的一切问题。"利他"主张用一颗无我利他的心帮助所有人，对万物恭敬，在不断提高员工和企业自身道德水平的基础上造福社会，围绕道德标准从事社会生产活动，履行企业社会责任。在内求和利他的问题上，固锝以家文化为核心实现"内求"和"利他"。固锝坚持家文化就是真爱文化，即是将一切人、事、物都当作家人来对待，像对自己的孩子一样去爱它。对于企业而言，家文化并非指实实在在的家，在金钱和员工品质的选择上，从居上位者的取舍中就能看出是否真正践行了家文化。赚钱是福报，用钱才是智慧。相信老祖宗的智慧，把钱花在教育上是值得的，因为只有每个人、每个家庭都幸福，固锝这个大家庭才幸福[1]。

将内求、利他作为企业"家训"，体现出固锝由"向外竞争"转向"向内修己"的核心观点。即体现出固锝不盲目追求在行业内部的零和竞争，而是通过企业内部、企业外部两个层面的自我修养实现可持续竞争优势。企业通过行业内竞争实现可持续竞争优势，是工业经济时代企业发展的核心观点之一，所体现的是企业以市场上的零和博弈为基本逻辑，主张围绕竞争逻辑通过扩张、兼并、抢占市场等"商战"实现企业的经济价值。随着当前企业环境正变得日益不可预测，数字经济时代对传统竞争逻辑的挑战，基于零和博弈的"向外竞争"模式越来越难以满足企业发展需求。在此背景下，企业必须从"向外寻求"转向"向内寻求"，锻造自己的核心价值观，从而应对外部环境的激烈变动。"行有不得者，皆反求诸己，其身正而天下归之。"（《孟子·离娄上》）对企业来说，就是要不断坚持和完善核心价值观，进而实现企业在包括员工、用户乃至社会整体层面上的成功。

固锝的核心价值观在"向内修己"的过程中，以至善为终极目标。中国传统文化在修己的问题上，主张通过对"仁义礼智信"等道德进行

---

[1] 资料来源：家文化第四期||常礼深化学习营，苏州固锝微信公众号，2020年11月17日，https://mp.weixin.qq.com/s/l-AHiBuoz7rW5Xp7sbhCgw。

内化吸收，最终"止于至善"，即"大学之道，在明明德，在亲民，在止于至善"（《中庸》）。因此可以说，在儒家伦理中，修身的终极价值就是至善，《大学》以"止于至善"为目的，即确立实践活动的根本目的是至善，确立了儒家实践智慧的求善特性[1]。吴念博指出，我们所理解的企业，"企"由"人"和"止"两部分组成，代表企业家要知道止在哪里，"知止而后有定，定而后能静，静而后能安，安而后能虑，虑而后能得"，一切财富的得到都在"知止"。企业家要止于至善，全心全意为人民付出。企业的"业"字，则象征人生来是酬业的，只有止于至善，才能真正酬业。要成为一位真正优秀的企业家，必须合道，要与自然规律相吻合，并能做到真爱员工[2]。

在构建至善治理价值观的过程中，固锝形成了"企业的价值在于员工的幸福和客户的感动"的核心价值观（见图5-1）。该核心价值观由两部分组成，即"员工的幸福"和"客户的感动"。一方面，当企业能够营造出令员工感到幸福的家文化并不断提高员工品质时，企业也就获得了以员工为核心的持续动力，进而从企业内部为创造经济价值提供基础和保障。对此，固锝创始人、终身名誉董事长、首席教育官吴念博表示："在我们看来，企业利润主要来自员工的幸福感，只有提升每一位员工的生命品质，才能够让企业真正实现利润最大化。"另一方面，当企业能够获得用户感动时，可以显著提高用户对企业的认同和支持，进而从企业外部为创造经济价值提供基础和保障。

---

[1] 陈来. 儒家美德论［M］. 北京：生活·读书·新知三联书店，2019：343.
[2] 吴念博. 圣贤文化，造就固锝幸福企业［J］. 企业管理，2022（05）：46-50.

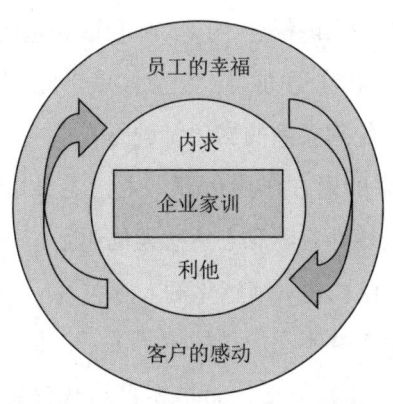

图 5-1 固铻基于家文化的企业核心价值观

（二）"工作+伦理"：至善治理的关系机制

在治理价值观层面以"至善"为核心和谐耦合经济价值与人文价值的基础上，耦合企业中的伦理关系与经济关系可以为治理价值观提供企业现实中的关系基础。其中经济价值对应的是企业中管理者与员工以及员工之间的工作关系，工作关系是维持企业内部稳定性，保证企业正常运转，进而创造经济价值的基础关系。人文价值对应的是企业中多方成员之间包括人际关系在内的伦理关系，伦理关系是维持企业内部成员的存在价值，并创造更和谐的人际氛围和促进企业经济价值的创造。杰出雇主调研机构在 2024 年进行的一项调研结果显示，杰出雇主正在工作场所推行建立个人关系的做法，例如越来越多的企业鼓励管理人员为其团队成员提供工作之外的全面支持[1]。企业本身是经济关系与伦理关系的综合体，和谐耦合经济关系与伦理关系，有助于协调企业的经济价值观与人文价值观，并生成更具有凝聚力的企业共同体。

---

[1] 2024全球职场趋势报告［R］. 杰出雇主调研机构，2024.

工作关系与伦理关系的耦合，以人际和谐为基础，基于伦理关系的情理耦合属性通过创新沟通方式、企业实践活动、培训方式等手段实现。在中国社会中，伦理关系的文化基础是人情主义，人情主义是儒家伦理精神及人际关系的内在作用机理，人情主义以人伦秩序为绝对价值，主张通过主体的德性修养和心意感通的生活情理来维护社会关系与人伦和谐，其本质是结构化、情感化的人际关系[1]。对于伦理关系整体而言，中国的伦理关系并不是简单的情感关系，特别是不能简单等同于基于自然情感生发的关系类型，而是在自然情感关系的基础上，通过以家庭伦理规范为基础的社会规范进行发展，从而是具有一种理性色彩的混合型关系。韦政通指出，"以家族为中心的伦理，特别重视的是'情'，情是维系伦理关系的核心……在中国文化里，情与理不对立，理就在情中，说某人不近情，就是不近理"[2]。正是基于本身情理融合的基本属性，伦理关系不仅是维持企业员工情感关系的基础，同时也基于其理性色彩（强调道德理性）存在与工作关系（强调经济理性）耦合的基本空间。因此对于中国企业来说，基于人情主义的伦理关系的维持和发展是贯彻企业治理人文价值导向的核心，也是促进人文价值与经济价值耦合进一步落地，从关系层面实现情理耦合的核心。

固锝以伦理关系为基础结合、赋能工作关系，实现了企业治理过程中工作关系与伦理关系的和谐耦合。为了促进伦理关系与工作关系的耦合，固锝制定了"幸福班组""幸福领班"机制。"幸福班组""幸福领班"机制是指固锝根据家文化中的幸福观，定期在班组中评选"幸福班组"和"幸福领班"，"幸福班组"和"幸福领班"机制主张根据工作产

---

[1] 樊浩.中国伦理精神的历史建构[M].南京：江苏人民出版社，1992：226.
[2] 韦政通.伦理思想的突破[M].成都：四川人民出版社，1988：9

量以及效率，还有班组成员互相关怀的效应与成果等指标，进行竞争，最后胜出的能够获得由公司董事长出资设立的奖金。通过将工作效率与班组成员之间的关怀同时作为衡量指标，固锝兼顾了企业的经济价值与人文价值，并通过定期评选机制促进了企业中的最小单位，即班组内员工与员工、员工与领班之间的伦理关系形成，从而在传统班组中包含的工作关系的同时加入伦理关系，以伦理关系赋能和促进传统工作关系，实现了伦理关系与工作关系的耦合。

拜师会也是固锝耦合工作关系与伦理关系的重要机制。固锝的拜师会以中国传统拜师的基本礼仪为开场，正式开始时，徒弟会向师傅行鞠躬礼并奉茶，其目的在于塑造企业尊师重教的人文环境，以传统师徒关系赋能现代企业培训中的工作关系。固锝的拜师会一方面通过恰当的礼仪规范，塑造了新员工与老员工之间以师徒关系为基础的伦理关系，另一方面通过与现代企业培训机制结合，创新了企业内部的工作，有助于促进新员工掌握职业技能，提高新员工的工作能力。在拜师会之外，固锝还通过多种方式促进工作关系与伦理关系的耦合。如在固锝，员工亲切地称吴念博为"大家长"，并通过员工心声（信箱）、幸福热线（董事长联系方式）等多种交流方式与"大家长"沟通心事。公司会定期举办固锝家庭日、员工座谈会、老乡会、庆生会、读书会等活动，还开设内部论坛，以及组织早餐、晚餐、夜餐等沟通会，持续增强企业的人文氛围，促进企业伦理关系的形成和发展，并在此基础上为工作关系赋能。此外，《苏州固锝电子股份有限公司2023年度社会责任报告》显示，固锝通过定期或不定期举办各种类型的公益活动，实现了员工心与心的沟通。同时，公司持续稳定地运营官方微信公众号"苏州固锝"、官方微博"苏州固锝"等多个网络平台渠道，形成了良好的线上线下沟通机制。

(三)"八大模块":至善治理的系统框架

在经济价值与人文价值和谐耦合的价值观下,通过工作关系与伦理关系的和谐耦合为以"至善"为核心的价值观提供关系基础。在此基础上,通过具体的治理模块可以进一步实现企业价值观落地,形成至善治理的系统框架。固锝基于"家文化"的至善治理具体包括八大模块:人文关怀、人文教育、绿色环保、健康促进、慈善公益、志工拓展、人文记录、敦伦尽分(见表5-2)。

表5-2 固锝家文化至善治理的八大模块内容

维度	具体内容
人文关怀	具体关怀活动、新员工71小时关怀、准妈妈关怀、员工子女关怀、老年人关怀、文化与信仰关怀、义田大家庭关爱基金等
人文教育	境教、身教、言教等
绿色环保	"4G"生产经营、企业环境保护、社会环境保护等
健康促进	工作间隙放松、健康低碳餐、生活中积极组织活动、中医养身馆等
慈善公益	苏州明德公益基金会、公益捐赠、环境保护、关怀弱势群体、援建偏远地区等
志工拓展	志愿者培训、社区志愿服务、节日志愿关怀、社会服务、关怀环卫工人、护学护岗等
人文记录	设立专门机构、固锝塾·道艺春秋展览馆、至善治理家文化传习院等
敦伦尽分	人文价值和经济价值的落实、发展、创新,以及人文价值和经济价值耦合的落实、发展、创新等

第一,人文关怀是至善治理的基础。治理实践中的人文关怀是贯彻人文主义价值观的第一步,追求"至善"的家文化首先需要建立家庭成员之间的情感联系,并以此作为家庭组织各项职能活动的基础。对于企业来说,实践中的人文关怀是指通过各种实践活动、制度规范等彰显对员工及其家庭的关怀,目的在于为员工提供家一般的企业环境,塑造员

工之间、员工与管理者之间，以及员工与企业之间的情感联系，并以此作为企业治理相关的各项实践的基础。

在人文关怀上，固锝自2016年起开始全面取消夜班，实行上班无需打卡制度，设立孝亲电话吧，并由公司承担通话费用，还开展老乡会、员工庆生会、中秋给员工父母送月饼等关怀活动。此外，固锝在食堂设置绿色和红色两条通道，红色通道在有剩余饭菜时启用，当员工走红色通道（即存在剩余饭菜情况）时，不会被指责，而是会被询问有关身体健康状况、饭菜是否可口以及工作开展是否顺利等问题，充分体现出对员工的关怀。

在针对有特殊需求群体方面，固锝推行"新员工72小时关怀"制度，以及面向准妈妈准备特别的营养餐、工作服，并给予两年育婴假。同时，为了更好地满足准妈妈的生活需求，固锝在工作时间安排上，允许准妈妈将晚班调到白班，还可提前一小时下班或延后一小时上班。在助力员工实现工作与家庭平衡方面，固锝创办"爱心园"，依据中华优秀传统文化理念，帮助照顾和教育员工放学后的子女；设立"幸福宝宝关爱计划"，为员工留在原籍的0～12岁子女提供志愿关怀服务和关怀金；为员工提供全年三次带薪假期，并给予车费补贴；面向员工家庭设立"学习津贴""教育补贴"等福利项目。在尊老敬老方面，固锝设立孝顺金制度，推行"黄金老人关爱计划"。在尊重员工个人文化与信仰方面，固锝尊重员工不同民族的文化与信仰，为有不同信仰的员工建设祷告室。

固锝在人文关怀中兼顾员工的精神需求与物质需求，在通过各项实践活动、制度规范体现对员工精神呵护与情感慰藉的同时，始终关注员工的物质需求。为此，固锝不断推出和完善"义田大家庭关怀"及特殊关怀制度。2017年，固锝注入5000万元资金成立"义田大家庭关爱基金",并制定《义田大家庭基金关怀制度》来管理该关爱基金。制度规定基金关怀对象包括公司全体员工及其父母、岳父母、公公婆婆、配偶和子女,投资收益用于员工急难关怀、特殊关怀、结婚关怀、生子关怀等方面,涵盖结婚、生育、入学、急难、退休、过世等多种情形的关怀[1]。据公司统计,固锝在2019年发放各类关怀金340.8万元,其中全员孝亲金150万元、黄金老人关怀金34.7万元、幸福老人关怀金13.6万元、幸福宝宝关怀金19.7万元、助学金5.1万元、义田基金(含二胎教育金)117.7万元[2]。

第二,人文教育是至善治理的关键。教育是中国家庭的核心职能,由于中国家庭伦理是全部伦理的基础和起源,因此学习家庭伦理是家庭成员成人并走向社会的关键。在中国家文化中,"成人"(to be the true person)的重要体现是基于对家庭伦理及其延伸的社会伦理的内化吸收,从而实现自身的道德成长。对此,陈来指出,儒家的实践智慧在全部上包含治国平天下,而这种活动以"己所不欲,勿施于人"为核心准则。《大学》提到,自天子以至庶人,一切人、一切事都必须以修身为本[3]。同时,对于整个家庭组织来说,教育也是通过教导家庭成员实现家庭各个职能之间协调运行,并最终实现家庭和谐的关键。对于企业来说,人文教育是企业将兼顾经济价值与人文价值的核心价值观贯彻到每个企业成员的关键环节,对此,有学者指出,教育是家文化在企业落地的重要手段,且教育的目标在于育德[4]。因此,企业在至善治理中的人

---

[1] 吴念博. 圣贤文化,造就固锝幸福企业[J]. 企业管理,2022(05):46-50.

[2] 资料来源:固锝官网,https://www.goodark.com/whjs.php.

[3] 陈来. 儒学美德论[M]. 北京:生活·读书·新知三联书店,2019:343.

[4] 晁罡,谷欣然,王磊,等. 超家族主义:家文化在当代中国企业的新形态[J]. 外国经济与管理,2022,44(10):20-35.

文教育是指通过各种手段提高企业员工、管理者等各个成员的道德水平，并通过将其与职业教育相结合，作为企业同时创造经济价值与人文价值的基础。

固锝坚持"育人"是办企业的目标，将人文教育列为企业治理、发展的第一要务，并主张通过结合人文教育与职业教育实现员工成长。在人文教育上，固锝坚持学习的目的在于"使员工明白工作之道在明明德、生活之道在明明德，所有的践行都是历事炼心；使员工明白提升生活的品质，并不只依靠外在的物质和金钱，更重要的是心性的提升"。固锝将人文教育分为境教、身教、言教，其中境教是指通过营造具有道德感染力的企业环境达到教育目的，进而提高员工道德水平。比如，固锝刻有"永不裁员"的石碑，企业内随处可见的《论语》《弟子规》等读本中的经典好句，像"敦伦尽分""行有不得，反求诸己""百善孝为先""不学礼，无以立"等；还有"好话一句分享"制度，以及"孔门十哲"雕像、孔子杏坛讲学图等。此外，为更好地弘扬中华优秀传统文化，固锝在2019年投资建成"固锝塾·道艺春秋展览馆"，运用现代技术营造以中华优秀传统文化为核心的生动场景。

身教是指企业各层级管理者、总经理、董事长等人通过亲身实践，发挥榜样作用，进而影响员工认知，提升员工的道德水平。各层级管理者等上级是员工关注的焦点，上级亲身践行道德理念，能够显著促进员工对道德理念的认识、认同和实践，正如《论语·子路》中所说："其身正，不令而行；其身不正，虽令不从。"对此，固锝基于"君亲师"的理念，提倡上级遵从"德才兼备""慈祥有爱""言传身教"的基本原则，以身作则并潜移默化地影响员工，如吴念博坚持参加每一期的人文教育学习班，带头参与以"凡事彻底"为标准的"扫除道"活动等。

言教是指通过阅读传统古籍、上课学习等方式教化员工。例如，固锝为每位员工提供五天半的带薪脱产轮班学习机会，并长期举办读书会、晨读、午间学习，还有高管每周六上午集体学习中华优秀传统文化、开展"家文化内求·利他'3+2'深化学习营"等活动。固锝号召企业全体成员阅读《论语》《弟子规》《了凡四训》等中华优秀传统文化读本，以及《人生经济学》《活法》等与工作、生活实践等密切相关的书籍，以此塑造员工的道德修养，提升他们的生活智慧、工作能力。此外，在传统礼仪方面，固锝坚持每年于清明、冬至等节日举办三次祭祖活动和一次祭孔典礼。在员工子女教育方面，固锝通过举办暑期夏令营、设计《品德教育学习课程》，为员工子女提供人文教育。在校企合作方面，2019年"苏高职固锝电子学院"正式开学，学院通过同时配备德育导师和专职辅导员的方式，致力于培养德智体美劳全面发展的新时代产业工人。

第三，绿色环保是至善治理在生态层面的重要拓展。中国家文化以和谐为最终目标，涵盖个体身心和谐、人际和谐，以及人与自然的和谐。在中国传统文化中，人与自然和谐共生是"天人和合"思想的关键组成部分，首先体现为人与自然平等、相互融合、和谐相处的形式[1]。对于企业来说，以家文化为核心，要求企业既向内营造家庭式的企业环境，也对外秉持人与自然和谐共生的和合精神，将"家"的概念延伸至更广泛的自然环境。此外，随着国家"双碳"战略的提出，以及新时代下ESG（环境、社会责任、企业治理）在企业投资、经营决策中重要性日益提升，绿色发展逐渐成为企业履行社会责任、创造经济价值和实现可持续发展的必然选择。因此，坚持人与自然和谐共生的绿色治理原

---

[1] 胡国栋. 管理范式的后现代审视与本土化研究[M]. 北京：中国人民大学出版社，2017：218

则，既是企业基于家文化实现至善治理中"天人和合"的必然要求，也是贯彻国家"双碳"战略和持续创造经济价值的积极体现。

在绿色环保上，固铧通过贯彻生产经营中的"4G"理念，以及开展多项企业、社会环境保护活动实现绿色发展。在企业生产经营中，固铧坚持绿色设计、绿色采购、绿色制造、绿色销售"4G"理念，开展绿色低碳重点项目改造，践行节水、节电、节气、化学品减量、垃圾减半、减少地球资源的"3/5行动"，全面实施"无漏水"工程，启动"无氢工厂"工程，研发低能耗、低资源消耗产品，并于2024年获评"江苏省绿色工厂"。此外，固铧积极践行绿色低碳环保理念，响应国家"双碳"战略，投资推动了大批新能源与环保设施建设。据《苏州固铧电子股份有限公司2023年度社会责任报告》显示，固铧投资搭建1兆瓦的太阳能电站，每年发电量约87.6万度；推广智慧能源管理项目，通过使用磁悬浮冷冻机、智能多体式冷冻机组，合并冷却塔，用冷冻水系统替代冷冻机等措施，每年节约用电约62万度；表面科技厂通过废水回收再利用，每年节约用水约1.2万吨。

在企业内部环境保护上，固铧坚持对公司湿地进行保护，并设立了"幸福农场"。"幸福农场"按井田制分配给企业各个部门负责，各区域以仁义礼智信等中华优秀传统文化内容命名。在贯彻尊重自然、保护自然的和谐共生原则过程中，也对员工起到了人文教育的作用。同时，固铧积极开展美化家园、社企共建绿色家园、自制环保酵素、自制环保袋等活动。在社会层面的环境保护工作上，固铧积极推行环保举措。例如，组织回收废旧电池，开展绿色骑行、净街、净山等活动，还开展"园企共建，绿色'童'行"活动，向孩子们介绍并分享绿色生活知识。

第四，健康促进是至善治理的重要保障。身体健康是个人从事一切社会活动的重要保障，也是家庭生活的重要关注点。对于企业来说，身体健康既是关注员工身体情况,在外在层面上体现人文关怀的基础,以及提高工作效率的基本要求,也是提高员工道德水平的重要前提。人的身体与其内在良知具有紧密联系,孟子对"仁、义、礼、智"四德与"口、目、耳、鼻"四端之间的紧密联系进行了阐释,王阳明、熊十力也将人的良知与身体联系起来,"人类则因其身体构造精利,仁心已显发出来,实主乎吾人之身"[1]。陈来同样指出,对生灵万物和他人的仁爱冲动是人的本性,人对于他们的爱是出于把他们视如自己身体的一部分[2]。因此,身体健康不仅是以员工为核心创造外在层面上人文价值与经济价值的基础,也是人文教育过程中,提高员工道德水平,直至达到"天人合一"境界的必要要求。

在健康促进上,固锝通过多维度的企业实践促进提升员工身体健康水平。在工作上,为减少员工工作疲惫,固锝在每天工作间隙通过太极音乐的形式帮助员工放松身心,同时为减少加班导致的员工疲惫和身体损害而取消夜班项目。在饮食上,固锝设置"幸福餐厅",向企业成员提供健康低碳餐,邀请资深厨师分享健康低碳餐厨艺,并举办低碳餐厨艺大赛、"厨神大赛"。在日常生活上,固锝坚持举办各项健康促进活动,如瑜伽健身、晨练、爬山活动、趣味运动会、乒乓球赛、固锝好声音歌唱比赛,以及家乡特色菜主题月活动和寝室卫生检查及星级评比等。同时,固锝基于中华优秀传统文化安排养生活动,如组织练习"太极舞",促进员工体悟"天人合一,道法自然"的精神境界,在提高员工健康水平的同时嵌入人文教育,并组织企业成员前往天津天真园学习"太极舞"。除此之外,固锝还设立中医养生馆,邀请著名中医专家为企

---

[1] 熊十力.明心篇体用论[M].北京:中华书局,1994:214.
[2] 陈来.仁学本体论[M].北京:生活·读书·新知三联书店,2014:298.

业成员免费诊疗，安排中医养生宣讲活动。通过提供养生基本原则、穴位按摩养生方法、饮食管理、睡眠管理、全民健康、平甩功，以及"女性健康讲座"等课程，并按谷雨、处暑、小雪、小寒等不同时节特点，分节气讲授养生知识。

第五，慈善公益是至善治理在社会层面的重要拓展之一。中国家文化的显著特点之一是不仅局限于家庭、家族内部，而是主张将治理的对象由内向外拓展至外在社会、国家乃至全人类，即一种"修身、齐家、治国、平天下"的治理逻辑。自古以来，"穷则独善其身，达则兼善天下""天下兴亡，匹夫有责""先天下之忧而忧，后天下之乐而乐"等都体现出中国人的从己出发造福社会、国家的"家国情怀"。对于企业来说，基于家文化实现至善治理要求企业在对内塑造人文价值和经济价值的基础上，基于"修齐治平"的天下逻辑和家国情怀，通过慈善公益活动发挥企业的资源优势，扩大企业的社会影响力，积极履行社会责任。同时，目前企业投资者越来越看重企业在ESG上的整体表现，ESG在生态环境保护之外，对企业社会责任也提出了相应要求，使得积极履行社会责任对企业经济价值创造的重要性愈加凸显。因此，积极开展慈善公益事业既是企业基于家文化实现至善治理中"家国一体"的必然要求，也是创造经济价值的重要保障。

在慈善公益上，固铻通过创办公益基金会、社会公益实践等多种方式积极履行社会责任。2013年，由吴念博作为发起人捐资创办，固铻联合《人民日报》（海外版）美洲刊创办的苏州明德公益基金会正式成立。苏州明德公益基金会主要面向困难员工、孤寡老人、留守儿童等弱势群体，并开展赈灾救助等公益活动，用以支持企业在慈善公益事业上的若干活动。在公益捐赠、环境保护等社会活动上，固铻坚持组织举办慈善一日捐、爱心捐书、无偿献血、助力疫情防控捐赠、爱心义卖、慈心放生、"日行一善，每日一扫"等活动。在关怀弱势群体上，固铻坚持服务社区、爱心助残，构建与社区之间的"连心家园"，定期组织成员为当地敬老院、空巢老人家庭、特殊教育学校提供支持与帮助，如为企业周边老人按摩、表演太极舞等关怀活动。在关怀偏远地区上，固铻与广西大新县、天等县等贫困地区政府合作助力精准扶贫，援建偏远地区幸福校园、幸福乡村，如援建大新县民族希望中学、母村幸福乡村建设，以及与云南昆明宜良县马街镇教育合作，援建"明德苗苗幼儿园"等。

第六，志工拓展是至善治理在社会层面拓展的保障和提升个人道德的要求。中国家文化基于"修齐治平"治理逻辑向社会层面的拓展既表现为家庭、家族整体的慈善贡献，也表现为成员在社会上的积极个体实践。同时在道德修炼过程中，中国道德哲学主张"知行合一""体用不二"的基本原则，意思是个人对道德的学习与实践是不能分开的，即一种道德上的"实践智慧"，"其学以求诚为本，躬行实践为事""穷理以致知，反躬以实践"[1]。因此个体的积极实践既是家文化向外拓展的补充，也是个体提升道德水平的必然要求。对于企业来说，基于家文化的至善治理要求企业既要借助慈善公益活动发挥资源优势，又要积极鼓励员工、管理者等成员开展志工拓展等积极的社会实践活动。在此过程中，个体参与的多种志愿活动，一方面能够有效促进企业社会责任的履行，同时有助于宣传企业的社会责任理念，提升社会对企业的认可与关注，促进企业创造经济价值；另一方面可以进一步保障员工道德修炼的效果，促进员工道德水平的提高。因此，志工拓展既是企业履行社会责任的有效途径，也是基于实践智慧原理助力员工实现道德修炼的

---

[1]《宋元学案》，转引自陈来. 儒家美德论[M]. 北京：生活·读书·新知三联书店，2019：346.

必然要求。

固锝通过鼓励和促进多项志愿活动实现志工拓展。首先是开展志愿者培训，固锝鼓励员工面向企业内部和外部的多个群体，参与志愿者服务工作，并组织志愿者培训，提高员工的志愿服务能力。在培训的基础上，固锝定期组织多项志愿者活动。在社区志愿服务上，固锝鼓励组织"情暖社区、陪伴有我""志愿同行、感恩有你""浓情冬日，温暖传递，让爱在社区绽放"等志愿活动，为周边社区居民提供家电维修、房间清理、赠送日用品物资、测量血糖、亲密交谈、趣味游戏、钉纽扣等志愿服务。同时，固锝也在各个节日组织志愿关怀活动。例如，组织"中秋月满、爱满社区"主题志愿活动，为周边社区、敬老院等地的人们提供缝补衣服、理发、赠送蔬菜水果、做饭等节日关怀与祝福；在端午节为社区居民赠送手工粽子、手工制作的艾草串等，送上节日关怀和慰问；在重阳节组织志愿服务者走进敬老院等。在社会服务上，固锝坚持组织各项社会志愿活动，如清洁公交站台、共享单车等公共设施，清理周边山上的垃圾等。在面向社会各职业群体上，固锝组织各项志愿活动关怀职业群体。如开展"走进'城市美容师'，零距离体验环卫工作"活动，这一活动既让企业成员体会到环卫工人的辛劳，增强对环卫工人的尊敬之情，也减轻了环卫工人的工作量，同时为环卫工人赠送西瓜、酸梅汤、毛巾、手套、护手霜等适应不同季节的物品。此外，固锝还自愿开展护学护岗活动，与学校合作，为学生提供安全保障。

第七，人文记录是至善治理模式推广的主要渠道。人文记录是指固锝将基于家文化的治理实践进行记录、整理、总结和分享，以此保存并推广固锝基于家文化的治理模式。其目的在于记录和总结至善治理模式，引导员工成长，同时联合社会上更多企事业单位共同践行以家文化为核心的中华优秀传统文化。在记录与总结等工作上，固锝设立采编中心，负责记录企业至善治理的发展历程，总结经验，并以企业周报、月报、季报、年报的形式予以呈现。设立主题中心，以引导员工的道德成长和志愿服务活动。此外，固锝还设立宣传中心、培训中心、行政中心、企业中心等机构，分别承担记录、宣传、管理以及跨企业资源整合等相关工作。

在对外宣传分享等活动上，为了更好地弘扬中华优秀传统文化和至善治理模式，固锝于2019年建成"固锝塾·道艺春秋展览馆"。固锝塾包括夫子之墙、平安钟、山水终究是山水、道统源流、至善之家、学琴师襄、乐先药后、舞动墨宝、文化驿站、愿力墙等十个展厅。固锝塾借助现代科技，将一万两千册善本书、儒家道统、孝道、"修齐治平"的文化脉络、家庭伦理、尚学态度、乐曲教化以及企业"内求·利他"的价值观等内容进行呈现，并以道艺春秋虚拟文化馆的形式满足线上观赏需求。通过多维度融合中华优秀传统文化与至善治理模式，为前来参访固锝的高校团队、企业团队、媒体团队等群体提供生动立体的展示效果。固锝塾不仅是企业治理中开展人文教育的重要场所，也成为宣传、推广固锝至善治理模式的文化体验基地。

同时，为了进一步对外宣传和推广基于家文化的至善治理模式，固锝于2020年成立至善治理家文化传习院，并于2021年9月启动打造"至善治理体系"标杆型企业的仪式。自成立以来，传习院持续发起至善治理家文化参访、研学活动。该活动面向全球企业领导人及高管，内容涵盖至善治理践行体系分享、固锝塾参访、实地观摩，以及晨读、八段锦、"扫除道"等实地体验活动，还包括与员工交流、"支部报告"（固锝支部"八大模块"实践案例汇报）、"书记面对面"、共同学习、答疑互动等环节。此外，传习院还举办"至善治理家文化研习营""新儒商幸福企业传习班"等活动，联合推出"幸福方舟"网络学校、"幸福方舟"联盟等项目。通过联合多家企业，促进实现个人与企业的幸福圆满，共同履行社会责任，传播圣贤文化与至善治理模式。

第八，敦伦尽分是至善治理模式不断发展创新的动力。"伦"指伦理道德，像君臣、父子、夫妇、兄弟、朋友等关系，可延伸为社会中各类相互关系对应的角色及其相应的道德规范；"分"指本分，即在社会关系中每个人所肩负的主要职责。所以，敦伦尽分就是指履行好自己的本分职责。对于企业来说，敦伦尽分意味着企业要尽力做好自己在社会中角色所对应的本分与责任。一方面，企业作为社会生产经营单位，天然需要确保生产、经营、管理、创新的效率，提高资源利用转化率，为社会提供优质产品、服务和体验，高效创造经济价值，以此履行自身的经济责任。另一方面，企业作为提供个体生存和生活的主要依托场所，理应为人类创造幸福生活，肯定并发展人类价值等，通过创造人文价值以彰显和履行自身的人文情怀与社会责任。因此，企业的本分既涵盖创造人文价值，也包括创造经济价值。敦伦尽分要求企业基于家文化的至善治理，既要创造人文价值，又不能忽视经济价值，并且在实现人文价值与经济价值和谐耦合的过程中，持续落实、发展和创新至善治理模式。

在人文价值创造上，固锝持续落实、创新、发展并丰富人文关怀、人文教育等治理实践举措。例如，固锝各支部不断践行"固锝幸福员工标准"、"五个人人"（即"人人是安全员、人人是工程师、人人是品管员、人人是工务员、人人是清洁工"）以及"四不原则"（不给别人添麻烦，让世界因我更美，不糟蹋东西，不占别人便宜），完善义田大家庭关怀和特殊关怀制度，逐步取消夜班项目等。同时，固锝基于"支部建在连上"的理念，提出"支部建在连队，学堂建在班组"的基本思路，并据此依据车间、部门的具体职责赋予不同的人文价值定位，建立了仁德支部、诚信支部、和谐支部等30个支部。各支部在日常工作中实践家文化八大模块内容,进而实现从自上而下管理模式到自下而上治理模式的转变。

此外,固锝还不断推进校企合作、共同发展。例如,与苏州高等职业技术学校、苏州高新区通安中学校、宿迁技师学院等院校开展深度合作。在经济价值创造上,固锝引入多种先进管理方法,深化技术创新与应用。例如,固锝引入精益管理,运用"十手、十归、十堪"原则,建立品质KPI看板制度,并实施流程治理、集团化预算管理以及战略解码等举措。在技术研发创新与应用上,固锝与多所高校及企业合作。例如,固锝与南京大学研究院共建太湖科学城功率半导体实验室,与世界头部半导体公司AIC合作等。同时,固锝专注于技术创新与发展。2023年,完成64个改善项目,收集1852个金点子,并在MTBA问题、ASMX晶粒压伤问题的解决上取得进展,推动了产品量产及研发进度。比如,在固锝特色传感器、SIP封装等领域取得重要突破,全面开发MOS产品等。在持续深化技术研发与应用过程中,固锝被评为"江苏省民营科技企业",子公司"晶银新材"获评"光伏TOPCon电池浆料行业领跑者""智能光伏供应链示范企业",参股公司"明皛传感"获评2023司南科技奖"年度新锐汽车半导体企业",荣获"国家专精特新'小巨人'"称号。

在人文价值与经济价值耦合上,固锝坚持将战略规划、可视化管理、标准化作业、TPM、价值流、精益管理等先进管理方法与家文化建设相结合。例如,通过战略规划确立、落实和发展固锝"内求·利他"的核心价值观,基于价值观推动项目开发,提升生产效率与产品质量等。据《苏州固锝电子股份有限公司2023年度社会责任报告》,在企业核心价值观引导下,功率器件封装事业部2023年成功推出11个新项目,不断推进功率器件研发计划,将封装品类扩展到更广泛领域,以满足新能源、光伏、储能等市场的需求；集成电路封装事业以客户需求为核心，不断提升生产效率和标准化作业水平。2023年，实现客诉减少22.5%，过程异常减少24%。此外，固锝还将TPM（全员生产维护，即Total Productive Maintenance）与人文关怀实践相结合，通过TPM体现"慈心于物"的人文关怀，通过人文关怀提高TPM推进的效率与效果。2019年，固锝特聘精益管理专家广森美智一、卢振等团队辅导"协同创新、二次创业"项目，通过将精益管理与至善治理相结合进行项目改善，推进"减少浪费、降低成本"的生产经营管理模式，并持续推进"凡事彻底"和"五分之三行动"。

此外，在基于家文化的治理模式中，具有德性的领导者是关键角色。在中国的伦理关系中，父子关系是五伦中的"主轴"，五伦关系是中国伦理关系的源头和核心，因此父子关系是中国伦理关系中极为重要的环节，家长（父亲）由于其独特的伦理地位，是家庭治理的关键角色。因此对于企业而言，受中国传统文化影响，员工倾向于视领导者为"家长"，并在认知、情感与行为等层面受到领导者的显著影响。雷丁在考察了4个国家和地区的72位华裔商人后发现，受家长主义影响，与其他文化背景下的企业不同，华人企业的领导人、经理人，当然还有企业所有者，在不同程度上被员工或直接下属所依赖[1]。同时，领导者本身在企业中担任较为重要的职位，对员工的工作方式、培训机制、绩效评估、职位升迁以及职业发展规划等方面具有重要影响。

因此，对于受家文化影响深远的中国企业而言，领导者及其活动

---

[1] S.戈登·雷丁.华人的资本主义精神[M].谢婉莹, 译.上海：上海人民出版社，2009：133-134.

对企业的生存与发展有着特殊的重要意义[1]，领导者通过修炼自身德性，往往可以有效地积极影响企业治理过程。正所谓"其身正，不令而行；其身不正，虽令不从"（《论语·子路》），"为政以德，譬如北辰，居其所而众星拱之"（《论语·为政》）。特别是在受传统家文化影响较深的企业中，企业领导者往往有长期的儒家文化修身经历，他们通过榜样作用涵养全体员工的道德，提升员工心性、改善员工状态，为员工注入动力，激发组织活力，从而提升个体与企业之间的协同配合程度，将德行从领导者的个人特质外化成为组织德行[2]。

对此，固锝注重发挥领导者的榜样作用。例如，在"支部建在连队，学堂建在班组"机制中，定期评选"幸福领班"，以此激励基层领导者重视并践行人文价值。吴念博亲身践行人文关怀，他在企业内被称为"大家长"，认真回复员工短信，倾听员工的心事烦恼，亲自为所有员工九十度鞠躬，双手奉上慰问金，还给全体员工的父母写信。此外，他与现任董事长吴炆皜、总经理滕有西等公司领导，以及各部门负责人、志愿者共同迎接"第一班"的上班员工，探望慰问一线工作的员工等。同时，在道德教育上，吴念博担任固锝的"首席教育官"，通过带头参与学习班、"扫除道"等"身教"的形式，提升员工的道德水平。在社会公益方面，吴念博还兼任苏州市残疾人福利基金会副理事长、江苏省残疾人福利基金会荣誉副理事长，在慈善公益领域以身作则。

固锝基于家文化的至善治理模式如图5-2所示。

---

[1] 胡国栋，原理. 后现代主义视域中德性领导理论的本土建构及运行机制[J]. 管理学报，2017，14（08）：1114-1122+1133.

[2] 谷欣然，钱晨，晁罡. 德礼相辅：基于超家族主义的本土企业新型伦理机制研究[J]. 管理学季刊，2024，9（01）：79-102+129-130.

第五章　固锝：基于家文化的至善治理

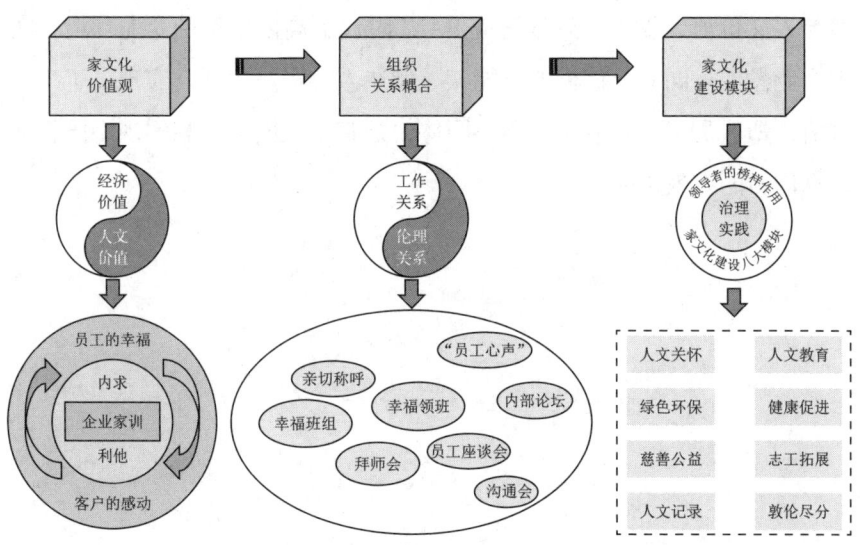

图 5-2　固锝基于家文化的至善治理模式

五、结语

　　作为中国传统文化的核心，中国家文化既在千年历史传承中，既成为中国人心理结构的重要组成部分，深深影响着当代企业治理实践，又因其所彰显的基于价值观的治理精神——以道德意识为核心、强调家长的积极影响、注重家庭和谐，以及强调多个职能协调运行的基本特征，成为中国当代企业治理创新的文化源泉。固锝以家文化为核心，通过耦合经济价值与人文价值的企业价值观，耦合工作关系与伦理关系的关系治理基础，以及构建涵盖人文关怀、人文教育、绿色环保、健康促进、慈善公益、志工拓展、人文记录、敦伦尽分这八大模块的治理实践体系，探索构建了以家文化为核心的"义利并重"的至善治理模式。基于家文化的至善治理模式突出价值观的引导作用，通过耦合企业的经济价值与人文价值，能够更好地适应 BANI 时代下高度动荡的企业环境，实现企业发展。同时，该模式还能兼顾创造人类美好生活、实现员工个体价值，塑造员工、企业、社会共同体，是基于共同体思想实现中国企业治理创新的有效进路。

第六章
天元：仁义文化与以孝治企

第六章　天元：仁义文化与以孝治企

一、孝道：基于家文化塑造组织共同体的基石

作为中国家文化的核心因素，孝道文化是完善个体人格、维系家庭稳定、实现家庭传承与发展的关键因素，是基于中国家文化塑造组织共同体的基石。如何将孝道文化嵌入现代企业治理过程中，基于孝道文化维持、巩固和发展组织共同体？在此方面，天元探索出了一条以孝治企的路径和模式。

天元创建于 1982 年，是一家主营业务包括家用电器销售、废旧电器回收无害化处理、新能源汽车销售和报废汽车回收处理等产业在内的多元化集团。自 2004 年尝试在企业治理中导入以孝道文化为核心的中华优秀传统文化开始，天元逐渐探索出了以孝道文化为核心，塑造、维持和发展组织共同体的企业治理模式。基于孝道治理模式，天元在经济效益和人文效益方面均获得巨大成功。

在经济效益方面，天元连续多年获得"山西省年度零售业 50 强"，多个事业部达到全年"零投诉"，近三年来连续年增长 50%，是全省唯一一家"中国家电流通行业百强"。天元旗下的阳泉天元家用电器有限责任公司曾连续三年获得海尔智家全国高端引领奖，2023 年 1—3 季度以 95% 增长率位居海尔全国销售联盟渠道 V58 客户榜首。在废旧电器回收无害化处理行业上，天元旗下的山西天元绿环科技股份有限公司（以下简称天元绿环科技）与京东、美的等集团开展多项合作，并获得"2023 海尔智家再循环产业卓越绿色供应商"。据统计，天元绿环科技 2023 年回收处置废旧家电 30314 吨，回收数量份额占山西省合规合法拆解回收总量的 63%。在新能源汽车事业部方面，天元比亚迪恒瑞 4S 店连续多年获得全国"比亚迪汽车售后金牌服务店"，是山西省唯一一家五星级服务店，并创造了"零投诉"纪录，长治四合店通过实施孝道治理模式短短一年时间，以 985.5 分获得"五星级服务店"荣誉，截至

目前，包括阳泉恒瑞店、长治四合店、大同骏驰店等均获得"五星级服务店"称号。

同时，天元基于孝道治理模式在人文关怀上也取得了巨大成功，并成为目前中国新儒商企业的杰出代表。2019年，天元文化走进世界商业伦理（北京）大会，创始人李景春连续多年走进"全国新儒商年会"并作主题报告。2023年，天元主办的"2023新儒商智慧系列传习班（第四站）天元班"得到来自全国各地的新儒商团体、企业家和高管们的一致好评，并成为山西省首批"健康生活·幸福企业"试点单位。截至目前，天元陆续接待大量包括清华大学在内的全国各大高校研究团队、著名企业、社会公益组织等组织的调研访谈，天元孝道治理模式已经得到全国范围内的广泛认可和学习。此外，基于孝道治理模式的成功，创始人李景春、董事局主席魏艾玲所在家庭先后获得"第八届全国五好文明家庭""全国最美家庭"。同时，李景春还曾获山西省当代儒学研究会"儒商功德奖""博鳌儒商标杆人物"，并入选中国管理科学研究院颁发的"儒学领域智库专家"和"中管智库名人录"等名单。

现代企业在塑造组织共同体的过程中，需要塑造成员精神层面上对企业的认同感和归属感，并实现共同体意识及其基础上的共同体式体系模式的传承与发展。组织共同体的形成既需要企业通过薪酬、福利、津贴等物质激励，强化成员基于雇佣关系的组织认同，更需要运用情感、价值等因素的凝聚功能，培养成员对企业价值观的认同、忠诚，形成成员与企业之间的心理契约，建立成员与企业之间的心理联系。在此过程中，基于情感、价值认同的心理联系能够塑造成员深层次的组织认同，同时与基于雇佣关系的组织认同相互强化，进而维持组织共同体的动态均衡，并将员工的智力资本转化为企业具有竞争力的战略资源。

麦肯锡一项研究表明，那些花费数年时间通过投资于人来建立忠诚、善意和创新能力储备的组织，可能在关键时刻有更多的内部资源可以利用[1]。同时，以成员与企业的共同体为核心的治理模式需要通过共同体意识的长期传承与发展，将企业围绕共同体获得战略资源转化为企业的长期竞争优势。未能超越短期性、经济性、交换性的物质激励，以及无法延续发展已经形成的共同体意识，是共同体式治理难以发挥长期效果的重要原因。因此，在新商业文明中探索塑造共同体式治理模式，需要在以人为本的基础上有效培养成员对企业文化、价值观的深层次认同，并以此为核心塑造和巩固组织共同体，以及在此过程中实现共同体意识及其基础上的共同体式治理模式的延续、传承与发展，从而维持、巩固和发展企业基于共同体的长期竞争优势。对照天元多年来的治理实践，从天元塑造形成的深层、稳定、长期的组织共同体与经营成果来看，天元基于孝道文化的企业治理模式对我们完善共同体式治理体系具有重要启发。

自2004年在企业治理中导入中国传统孝道文化，天元逐渐探索形成了基于儒家仁义观的孝道治理模式。对于天元而言，企业治理的"道"就是孝道文化，天元提出："孝为德之本，百善孝为先。公司践行国学经典中孝悌文化的思想精华，从点滴之处弘扬孝道，无论是社会责任还是家庭和睦都让我们学会了更多的爱，大孝治国，中孝治企，小孝治家。"在此过程中，天元基于孝道文化的治理模式实现了组织共同体的长期稳定，并在此过程中有效提升了治理水平和经营绩效，体现出共同体式治理对于中国现代企业经营的长期价值。

本章对天元的孝道治理模式进行理论挖掘，从天元基于中国传统孝

---

[1] Performance through people: transforming human capital into competitive advantage [R]. McKinsey Global Institute，2023.

道文化的现代企业治理实践出发，探索孝道文化嵌入现代企业治理过程的实践模式，并抽象出以"价值基础—核心框架—传承机制"为逻辑进路的天元孝道治理模式。研究发现，天元在仁义观的价值基础下，以孝悌之心作为企业治理的核心，形成了包括"四用""五看""六法则""八心""十修在当下"在内的核心价值观体系，以及关爱员工"四代（袋）"的核心理念。进而天元通过将"敬""忠"作为治理中的关键美德，并将其与企业经济活动结合起来，以及领导者践行孝道、制定正式的制度规范等方式，形成孝道治理模式的核心框架。最后，天元基于"关爱上一代"和"关爱下一代"的基本理念塑造企业内部传承机制，并通过多种方式促进孝道文化在社会层面上的传承。天元基于仁义观的孝道治理模式表明，孝道文化在基于家文化的治理体系中，对于提高企业成员的精神道德水平，从而塑造以孝悌为本、现代企业治理理念为用的治理逻辑，进而塑造、强化组织共同体和实现治理模式传承与发展等方面具有重要意义，并可以通过文化、精神传承等进一步巩固孝道治理模式，并在社会范围内产生积极影响。本章通过对天元孝道治理经验的案例分析，探索构建了通过将孝道文化嵌入企业治理，塑造长期稳定且不断发展的组织共同体的过程，是立足中国经验，扎根中国情境，建构具有中国风格、中国气派，体现义利并重的组织共同体理论的一种探索性尝试。

二、孝道：中国传统治理体系的价值基石

孝道文化是中国社会中的重要文化价值观，并在历史发展中体现出丰富的内涵。"孝"是指家庭中子女善待父母，属于中国家庭伦理中的一部分，后"孝"与"悌"经中国"家国同构"逻辑而推广延伸到社会、国家层面，与"忠""顺"存在紧密联系，"以孝事君则忠，以敬事长则顺""君子之事亲孝，故忠可移于君。事兄悌，故顺可移于

长"(《孝经》)。在自家庭推广到国家层面的过程中,"孝"本身的内涵也发生了变化。在《孝经》中,孝的内涵从家庭中子女对父母的孝推广到天子、诸侯、卿大夫、士、庶人之孝。其中天子之孝是指"爱敬尽于事亲,而德教加于百姓,刑于四海";诸侯之孝是指"富贵不离其身,然后能保其社稷,而和其民人";卿大夫之孝是指"非法不言,非道不行。口无择言,身无择行,言满天下无口过,行满天下无怨恶。三者备矣,然后能守其宗庙";士人之孝是指"忠顺不失,以事其上,然后能保其禄位,而守其祭祀";庶人之孝是指"用天之道,分地之利,谨身节用,以养父母"。可以看出,在中国传统文化中,"孝"经由家庭推广到国家,从而成为中华文化中涵盖范围广、概念内涵丰富的重要概念。

作为中国家文化的核心,孝道文化是中华优秀传统文化中的关键组成部分。中华优秀传统文化是以家文化为核心的文化体系,孝道文化则是家文化的核心。中国家文化是承载了中国传统家庭观、家族观的细分文化,在中国家文化的形成和发展过程中,孝道逐渐成为中国家文化的核心。在中国传统家庭的形成和发展过程中,作为家长的男性长辈具有极高的权威,即"家长主义"的价值观,同时在此基础上,夫妻与子女等家庭成员之间在人文、教育、生产、经济等方面相互依赖,父母有抚养子女的义务,子女有奉养父母的责任,在此基础上,孝的意识也就随之产生了[1]。在中国家文化的发展过程中,为了维持家庭组织秩序的稳定性,以及以家庭为中心向外拓展的国家的稳定性,需要建立一种一般化的伦理规范并使其合理化,孝道也就逐渐成为中国家庭伦理乃至社会伦理制度中最重要的观念[2]。在此过程中,孝道作为维系家庭伦理纲常

---

[1] 杜振吉.儒家孝的思想与当代家庭道德建设[J].道德与文明,2005(01):62-65.
[2] 汤一介."孝"作为家庭伦理的意义[J].北京大学学报(哲学社会科学版),2009,46(04):11-13.

的关键概念，逐渐被制度化为一种自家庭以至国家的伦理规范，并通过《论语》《礼记》《孟子》《中庸》等经典古籍，"二十四孝图""百孝图"《孝子传》等艺术作品，乃至专门讲解孝道的《孝经》，孝道逐渐成为小至基本家庭单位，大至整个社会、国家层面上的核心文化之一。因此，孝道文化在以家文化为核心的中国传统文化中的地位逐渐上升，对此，钱穆则称中国文化为"孝的文化"[1]。

孝道文化在发展过程中，成为中国道德体系中的重要价值观。孝道在发展为中国伦理规范中的重要观念过程中，获得了其在哲理上的根据[2]，进而基于其在家庭伦理中的重要地位，成为中国道德体系中的重要观念。对于孝在中国道德体系中的地位，由于孝的观念生发于家庭中父母与子女的伦理关系，对此，汤一介认为，"孝"作为一种家庭伦理的哲理根据就是孔子的"仁学"。《孝经》则进一步将其拔高到"德之本"，"夫孝，德之本也，教之所由生也"，"夫孝，天之经也，地之义也，民之行也"。（《孝经》）。尽管孝道文化是否可以作为"德之本""天之经"可能存在疑问，但其作为中国道德体系中的重要观念是毋庸置疑的。对于孝与仁之间的关系而言，孝是个体认识和实践仁的基础概念，仁的实践以孝为基础，用朱子的话说，孝是仁本这一大江大河源头流经的"第一个塘子"[3]。因为仁的本义是亲爱，而亲爱始于对父母双亲之爱，此爱落实在行为即是孝，落实在兄弟即是悌[4]。因此儒家认为，

---

[1] 三十年十一月重庆大公报星期论文，转引自梁漱溟. 中国文化要义[M]. 上海：上海人民出版社，2005：23.

[2] 汤一介. "孝"作为家庭伦理的意义[J]. 北京大学学报（哲学社会科学版），2009，46（04）：11-13.

[3] 曾振宇. 论先秦儒家思想中的"孝本论"与"仁本论"[J]. 哲学研究，2019（11）：38-46+126-127.

[4] 陈来. 仁学本体论[M]. 北京：生活·读书·新知三联书店，2014：103.

"孝悌"是"仁之本",一个人要实践"仁"的德性,应当先讲求"孝悌""笃于亲",再论及其他[1]。

作为中国道德体系中的重要价值观,孝道文化发展成为中国治理体系中的重要基础。中国自古以来崇尚德治,德治是指通过道德实现治理效果,如"道之以政,齐之以刑,民免而无耻。道之以德,齐之以礼,有耻且格"(《论语·为政》)。在通过道德进行治理的过程中,对个体精神、人格的塑造和教化至关重要,孝道作为与"仁"之间的紧密联系,自然成为道德治理的重要基础。具体来说,在中国治理理念中,治理的最高规定是"平天下"。"平天下"是由"修身、齐家"推广而来,"修身"主要指的是个体通过学习、内化和实践以"仁"为核心的道德体系,实现个体道德水平的提升,"齐家"则是在"修身"的基础上实现家庭的和谐稳定。在此过程中,孝道作为"仁"的基础性概念,无疑是"修身"的重要基础,同时孝道作为维持家庭秩序稳定的关键,亦为"齐家"的应有之义与建构之道。因此在"修身""齐家"到"治国""平天下"的过程中,孝道也就逐渐从家庭稳定的基石发展为维持社会、国家秩序的基石,成为实现最高治理水平的基础,即"人人亲其亲,长其长,而天下平"(《孟子·离娄上》)。因此在中国以道德为核心的治理体系中,作为家庭内部至关重要的安定性因素,"孝敬"成为维护家庭结构,进而维护国家稳定的保证[2]。换句话说,在治理上,崇尚"德治"的中国可以说是亦主张"以孝治天下"。

在孝道成为中国治理体系重要基石的过程中,主要通过三方面发挥作用。第一,孝道作为修身过程中的核心,可以帮助完善个体人格。孝

---

[1] 黄光国. 儒家关系主义——文化反思与典范重建 [M]. 北京:北京大学出版社,2006:44.
[2] S. 戈登·雷丁. 华人的资本主义精神 [M]. 谢婉莹,译. 上海:上海人民出版社,2009:48,46.

道是对子女善待父母的具体规定，指向家庭中父母与子女之间的自然情感，进而在以情为核心的"仁"以及以"仁"为核心的道德体系中成为核心概念，所谓"道始于情"（《性自命出》），孝道也就成为个体修身的核心。个体通过学习孝道，可以提高自身道德修养，完善个体人格。第二，孝道作为维持家庭伦理关系的基石，可以帮助实现家庭稳定。在中国的家庭伦理关系中，父子之间的关系乃至父母与子女之间的关系是核心，孝道则是对上述关系中各自角色涉及的心理认知、情感取向、行为准则等的具体规定，如"今之孝者，是谓能养，至于犬马，皆能有养。不敬，何以别乎？"（《论语·为政》），"善事父母为孝"（《尔雅》），"子爱利亲谓之孝"（《新书·道术》），"生，事之以礼；死，葬之以礼，祭之以礼"（《论语·为政》）。通过规定家庭中的核心伦理关系，孝道有助于规范家庭中的伦理关系，维持家庭组织的稳定。第三，孝道基于"修齐治平"逻辑推广到社会国家治理中，有助于实现社会和国家稳定。中国道德体系主张"家国同构"，将家庭治理的核心理念推广到社会国家治理实践中，在此过程中，"孝""悌"与"忠""顺"联系起来，并得到了内涵上的极大丰富，如《孝经》中提到的天子、诸侯、卿大夫、士、庶人之孝，并进一步基于其与"仁"的紧密联系扩大到社会伦理中。通过在社会国家层面上的内涵延伸和制度化，孝道可以规范君臣、朋友等关系，人才选拔机制，基本家庭单位的结构、模式、实践及其与社会国家的关系等，进而成为礼治秩序的重要基础，有助于实现社会和国家稳定。

总的来看，"孝"作为始于中国传统家庭伦理关系中的重要观念，经由"修身、齐家、治国、平天下"的推广逻辑泛化为中国传统文化中的重要观念。作为中国传统文化中的重要观念，孝道在以"仁"为核心的中国道德体系中发挥着基础性作用，是中国传统文化和传统道德的一个基本的、重要的内容,是道德行为的生长点,在调整人和人之间的道德关系、维护社会的稳定、提高人的道德素质方面,有着特殊的意义[1]。在此过程中,孝道围绕其在中国道德体系中的关键地位,在个体修身、家庭和谐、社会和国家稳定三个层面发挥作用,成为中国治理体系中的基石。

三、孝道文化与孝道治理机制

孝道文化作为中国治理体系中的基石,以稳定家庭和家族关系为核心展开,并体现出以仁义观为基础,以孝悌文化为核心。在此基础上,孝道文化在治理过程中主张在孝悌的基础上,经过"家国同构"逻辑实现发展,进而在治理过程中体现出以孝、悌、敬、忠、顺为关键美德,重视领导者孝行实践,以及重视礼乐教化的规范作用等特征。最后,孝道文化通过构建起与先辈之间的情感与精神联系,进而形成了贯穿整个家庭和家族传承的文化纽带。

(一)基于仁义观的孝悌文化

基于孝道的企业治理以围绕横向和纵向关系的仁义观为基础。一方面,孝道文化的核心是基于父母与子女之间的亲密关系,这种亲密关系以双方的情感联系、情感认同为基础,而这种以亲子关系中的情感为核心的特征,正是仁爱思想的核心。仁爱思想以家庭伦理关系中的爱推广到对其他人的爱,"仁者,人也,亲亲为大"(《中庸》),正是基于仁爱思想与孝道之间的紧密联系,汤一介指出,"孝"作为一种家庭伦理的哲学根据就是孔子的"仁学",孝道文化的本质属性是"仁爱",是基

---

[1] 罗国杰."孝"与中国传统文化和传统道德[J].道德与文明,2003(03):78-79.

于孔子"仁学"的"爱"不断释放的过程[1]。此外,在中国传统文化中,"孝"常与"悌"并举,"圣人训,守孝悌"(《弟子规》),同时谈孝悌,是中国孝道文化的核心特征。其中,"孝"是子女对父母的关爱、回报,侧重组织中上下级关系之间的爱;"悌"是兄弟姐妹之间的友爱,侧重组织中同级别同辈分关系之间的爱。孝悌并举,指的是家庭伦理中纵向关系和横向关系的仁爱取向,因此孝悌往往被视为一切善言美行的基础,也是一切仁政德治的首务,二帝三王(二帝是指尧、舜二帝,三王是指夏、商、周三代之王),皆以此为根本要务;三事五常(三事即三德,指正德、利用、厚生;五常是指仁、义、礼、智、信。),都由此而发挥开来[2]。因此,尽管仁的理念并不限于孝悌,但不能脱离以孝悌作为仁之基础的基本逻辑,即仁以孝悌为基础,并由此而向外扩展,由孝亲而爱人,由爱人而爱物[3]。同时如前文所说,中国治理体系主张以道德为核心进行治理,仁爱的思想是治理的核心价值观,如"为政以德"(《论语·为政》),"王何必曰利?亦有仁义而已矣"(《孟子·梁惠王上》),"先王有不忍人之心,斯有不忍人之政矣"(《孟子·公孙丑上》)。因此在治理上,孝悌通过其本身及其在更大范围上的拓展,涵盖了基于仁爱的纵向关系与横向关系,进而使得从人人之孝悌于其家庭,就使天下自然得其治理,故为君上者莫若率天下以孝[4]。

另一方面,孝道文化在治理过程中以仁爱为基础,并注重情境化

---

[1] 汤一介. "孝"作为家庭伦理的意义[J]. 北京大学学报(哲学社会科学版), 2009, 46(04): 11-13.

[2] 舒大刚. 孝悌:中华文化的基本特征略论[J]. 四川大学学报(哲学社会科学版), 2013(05): 45-52.

[3] 王中江, 李存山. 中国儒学(第十七辑)[M]. 北京:中国社会科学出版社, 2022: 287.

[4] 梁漱溟. 中国文化要义[M]. 上海:上海人民出版社, 2005: 76.

的道德实践。孝道文化虽然以亲子关系的情感关爱为基础,重视子女对父母的恭敬,但并不主张无限度的顺从和愚孝,孝道文化中对父母的"仁爱"是视具体情境而实践的,这源自儒家"义"的理念。在儒家伦理中,仁爱思想的实践是根据"天理""道义"和具体情境而言的,《新书》对其解释道:"仁行出于德,故曰:仁者,德之出也。德生理,理立而有宜,适之谓义。"(《新书·道德说》)。因此仁爱思想需要通过"义"的"理""宜"属性进行实践,以"义"执行"仁",既要对照"理",又要做到权变,"义"不是完全依据明确的方针,而是具体情境下对"仁"的适宜反映,并更注重外向性的道德践履[1],这也正符合朱子的诠释,即"义者,仁之断也"(《朱子语类·卷九十四》)。因此,"义"的智慧本质上就是对如何在具体情境下通过道德行为践行"仁"的思考,儒家的仁义观也就可以理解为"居仁由义"的基本逻辑。孝道文化正是围绕家庭中亲子关系实践"居仁由义"基本逻辑的体现,主张情境化的思索和探讨父母与子女间的亲密关系,并以双方德性的提升为目标。因此孝道文化主张在爱亲的同时,必须考虑实际情境,当父母、上级有不恰当的言行时应该予以纠正,而不是选择盲目的爱亲,"故当不义,则子不可以不争于父,臣不可以不争于君。故当不义,则争之,从父之令,又焉得为孝乎?"(《孝经》)。对此,杜维明指出,在中国的传统中,孩子不但要对父亲尽孝,而且要"谏",谏就是对父亲尽言责,希望他变得更好[2]。正是在这种情境化、情理化的实践过程中,孝道文化才得以完整,在"亲亲"的同时做到"居仁由义",进而也彰显出儒家孝道是提升亲子双方之善的德性的品质特征,若是在实践孝道文化中

---

[1] 陈晨捷. 论先秦儒家"仁义礼"三位一体的思想体系[J]. 孔子研究,2010(02):41-50.

[2] 杜维明. 现代精神与儒家传统[M]. 北京:生活·读书·新知三联书店,1997:144.

子女对父母的过错听之任之，缺乏了仁义的实践导向，最终只会带来更大的伤害[1]。

总的来看，孝道文化体现出与仁义观相互促进的基本特征。孝道文化作为实践"居仁由义"逻辑的重要体现，也反过来促进和增强了亲子关系的情感关怀取向。孝道文化从生命本身的角度出发，将基于亲子的自然情感的孝道与天理、道理联系起来，即"夫孝，天之经也，地之义也，民之行也"（孝经）。使得在身体力行地实践围绕亲子关系的仁爱理念过程中，个体会产生对生命初始的自然情感的极度重视，从而使得孝道不仅具有伦理规范意义上的约束性，同时也激发了个体自我意识的反思与提升。对此，李泽厚指出，由于与尊重生命本身的根本观念直接攸关，亲子情（父慈子孝）不仅具有巩固社会结构（由家及国）的作用，而且在文化心理上也培育了人情至上（非圣爱至上）的特征[2]。因此，孝道文化通过主张治理过程中围绕亲子关系的仁爱理念，反过来增强了个体对道德意识和对情感联结的重视和认可。

（二）基于孝道文化的治理机制

基于孝道的治理主张通过多种方式实现。首先，孝道治理的关键是对仁爱思想进行延伸，进而符合治理需求。孝道治理以仁爱思想为核心，但为了更好地达到治理效果，需要在仁爱的基础上对其内涵进行延伸和拓展。在爱亲的基础上，孝道思想强调敬亲的重要性，人对父母的孝，重要的在于"敬"，即对于父母尊敬的态度，而不只是表面做出行为，在日常生活中，"敬"也常与"孝"字并提，即"孝敬"。一方面，"敬"是孝道文化的自然延伸。"敬"是在仁爱的基础上发展来的，虽然

---

[1] 金小燕，傅永军.谏亲：儒家孝道的"实践智慧"[J].理论学刊，2015（05）：61-68.
[2] 李泽厚.人类学历史本体论（上卷）[M].北京：人民文学出版社，2019：47.

"爱"和"敬"都发自内心,但"爱"是"敬"的前提[1]。因此在某种意义上,"爱""敬"为体,由爱亲、敬亲的态度自然表达出各种孝敬父母的行为,才真正做到了孝,"不敬,何以别乎?"[2](《论语·为政》),"孝子之至,莫大乎尊亲"(《孟子·万章上》)。对此,曾国藩也指出:"修身以道,修道以人,修人以孝,修孝以敬。"。因此,作为一种内在的态度和品格,"敬"是孝悌的自然表达与延伸,"教以孝,所以敬天下之为人父者也;教以悌,所以敬天下之为人兄者也;教以臣,所以敬天下之为人君者也"(《孝经》)。

另一方面,"敬"是孝道文化实现治理效果的关键之一。爱亲是指对父母的关爱,对应"亲亲",敬亲是指对父母的尊敬,对应"尊尊","亲亲"为"尊尊"提供基础和前提,"尊尊"进一步塑造和巩固家庭组织中的结构与秩序。夏朝侧重亲而不尊,其结果是"其民之敝,惷而愚,乔而野,朴而不文";殷朝侧重尊而不亲,其结果则是"其民之敝。荡而不静,胜而无耻"。只有做到"亲亲"而"尊尊",才能达到"安而敬,威而爱,富而有礼,惠而能散",从而达到治理的最佳状态。对此,刘丰指出,中国治理理念主张将"教"和"养"、"亲亲"和"尊尊"二者完全结合起来,通过"亲亲"和"尊尊"实现对群体的教化和养护,这样才能真正成为"民之父母"[3],进而实现以亲子关系为核心的孝道文化在治理上的主张,达到治理效果。即"敬"的重要性在于其在仁爱的基础上塑造了组织秩序,完善了孝道文化的教化功能,同时治理者通过"敬"也可以获得认可,并使他人高兴喜悦,从而能够达到

---

[1] 汤一介."孝"作为家庭伦理的意义[J].北京大学学报(哲学社会科学版),2009,46(04):11-13.

[2] 陈来.儒家美德论[M].北京:生活·读书·新知三联书店,2019:379.

[3] 刘丰.经典与意义:礼与早期儒学的衍变[M].北京:中国社会科学出版社,2022:162.

"顺民"的治理效果，即"所敬者寡，而悦者众，此之谓要道也"(《孝经》)。因此，只有在孝悌爱人的基础上做到敬亲，才能完整地做到以孝道文化教化家庭成员，实现维持家庭组织秩序的治理功能。

在"亲""敬"之外，孝道文化在基于"家国同构"逻辑向外拓展的过程中，也获得了新的内涵，即"忠"和"顺"，为家庭之外的组织治理提供了基本理念。其中"忠"是指忠诚，"顺"是指恭顺、敬顺，"忠"与"顺"是孝道文化在家庭之外拓展治理逻辑的关键概念，"君子之事亲孝，故忠可移于君；事兄悌，故顺可移于长；居家理，故治可移于官"(《孝经》)。一方面，在中国的治理理念中，忠诚的指向不仅限于对管理者、领导者的忠，其精神实质可以被理解为一种奉献精神，因为"孝"内含着"忠"之精神实质，即尽己奉献精神，在家对父母竭尽全力，尽心奉献，那么在社会上肯定会忠于国家社稷，忠于君主，忠于事业[1]，做到"君使臣以礼，臣事君以忠"(《论语·八佾》)，"君子之事上也，进思尽忠，退思补过，将顺其美，匡救其恶，故上下能相亲也"(《孝经》)，并不断反思"为人谋而不忠乎"(《论语·学而》)。正是由于忠诚内涵的个人的尽己奉献精神，主要功能在于通过规范人与人等主体间，以及人与组织实体、组织文化等机构和精神等要素之间的奉献关系，教化塑造个人对管理者、组织以及组织信仰和目标的忠诚，在基于孝道的治理实践中可以实现激励效果，激励个人发挥潜能，全身心投入到组织发展事业上，在维持治理秩序的同时聚合个体目标与组织目标。另一方面，"顺"作为由"悌"延伸发展来的概念，是孝道文化的关键之一，在家庭内指向父母长辈，常与"孝"字并提，即"孝顺"，在家庭外指向上级长辈，主要功能在于通过规范下级对上级等主体间的恭

---

[1] 肖群忠.孝与中国文化[M].北京：人民出版社，2001：252.

顺、敬顺，维持组织秩序，达到和谐稳定的治理效果，即"长幼顺，故上下治"(《孝经》)。

此外，"忠""顺"作为由孝悌延伸发展来的关键理念，既以双方德性的提升为目标，不仅要求下级应该做到"忠""顺"，还要求上级以义理为标准，最终做到"父慈、子孝、兄良、弟悌、夫义、妇听、长惠、幼顺、君仁、臣忠"。同时，"忠""顺"也应该主张根据治理面临的具体问题进行权变，在仁义观的基础上强调忠诚、恭顺应该符合天理道义和实践情境，而非愚忠和绝对的"无违"、逆来顺受等，"上顺下笃，人之中行也；从道不从君，从义不从父，人之大行也"(《荀子·子道》)。因此，在孝悌的基础上，孝道文化发展出"忠""顺"的概念，通过规范人与人、人与组织机构及其精神信仰等方面，以忠诚奉献、恭顺、敬顺等态度和行为为核心的伦理标准，塑造维持治理过程中的和谐秩序并实现对个人的激励效果，促进个人目标融入组织发展。

其次，领导者亲身实践孝行是实现孝道治理的重要机制。在孝道文化背景下，领导者往往被视为父母角色的延伸，从而在家庭之外的组织治理过程中被寄予厚望，"《诗》云：'恺悌君子，民之父母。'非至德，其孰能顺民如此其大者乎？"(《孝经》)。因此，领导者孝行在基于孝道文化的治理过程中具有重要作用。一方面，领导者的孝行是促进孝道文化嵌入和教化员工的重要机制。基于孝道的治理过程主张领导者必须首先做到以身作则，通过亲身实践孝行发挥榜样作用，并以此获得认可，从而达到治理效果，"爱敬尽于事亲，而德教加于百姓，刑于四海"，"君子之教以孝也，非家至而日见之也"(《孝经》)。在此过程中，领导者亲身实践孝行是教化员工实践孝行的重要保障，只有当领导者以身作则孝顺尊敬自己的父母，尊敬忠诚于自己的上级，下属才能做到孝顺尊敬他们的父母，以及尊敬忠诚于领导者自己。对此，张践指出，孝道文化不仅基于血缘亲情，也符合于社会生活中的基本逻辑[1]。

另一方面，领导者通过亲身实践孝行，可以实现个人道德品质的极大提升，从而围绕道德为核心实现治理效果。孝道作为"仁"的理念的基础，是中国道德体系的基石，孝不仅是行孝，更是人的内心状态，是其德性的表现，体现了孔子的德行论开始向着注重内心德性的方向发展，如孔子谈道："父母之年，不可不知也。一则以喜，一则以惧。"[2]（《论语·里仁》）同时作为主张知行合一的道德体系，道德品质的提升与个体的道德实践密不可分，因此在以孝为基础的德性修炼过程中，孝行的重要性便凸显出来，是个体获得和提升德性的关键机制。对此，《孝经》把孝行视为将至德与要道串联起来的关键因素，即一个人的德性是通过孝行建立起来的，在这一建立过程中，个人会自然而然地具备了治理天下的能力[3]。因此在基于孝道文化的治理过程中，领导者孝行通过基于榜样作用教化员工，以及通过知行合一逻辑提升自身道德水平的核心机制，促进实现治理效果。

最后，基于孝道的礼乐制度是实现孝道治理的保障机制。基于孝道的治理过程强调礼乐教化，主张通过创造基于孝道的道德精神和伦理规范，用以引导个体品格，规范个体言行。"礼"最初的含义包含非正式的风俗、习惯，之后则转变为一套规范、准则、仪节体系，可以作为道德的标准、教化的手段、是非的准则，并兼具法规和亲和的功能[4]。一方面，孝道文化需要通过礼乐的形式来塑造和维持。中国传统文化特别注重礼乐的教化功能，认为通过礼乐的外在规范可以塑造个体的精神观

---

[1] 张践.儒家孝道观的形成与演变[J].中国哲学史，2000（03）：74-79.
[2] 陈来.儒家美德论[M].北京：生活·读书·新知三联书店，2019：380.
[3] 方朝晖.孝治与社会自治——以《孝经》为例[J].哲学研究，2018（11）：59-69.
[4] 陈来.儒家"礼"的观念与现代世界[J].孔子研究，2001（01）：4-12.

念和群体的伦理观念。在此过程中，礼乐通过教导个体践行孝道的道德标准和基本原则，可以塑造和强化个体对孝道文化基本主张如养亲、敬亲、尊亲、谏亲等的认识和践行，通过制度规范的形式塑造和维持孝道文化，进而促进实现基于孝道文化的治理效果，"移风易俗，莫善于乐。安上治民，莫善于礼"（《孝经》）。另一方面，礼乐以孝道文化为基础。礼乐制度以父子伦理关系为基础，通过规范父子关系塑造家庭秩序，并推而广之成为社会、国家治理的规范体系。因此，礼乐文化首先出于亲子伦理关系又用于亲子伦理关系，并在其彰显的道德精神、伦理规范下成为以孝道为核心塑造组织秩序的重要手段，对此，梁漱溟指出，中国首先注重家人父子间的关系，而映于心目者无非彼此之情与义，愈敦厚愈好，进而走向礼乐教化，并以其明示理想所尚，而组织秩序即从以其定[1]。总的来看，孝道文化与礼乐之间存在双向的内在关系，孝道文化需要礼乐予以维持，同时又充当礼乐的基础内涵，通过基于孝道文化的礼乐制度规范治理过程中不同地位的双方主体及其相互关系，可以塑造、强化孝道文化的组织合法性以及基于孝道的个体认知、情感与行为取向，从而稳定组织秩序，达到治理效果。

（三）孝道文化的传承与发展

基于孝道文化的治理关注传承的重要性。孝道文化不仅主张存在于世的亲子之间的关爱、尊敬，同时还关注对已经过世的父母的孝，即对父母的丧礼和祭祀。其中，丧礼与祭祀同属于对先辈的孝道，在具体内容和形式上存在一定差别，"祭祀主敬，丧事主哀"（《礼记·少仪》），在逻辑承接上则体现为"祭为丧之继续"[2]，即"生则养，没则丧，丧毕

---

[1] 梁漱溟. 中国文化要义[M]. 上海：上海人民出版社，2005：108.

[2] 李景林. 儒家的丧祭理论与终极关怀[J]. 中国社会科学，2004（02）：109-119+206-207.

则祭"(《礼记·祭统》)。总体来看,丧礼和祭祀包括一定的心理感受、生活习俗和礼节惯例等内容,《孝经》中将其相关的礼节阐述为"孝子之丧亲也,哭不偯,礼无容,言不文,服美不安,闻乐不乐,食旨不甘。此哀戚之情也。三日而食,教民无以死伤生,毁不灭性。此圣人之政也。丧不过三年,示民有终也。为之棺椁衣衾,而举之;陈其簠簋,而哀戚之;擗踊哭泣,哀以送之;卜其宅兆,而安措之;为之宗庙,以鬼享之;春秋祭祀,以时思之"。此外,《礼记》中专门就自始死、小敛、大敛到殡葬时期的丧服、安置、奔丧、问丧等丧礼,以及祭法、祭义、祭统等礼节内容进行了详细阐述,朱熹在其所著的《家礼》中也详细列举了有关丧礼的21种礼节,并专门著《祭礼》一书。

因此,孝道文化不仅包括爱亲、敬亲、谏亲等内容,还包括通过丧礼和祭祀,传达和寄托对已经过世的父母的缅怀哀思,并通过各种礼节践行居丧、祭奠、安置等内容,即"生,事之以礼;死,葬之以礼,祭之以礼"(《论语·为政》),对此,《孝经》也指出:"生事爱敬,死事哀戚,生民之本尽矣,死生之义备矣,孝子之事亲终矣。"即只有做到既在父母在世时爱亲、敬亲,也做到在父母去世之后通过丧礼、祭祀等方式缅怀并为其料理后事,才可以称得上是孝敬父母。对此,有学者指出,孔子的孝道在养亲、敬亲、谏亲之外,还包括慎终追远,"慎终"是指按照丧礼慎重办理父母丧事;"追远"指春秋祭祀,以示对祖先的怀念和追思,"慎终"与"追远",构成了孝道社会化仪式的两大原则[1]。

孝道文化通过关注丧礼和祭祀获得完整,使其不仅有助于个体成长和组织秩序,还能作用于家庭精神,实现家庭继承。孝道文化的核心不在于外在的孝敬表现和各种礼节,而是人内心尊敬父母的态度和意识,

---

[1] 曾振宇."慎终追远"及其现代价值[N].光明日报,2023-04-01(11版).

即孝道文化不仅注重外在的德行，更注重内在的德性。人内心对父母的尊敬既包括通过爱亲、敬亲、谏亲以及丧礼和祭祀等表现出来，还包括通过内心真正的认可、学习和继承父母的原则志向等内容。因此，孝道文化不仅作为仁的基础，以一种塑造和完善自我意识的方式实现个体成长，即"夫孝，始于事亲，中于事君，终于立身"（《孝经》），以及通过强化家庭及其之外伦理关系所涉及的身份角色及其责任义务，维持了家庭及其相关组织的秩序，巩固了共同体意识，正如南恺时观察到，丧葬仪式使家族成员们清楚地意识到自己的亲人是谁，也是表达对亲人忠诚的一种具体方式，通过确保每个成员都知道自己在大家庭中的位置并表达忠诚，儒家丧礼的实践使大家族更为团结，并巩固了个人在大家庭中的身份乃至更大范围的私人关系[1]。同时孝道文化还是实现家庭延续的基础，即通过建构联系子女与上一代乃至祖先的精神纽带，孝道文化可以帮助实现家庭精神的延续，正如《大雅》云："无念尔祖，聿修厥德。"（《孝经》）在精神继承上，孝道文化关注通过恰当的道德规范塑造个体对上一代及祖先的认可、认同，"夫孝者，善继人之志，善述人之事者也"（《中庸》），即通过"追孝"继承先人的遗愿（志）、事功和经验（事），亦即"继序思不忘"（《诗经·周颂》）[2]。同时，继承上一代精神并不仅限于已去世的先人，对上一代日常生活中所体现出的志向进行观察和学习也是精神继承的重要方面，如"父在，观其志；父没，观其行；三年无改于父之道，可谓孝矣"（《论语·学而》），即主张在父亲活着的时候学习父亲的志向，父亲死后继承父亲处事管理的原则，不改变

---

[1] 南恺时. 中古中国的孝子和社会秩序[M]. 戴卫红，译. 北京：中国社会科学出版社，2021：192.

[2] 肖群忠. 孝与中国文化[M]. 北京：人民出版社，2001：17.

父亲制定的政策政令[1]。同时日常观察学习可以帮助子女更好地理解和记叙家庭精神，为上一代去世后如何继承其精神奠定坚实的基础和保障，如孔子弟子通过记述孔子生前言行而编写的《论语》。因此，孝道文化在对上一代乃至祖先的继承上涵盖了生前和身后，主张通过观察、学习和继承历代人的德性、精神、志向、事功和经验，实现代际间的家庭传承。

通过丧礼和祭祀，孝道文化在结果上实现了其作为家庭继承基础的文化使命，在内容上则体现出以人为本，以良知为核心的特征。丧礼祭祀过程的核心不在于对客观礼节的遵循，而在于人的良知，注重发自内心的自觉认同，"夫祭者，非物自外至者也，自中出，生于心也"（《礼记·祭统》），"祭礼，与其敬不足而礼有余也，不若礼不足而敬有余也"（《礼记·檀弓上》）。即使是对于客观存在的丧祭礼节，孝道文化也反对礼节仪文的绝对性，而是主张以个人的内心为最终依据，以此规范待执行的礼节，如《礼记》中指出，"祭不欲数，数则烦，烦则不敬"（《礼记·祭义》）。或者根据个人内心的具体理性、真实情况改变本应遵循的礼节，如孔子在回答宰我"三年之丧"的问题时回答道："汝安则为之。夫君子之居丧，食旨不甘，闻乐不乐，居处不安，故不为也。今汝安，则为之！"（《论语·阳货》）。

因此，孝道文化中丧礼和祭祀的关键在于人的内在自觉、认可，并以其为外在礼节的依据，从而塑造和强化个人对先辈精神、信仰等内容的认同和继承，实现家庭传承。此外，孝道文化通过丧葬本身的仪式表现出对人情特别是道德感情的重视，通过关注对人世生活的合理安排，在文与本、情与理等方面有其独到的见解，关乎人情、重视生者，又有

---

[1] 陈来. 儒家美德论 [M]. 北京：生活·读书·新知三联书店，2019：381.

主张毁不灭性、节哀顺变、务求中正[1]。同时，孝道文化通过丧葬仪式也向人们传达出"虽身死而精神尤在"的信念，家族香火的永恒延续和族类生命的无限传承，正是个人超越有限和死亡，使生命获得无限延伸意义的途径[2]。在此过程中，孝道文化又通过丧葬仪式激励在世之人重视自身德性、信仰等精神性因素，从而保证了经丧葬仪式传承下来的家庭精神的合理性，形成了家庭和家族精神传承的良性循环。总的来看，孝道文化通过丧葬仪式构建了涵盖人们生前到身后这一完整过程的系统体系，在促进个人道德成长、维持组织和谐秩序的同时，围绕继承家庭精神，通过以人们的良知为核心机制，促进了家庭传承的实现。

四、基于仁义观的天元孝道治理模式

孝道文化作为中国治理体系中的基石，对于完善个体人格、维持秩序稳定、塑造共同体意识并实现传承与发展等方面具有重要的启发和借鉴价值，是基于共同体思想实现当代中国企业治理创新的重要文化资源。

（一）天元孝道治理模式的价值基础

孝道文化基于"居仁由义"，以亲子关系间的孝与悌为核心，并体现出与仁义观之间相互促进的基本特征，基于孝道的治理模式主张以仁爱思想为价值基础。以仁爱为基础为企业治理注入了道德、情感因素，体现出对相关人员感觉、激情、感情和情绪等情感因素，以及对价值判断、道德准则、伦理规范等道德因素的关怀，从而提高治理相关人员在践行孝道文化中对道德情感、自然情感因素的重视和认可，增强相关人

---

[1] 原文出自陈以凤：《儒家丧祭之礼的人文精神》，载《孔子文化》季刊2020年第4期，总第42期，全文可参阅https://mp.weixin.qq.com/s/n73yB9bADHhgyvRxsV1xVA。

[2] 肖群忠.孝与中国文化[M].北京：人民出版社，2001：154.

员之间及其对企业的道德认同、价值认同以及情感认同。在此过程中，基于仁爱关系的孝道治理模式一方面实现了治理过程的道德性，进而通过价值判断和道德关怀，凸显出治理过程对"善"的追求，使治理本身在因果律之外追求对自然、他者及内在自我的关怀。另一方面则通过兼顾治理的艺术性及其与人性之审美结构的内在关联，可以极大地提升治理之于人的意义，使治理与人性之关系更加内聚和一致，使麦金太尔所提出的实践之外在利益及内在利益在人性的基础上获得统一[1]。此外，基于仁爱观的企业治理模式也有助于促进经济绩效的提升。在企业治理过程中，仁爱观通过促进实现相关人员基于道德的自省意识、道德监督意识、躬行意识等，约束治理过程中的不正当行为，避免治理过程中的代理问题等。以及通过促进相关人员的情感联系、关系认同和稳定，从而有利于将治理中执行的制度逻辑与个体认知联系起来，提高治理过程的合法性、效率和效果，并塑造和增强企业的共同体意识，从而促进治理水平的提升。

基于"居仁由义"的基本逻辑，以仁爱为价值基础的孝道治理模式，需要视实际治理情境权变地表现和实践出来，将其内涵的道德情感与经济理性相结合。企业治理实践同时还具有经济理性的效率需求，必须兼顾治理过程的科学性和理性，将企业成本、利润、绩效等纳入考量当中。因此，基于孝道的治理模式在强调仁爱的过程中，需要根据实际治理需求灵活变通，兼顾仁爱导向与经济理性。如当治理过程中存在任人唯亲、搞"小山头"、关系锁定等现象，从而损害企业整体利益、降低治理效率等非理性行为时，基于仁爱导向的孝道治理模式应该主张鼓

---

[1] 胡国栋. 管理范式的后现代审视与本土化研究［M］. 北京：中国人民大学出版社，2017：144，146-147.

励下级积极建言，帮助上级完善决策和实施行动，提高治理实践的合理性和正当性。

在基于孝道的企业治理中，天元以孝悌之心为核心培养仁爱导向。在此过程中，天元以孝亲尊师为基础，打造了孝道治理的核心价值观文化体系，包括"四用""五看""六法则""八心""十修在当下"。其中"四用"是指用良知唤醒人，用仁爱感化人，用礼法规范人，用道德关怀人。"五看"包括"仁义礼智信"五个维度，"仁"，即看善待员工、孝悌文化、人文关怀、仁爱感恩。"义"，即看员工收入、社会保险、慈善公益、见利思义。"礼"，即看尊重员工、宽容平等、培训学习、民主管理。"智"，即看带出团队、成长员工、创造价值、科学发展。"信"，即看儒商道德、诚实守信、品牌价值、社会贡献。"六法则"是指德善学习、人文之家、慈善公益、义工行动、积德累功、敦伦尽分。"八心"是指谦德之心、信任之心、平常之心、利他之心、正直之心、向善之心、担当之心、为师之心。"十修在当下"是指当下在、当下爱、当下行、当下转念、当下接纳、当下幸福、当下内观、当下唤醒、当下改错、当下觉照。此外，在"四用""五看""六法则""八心""十修在当下"的文化体系下，天元提出关爱员工"四代（袋）"的核心理念，"四代（袋）"即脑袋、口袋、上一代、下一代。天元孝道治理的核心价值观体系如表6-1所示。在"四用""五看""六法则""八心""十修在当下"的基础上，天元提出关爱员工"四代（袋）"的核心理念，正是以仁爱为核心，以孝道为基础，关爱员工物质、精神双成长的直观体现。可以看出，天元文化体系坚持以人的良知（良心）与仁爱之心为核心，以孝悌之心作为基础，"懂得爱父母才是真正的长大""爱父母是爱所有人的基础"。

表 6-1 天元孝道治理的核心价值观体系

维度	内涵	
"四用"	用良知唤醒人、用仁爱感化人、 用礼法规范人、用道德关怀人	
"五看"	仁	看善待员工、孝悌文化、人文关怀、仁爱感恩
	义	看员工收入、社会保险、慈善公益、见利思义
	礼	看尊重员工、宽容平等、培训学习、民主管理
	智	看带出团队、成长员工、创造价值、科学发展
	信	看儒商道德、诚实守信、品牌价值、社会贡献
"六法则"	德善学习、人文之家、慈善公益、义工行动、积德累功、敦伦尽分	
"八心"	谦德之心、信任之心、平常之心、利他之心、正直之心、向善之心、担当之心、为师之心	
"十修在当下"	当下在、当下爱、当下行、当下转念、当下接纳、当下幸福、当下内观、当下唤醒、当下改错、当下觉照	
关爱员工"四代（袋）"	脑袋、口袋、上一代、下一代	

在核心价值观体系的基础上，天元通过组织多种活动塑造天元成员的仁爱之心，并以此为基础促进成员的孝悌实践。第一，组织日常关爱实践。对于天元成员而言，每天早晨起来第一件事就是在工作群中向大家问好，"亲爱的家人们好"已经成为每个天元人早晨的第一句话，"我爱你"已经成为每个天元人的坚定信念，其中"爱"指的是仁爱、博爱、大爱。第二，定期组织母亲节、端午节、中秋节等节日关怀活动。如 2022 年 5 月 22 日母亲节，由于比亚迪业务的拓展，天元阳泉店外调了大量员工，为此天元阳泉店代替外调离家的员工关爱其母亲，将鲜花蛋糕送给其母亲。天元比亚迪长治四合店销售部"小家长"组织

员工回家拥抱母亲并献上祝福,不在身边的员工可以采取发短信和红包的形式。此外,天元在日常生活中也会经常组织前往外调离家的员工家中,代其看望母亲。每年端午节,天元也会定期组织人员前往敬老院关怀老人,如天元绿环科技和平定金泰都会组织前往敬老院,为老人带来粽子、牛奶等节日礼品,和老人一起包饺子、聊天等。以及中秋节为外地员工的父母寄送李景春亲笔签名的慰问信和月饼,并在礼盒上印上"孝"字,凸显天元对孝悌文化的重视。第三,定期组织经典阅读活动。如天元家电事业部总店彩电产品部组织所有成员带领孩子晨读《弟子规》《大学》《论语》《了凡四训》等经典。以及通过设置关于圣贤文化的展示牌、条幅的企业环境,定期召开文化分享会、建立困难职工档案并制定"一户一策"帮助措施等,营造仁爱孝悌氛围。

在基于孝道的治理过程中,天元以孝悌为核心实践仁爱理念,将其与经济理性逻辑相结合,并体现在日常治理实践中,实现了仁爱导向与经济理性的耦合。李景春指出,一分爱心,一分智慧,一分慈悲,一分道业,一分自觉,胜过十分管理。文化唤醒了员工固有的明德,内生的源动力转化为外在的行动力,换位思考、利他助人、服务社会和大众,在天元蔚然成风[1]。如在推行6S标准化管理过程中,天元将孝悌文化与标准化管理相结合,在此过程中,实现二者相互促进,以孝悌文化促进成员全面落实6S标准化管理,以6S标准化管理促进孝悌文化进一步落实到日常经营管理过程中。"6S让我们工作更规范化、标准化。6S标准化管理不单单只表现在物品方面,我们的精神面貌、工作效率、工作心情的愉悦度都在6S后有所提高",对此,家电售后服务部体会总结到:"要让6S形成自律,更要形成习惯。以致教养而修身,勤劳自律天元人。"

---

[1] 李景春.成人达己,构建天元经营理念[J].企业管理,2022(05):42-46.

天元通过贯彻仁爱之心，形成了紧密的企业共同体，极大降低了天元的员工流动率，塑造了天元人的团结协作意识，实现了兼顾治理过程中的仁爱导向与经济效益。在此过程中，天元形成了独具特色的企业"家风"，即"精学国学，崇尚知识，传承礼仪，道德做人，谦虚守法，勇担责任，忠诚顾客，回报社会；助人成功，仁爱感恩，和谐团队，共存共赢；我是天元人，天元的事业就是我们大家的事业，我们全力以赴，追求卓越，成就自我，实现百年愿景"。

对此，家电售后物流部石玉谈道："我们的快乐源于同事家人般的温暖，在物流大家庭里有关心员工的领导，有配合默契、团结一心的同事。在这里没有无助的感觉，也没有冰冷的体验。因为每时每刻的感动就在你身边。" 2022年4月19日，物流部"小家长"宝砚平组织工作安排及部署海尔部的大型回货计划，其间所有流程都在有条不紊地进行，分工明确，齐心协力，协助海尔部"家人"高效准确地完成收货。天元长风店空调部张栓巧谈道："天元是一个温暖的大家庭，天元人秉承着仁慈、感恩之心，去关心和爱护我们身边的每位家人。我们也应该以爱还爱，用爱去践行天元精神、爱护周边的人。在这个充满爱的大家庭里，我们要不断学习，积极奋进，努力工作，用我们自己的闪光点去照亮别人，去践行德善天元的企业精神，把自己所学的专业知识去服务更多有需求的家人，让他们真正感受到我们的爱，幸福千家万户。"在榆次专项补贴活动前期准备过程中，天元总店的部门相关方与榆次店共同就卖场布置、样机陈列、卫生清理、价格梳理、产品结构规划、开票流程和库存分析等方面相互合作，总店人员即使在下班后依然坚持与榆次店人员相互帮助准备。家电销售空调海信部张建慧谈道："虽然我们都是第一次见面，但感觉很亲切，大家不分彼此，都是天元人，一家亲，相互合作。"在后续活动期间，店员与顾客之间更是形成了相互融合、彼此如家人的亲切氛围，店员热情接待顾客并耐心讲解，顾客关怀店员多喝水，最终做到了榆次店两天单店销售1000万元。

（二）天元孝道治理模式的核心框架

1."敬""忠"等孝道美德的治理应用

在孝悌的基础上发展"敬""忠""顺"等美德在企业治理实践中的应用，是孝道治理实践的重要组成部分。孝道治理模式主张在孝悌的基础上，基于敬、忠等特质拓展孝道文化在企业治理中的应用深度和广度。在通过孝、悌等美德教化员工并创新治理模式的基础上，通过将其与企业治理实践进一步深度融合，可以促进实现孝道治理模式的系统化，并使其更适合当代中国企业治理需求。在孝道治理的文化体系下，天元将"敬"作为治理过程中的关键美德，并将其与企业经济活动结合在一起。"敬"是指爱岗敬业，对万物保持恭敬，既尊重自己的岗位，也尊重领导、同事、顾客、自然等。在"敬"上，天元主张"修在当下，敬在当下""爱人者，人恒爱之，敬人者，人恒敬之"，并将"净、静、敬、境、镜"五个字放在天元文化墙上，以此强调"敬"作为天元文化的关键组成部分。

在以孝悌仁爱文化培养员工对父母以及其他老人的尊敬之心之外，天元还主张对公司成员、机械设备、顾客、岗位职责和自然界等对象的尊敬（见表6-2）。第一，天元提倡员工尊敬领导、师傅、同事等。为了培养员工对领导、同事甚至是设备、产品的尊敬，天元组织开展鞠躬感恩活动，如天元绿环科技领导鞠躬迎接全体成员上班，太原德善店、比亚迪店员工相互鞠躬感恩，售后和物流员工向汽车、摩托车鞠躬感恩，比亚迪售前售后员工向汽车和机器设备鞠躬感恩，办公区员工向办公设备鞠躬感恩等。为了培养员工对老师的尊敬，天元组织开展"拜师礼"、签订师徒协议、师徒宣誓、献茶赠礼等活动。

第二,天元提倡尊敬顾客。在企业经营过程中,顾客作为企业的"父母",在孝道文化中居于核心位置,对此,天元主张尊重顾客,以顾客至上为宗旨,为顾客提供"家人式服务"。如刘国华下班前10分钟为距离35公里外的顾客安装彩电,甚至为此摔倒磕伤,以及高温天气下空调安装工人的豁达乐观,为了方便顾客在休息时间维修空调等。在此之外,天元还通过"德善斋"为顾客免费提供午餐,为老年顾客提供免费维修家电服务,细心关怀尊重老年顾客并送其回家,在售后服务中额外检查和免费更换配件,以及依托天元服务、文化、绿色承诺和全产业链优势推进"以旧换新"政策等,体现出对顾客的关爱和尊敬。

第三,天元提倡尊重岗位职责、爱岗敬业,树立"工单就是命令,服务就是责任""您需要,我就在""买家电到天元,天元服务永相伴"的工作价值观。如家电售后空调部员工假期不休息,坚守岗位从事空调安装工作,家电销售售后服务部杨海忠、曹忠良冒着大雪为急需空调取暖的顾客提供服务,武瑞峰、韩彦庆冒着大雪为顾客安装油烟机和燃气灶。此外,天元还通过组织"售后安装服务,用户体验竞技赛"等比赛发现工作服务短板,提升工作服务质量。

第四,天元提倡尊重食物、劳动。如天元食堂"德善斋"通过印有"同心、同德、同行,恭敬、安静、干净"文字的装饰条幅,印有"一粥一饭,当思来之不易,半丝半缕,恒念物力维艰"文字的餐巾纸外包装盒,以及印有"帮助人成功"的桌椅,提倡节约惜食、惜福理念,坚持每日光盘,培养成员的恭敬和安静之心。

第五,天元提倡尊重自然。天元树立"绿色天元"的企业使命,并成立天元绿环科技,通过大型循环经济产业园区回收处理废弃家电,综合利用废弃资源,无害化处置和利用各类危险废弃物,并涉足新能源汽车领域,作为比亚迪的合作伙伴销售新能源汽车。此外,天元还通过倡导组织各项公益活动保护环境，如倡导低碳出行，组织植树造林活动、清理公路绿化带杂草，以及设置"幸福田"等。在以"敬"为核心的教化过程中，天元成员在心性修养上实现了极大提高，对此，李景春谈道，在文化氛围熏陶下，天元成员礼下于人、谦卑恭敬、心平性柔，恭敬让大家没有了贵贱贫富之分，能化气质之性，能消嫉妒之心，消除一切不平、不和、不顺、不中、不正，这一切体现出来的就是良知、良能的本来面目[1]。

表6-2 天元基于"敬"的治理实践

维度	具体表现
尊敬企业成员和物品	鞠躬感恩活动、拜师礼等
尊敬顾客	家人式服务、免费提供午餐、家电维修服务、"以旧换新"政策等
尊重岗位职责、爱岗敬业	坚守岗位、"售后安装服务，用户体验竞技赛"等
尊重食物、劳动	装饰条幅、餐巾纸外包装盒等
尊重自然	成立天元绿环科技、新能源汽车销售、环保公益活动等

另外，天元还强调"忠"的美德，其中"忠"主要是指忠于企业核心价值观和文化体系。天元通过设立专业机构、举办教育活动和制度设计等，促进成员对核心价值观和文化体系的"忠"的认识和践行。如通过开办天元书院，连续多年举办"优秀传统文化大讲堂"，为员工提供学习成长教育的机会，注重提升员工的德善品质。以及通过国学大讲堂、天元幸福田、"德善斋"和各种奖励政策鼓励全体成员认同企业文化，促进员工将天元文化内化于内心，外化于行动。在此基础上，企业

---

[1] 李景春.成人达己，构建天元经营理念[J].企业管理，2022（05）：42-46.

成员对以"孝、悌、敬"为核心的文化体系的认同，也会塑造其对领导者的尊重、尊敬和忠诚，从而进一步增强企业共同体意识。在天元基于"孝""悌""敬""忠"等美德的治理实践中，塑造了企业成员以"孝"为核心的美德特质，并累计先后100余人次获得"全国劳动模范""山西省劳动模范""山西省三八红旗手""阳泉市劳动模范"等荣誉100余项，天元文化也被写入了"十三五"高校教材。

2. 领导者践行孝道

领导者践行孝道是孝道治理模式的关键机制。孝道文化强调家庭伦理关系中家长的重要性，对于企业治理而言，企业中的领导者对于基于孝道的企业治理实践尤其关键。在此过程中，领导者通过榜样作用教化员工，以及通过知行合一逻辑提升自身道德水平等核心机制，可以有效促进孝道文化在企业治理中有效嵌入，并通过领导者实践进一步促进提升孝道文化治理效果。同时在中国传统文化的影响下，"人治"的社会与组织特征决定了领导者个人在组织发展中的决定性作用[1]。在孝道治理模式下，天元坚持领导者以身作则是践行孝道文化的核心机制。对此，李景春作为"大家长"，各事业部领导作为"小家长"，都以身作则践行孝道文化。如李景春带头践行孝道，孝顺感恩父母，分享文化学习体验，在日常工作中看望公司员工家属，节日期间慰问一线员工，探望生病员工，以及关心孤寡老人和留守儿童用餐情况等。正是基于在践行孝道、修炼德性等方面的长期坚持和以身作则，李景春个人曾获得"中国最受职业经理人推崇的企业家""山西省特级劳动模范""全国劳动模范""山西省第三届道德模范""阳泉市首届道德模范""山西省十大诚

---

[1] 沈毅. 从"权威性格"到"个人权威"——对本土组织领导及"差序格局"之"关系"形态的再探讨[J]. 开放时代，2014（05）：176-196+9.

信标兵""诚实守信道德模范"等荣誉。

此外,天元董事长、总经理、各事业部领导以及班组长等都以身作则。如公司高层学习《了凡四训》后感恩李景春,董事长李鹤为新村送年货,在中秋时慰问五保户,班长、组长等"小家长"用"八心"关爱员工,以及园区领导每日早晨恭迎员工,部门领导带头帮助进行撤样机等商场重装工作等。同时,天元强调日常大扫除的重要性,秉持扫除能保持心灵的纯粹状态、净化心灵,从而磨炼和提升人的心性的信念;因此,集团董事长、总经理带头打扫卫生间。以及疫情期间,天元董事局主席魏艾玲、董事长李鹤、总经理毛洪亮等高层领导者连夜开会,并联系中医专家配置对应的药品,次日便通过各事业部,联合事业部领导将药送给员工。天元绿环科技总经理杨振盛每天在微信群中关怀部门领导和员工们的健康状况,并通过在线会议的形式了解并解决员工居家办公时的困难,以及分享疾病预防技巧。

3. 系统化的制度规范

制度规范是孝道治理模式系统化和标准化的重要保障。礼乐教化是使孝道文化深入人心,从而实现治理效果的重要保障机制,孝道文化需要基于礼乐教化的制度规范加以维持,同时又不断构成、补充和完善礼乐教化体系。对于企业而言,制度规范是企业治理实践规范化、系统化的重要机制,基于孝道文化的制度体系设计是有效实践孝道治理的重要保障。对此,天元分别制定家规、家风、家训和文化核心,不断促进和保障孝道治理模式的系统化和标准化。天元定《弟子规》为天元家规,使其成为企业文化根基和员工行为准则,自2004年起,坚持每天诵读家规、知行合一、善日加修、德日加厚。天元家风为:精学国学,崇尚知识,传承礼仪,道德做人,谦虚守法,勇担责任,忠诚顾客,回报社会;助人成功,仁爱感恩,和谐团队,共存共赢;我是天元人,天元的事业就是我们大家的事业，我们全力以赴，追求卓越，成就自我，实现百年愿景。天元家训为：以谦修身，以德立世，以善助人，行有不得，反求诸己。文化核心为：我们的企业是家，是学校，本质是教育，德善品质建设是人生第一大战略，我的工作就是帮助人成功。以"四用""五看""六法则"，把圣贤文化和仁爱传播到周围，造福全社会；通过在"四用""五看""六法则""八心""十修在当下"的文化体系基础上，制定清晰的家规、家风、家训和文化核心，天元进一步实现了孝道治理模式的规范化、制度化。

在家规、家风、家训和文化核心的基础上，天元通过发展和完善多项具体制度，巩固、落实和加强孝道文化在治理中的嵌入程度。如为了促进员工理解和践行孝道，天元提出"天元24孝"，同时注以对应的真实案例，并指出，"天元24孝"不是标准，而是一面道德的镜子，时时映照我们对待万物的感恩心，时时警醒我们，行孝在当下，天经地义。具体来说，"天元24孝"的基础理念是尊老为德、敬老为善、亲老为福、爱老为美、助老为乐，具体包括连根养根、兄友弟恭、床前尽孝、孝子贤孙、跪拜父母、孝子之至、第一碗饭、母慈子孝、孝老礼金、天元孩子、爱心陪伴、母女连心、养父母志、用心聆听、大声说爱、带您旅游、老有所养、生日祝福、中秋问候、感恩母亲、精神赡养、老有所乐、孝在重阳、妈妈回家。"天元24孝"的提出，为员工理解和践行孝道提供了更为直观明确的具体映照，促进了孝道文化的进一步落实和强化。

在"天元24孝"之外，天元基于"一个女人旺三代"的孝道理念，定期开展"天元好媳妇""天元好孝子"评选。天元自2007年开始评选"天元好媳妇"，在评选过程中，好同事、好员工、好领导是评选好媳妇的基础；体现出天元在孝道治理模式下对孝道文化与工作理性的结合。

自第一次评选中，共有 7 人获奖，占已婚女员工总数的 2%，截至 2023 年天元已经连续 16 年在员工中评选"天元好媳妇"，共计有 500 多名员工获得"天元好媳妇"荣誉称号，占已婚女员工总数的 94%。同时，在"天元好媳妇"的基础上，为了树立孝悌榜样，在除已婚女性之外的更广泛成员范围内传递尊老、敬老的价值观，并落实养老、爱好的好行动，天元还增加了"天元好孝子"奖项。从培养百名经理人到员工争做"天元好孝子""天元好媳妇"，体现的正是天元在治理过程中基于孝道文化价值观的深刻改变。

此外，天元还通过各种具体制度落实和强化孝道治理模式。如制定每日带薪学习一小时制度、师带徒制度、"拜师礼""跪拜礼"，并基于关爱"四代（袋）"理念设置孝亲津贴、孝老礼金、孝亲假期等制度。以及通过设置正式、非正式的教育学习场所，如道德讲堂、"开学第一课"、"德善斋"等场所，不断加深孝道文化在企业治理过程中的应用。

天元孝道治理的制度规范如图 6-1 所示。

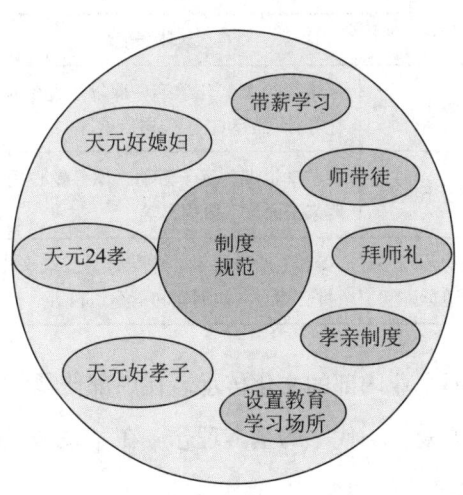

图 6-1　天元孝道治理的制度规范

（三）天元孝道治理模式的文化传承

孝道文化的一个突出特征是传承家庭和家族精神，精神的传承与孝道文化的延续和发展相互促进、相互融合。在此过程中，孝道文化得到了历史上的连续性，并在连续发展过程中成为中国文化中连接过去、现在与未来的纵向链条[1]。对于企业而言，孝道治理模式作为以孝道文化为"道"的治理模式，重视文化的力量，其治理实践需要做到参与者内化吸收孝道文化及其核心精神。在此过程中，孝道文化通过以全体企业成员为核心的家庭乃至社会范围内的其他利益相关者，在企业和更大的社会层面不断传承和创新孝道治理模式，从而使其在实践过程中发挥治理效果，并在此基础上得到延续发展。天元基于孝道文化将企业作为传承的场所，将企业精神确定为"帮助人成功"，坚持"关乎人文，以化成天下"的基本原则，定义成功的另一个概念，即传承，并通过多种方式实现企业内部传承和企业外部传承（见表6-3）。

表6-3 天元孝道治理的传承机制

维度		具体表现
企业内部传承	关爱上一代	帮带新员工、开学第一课等主题活动、节日祭祖和跪拜礼等社会活动、子公司传承等
	关爱下一代	亲子孝道课、亲子活动、德善爱心托管班、"天元国学经典亲子诵读"微信群等
企业外部传承		与幼儿园心连心等校企合作活动、中华优秀传统文化公益大讲堂、新能源迪车讲堂、企村心连心共同创建和谐孝道村等

天元首先提倡企业内部的文化传承。在内部传承上，天元秉持"关爱上一代"和"关爱下一代"的基本理念。在"关爱上一代"上，天元

---

[1] 肖群忠. 孝与中国文化[M]. 北京：人民出版社，2001：149.

通过固定员工带新员工的教育模式，设置孝亲假期、孝亲礼物、发放孝亲礼金等，培养员工的孝老爱亲之情。同时，天元通过开展多项主题活动，促进企业内部传承发展孝道文化。如通过每年年初定期举行"开学第一课"教授亲子孝道课，帮助员工学会感恩、孝顺父母、胸怀大志，成为"大人"，以及开展主题为"福慧双修，家更幸福"的人生哲学研讨会，"世界读书日——人人读《论语》"公益活动，同时通过"德善斋"将《百孝篇》《弟子规》等文化名句印刷到装饰条幅、纸巾包装盒、桌椅上等上面，促进孝道文化在企业成员内部的传承。此外，天元还通过组织各种社会活动，如在春节、清明节、重阳节等节日组织和提倡祭祖活动、过年期间号召全体成员向父母行跪拜礼，有员工如苏俭峰在天元文化熏陶下养成了孝顺父母的习惯，在春节行跪拜礼，即使在离职后仍然能够保持这一习惯。同时，在企业扩张过程中，天元秉持"店开到哪里就把文化带到哪里"的基本原则。如在太原德善店、天元比亚迪店开展文化分享会、组织日常文化学习、推行相互鞠躬礼仪、开展无偿献血活动、践行尊老敬老传统、助力教育事业，以及在太原"德善斋"共同提倡恭敬、安静、干净的氛围，推动孝道文化以及孝道治理模式向多地拓展。

在"关爱下一代"上，天元秉持"帮助孩子扣好人生第一粒扣子"的基本原则，以及"至要莫如教子，至乐莫如读书"的教育理念，以读书教育为核心通过多种方式促进下一代传承孝道文化。在教育上，天元在每年定期举行"开学第一课"中设置亲子孝道课，促进亲子孝道的传承，以及组织各种亲子活动，如组织参与假期亲子活动，青少年暑期社会实践活动等。在活动过程中，天元安排了《弟子规》朗诵和《弟子规》章节选段硬笔书法比赛、传统文化知识讲解、教授鞠躬礼、亲子合作制作蛋糕、"德善斋"体验光盘行动等活动，增强员工与下一代的亲子联系，并教育下一代传承孝道文化。还设置"德善爱心托管班"，在帮助解决员工子女的暑期教育问题的同时，通过在此过程中提供如朗诵国学经典、书法教育等课程，促进孝道文化的传承。在此之外，天元还建立"天元国学经典亲子诵读"微信群，每日诵读以孝道文化为核心的经典书籍。面向员工子女及出租车司机子女组织大一新生入学前的"开学第一课"，将立志明德、成才担大任、感恩国家、感恩父母等中华优秀传统文化传递给下一代，以及成立"家人子女助学基金会"用以发放"金秋助学"金等。

天元不仅在企业内部传承孝道文化，还将其传播到企业外部。在社会传播上，天元通过组织多种活动传播孝道文化以及孝道治理模式。在学校方面，天元通过与幼儿园心连心，并联合各校推动孝道文化走进校园等方式，推动学生传承以孝道文化为核心的中华优秀传统文化，如走进阳泉市郊区实验小学，共建中华优秀传统文化教育基地。在社会方面，天元主办、承办多届阳泉市中华优秀传统文化公益大讲堂，探讨孝道、家道、商道的理论精髓与时代价值，同时基于孝道文化的基本理念，为敬老院送温暖，关爱留守儿童。在新能源出租车行业，天元2011年收购比亚迪4S店，2017年2月完成比亚迪出租车第一阶段的车辆更换计划；2020年收购平定县时尚出租车公司。在此过程中，天元通过建立家属读书群，成立新能源出租车车友会，为租车用户提供"家"一般的组织，并组织新能源汽车讲堂，举办出租车感恩年会、最美出租车司机表彰大会，以及带领司机及其子女学习孝道文化，将孝道文化传播到新能源出租车行业。基于对孝道文化以及孝道治理模式的传承和推广，天元改变了出租车行业的风气，并在新能源汽车销售领域实现经济效益和社会效益的兼顾，天元比亚迪新能源汽车市占率达到全国第四，售后零投诉（出租车销售），同时阳泉比亚迪4S店成为山西省唯一一家汽车五星级金牌服务店,并获得比亚迪 2017 年度"特殊服务贡献奖"。在农村建设上,天元通过企村心连心,创建和谐孝道村,企村共建举办孝道讲座,打造文明村的文化品牌。如在企业的循环经济产业园区附近有一个"响马村"(从事抢劫、破坏活动的人聚集的村庄),这种"响马村"往往会对附近的社会经济生活产生消极影响。对此,李景春以仁爱、孝悌文化感化和教育该村村民,并和村庄开展企村共建孝道文明村活动、评选"新村好媳妇",以及举办村企孝道饺子宴活动、拜年活动等各种孝老爱亲活动,最后"响马村"变成远近闻名的"孝道文明示范村"。

天元基于仁义观的孝道治理模式如图 6-2 所示。

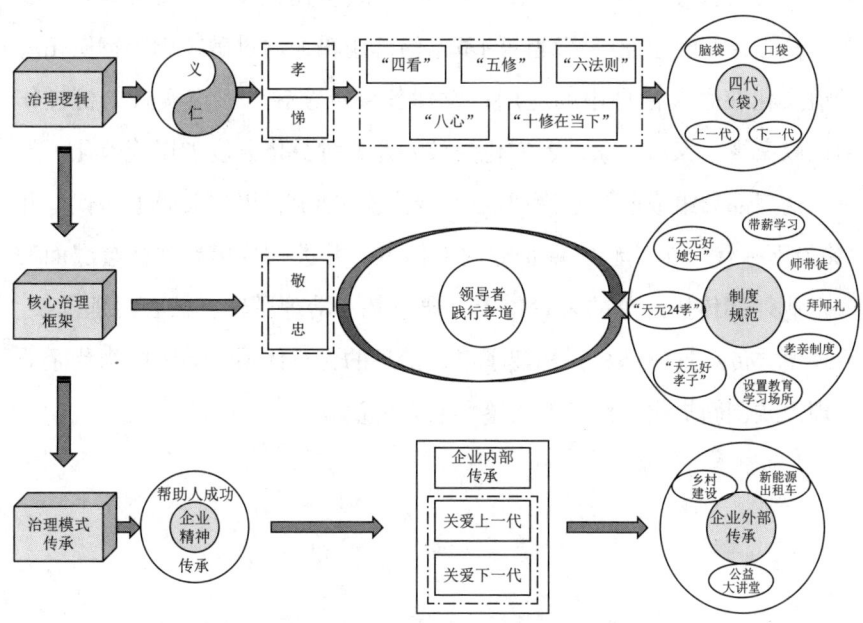

图 6-2 天元基于仁义观的孝道治理模式

五、结语

孝道文化作为中国家庭伦理的核心要素，是基于家文化的共同体式治理的关键。作为维持家庭组织稳定的关键因素，孝道文化已经被证实为维持中国传统社会稳定与实现经济增长的关键因素[1]。如何在更微观的中国当代企业治理中发挥孝道的积极作用，毫无疑问是在我国高质量发展阶段基于家文化实现企业治理创新的重要课题。孝道文化在治理实践中体现出以仁爱为基础，以孝悌美德为核心的基本底色，以敬、忠等美德为延伸，重视领导者以身作则，以礼乐规范为保障的核心机制，以及以精神传承为延续发展机制的主要特征，对于当代企业治理创新具有突出的启发意义。天元以孝道文化为核心，构建了以仁义观为基础、以孝为核心，兼顾企业经济理性的基本治理逻辑；通过敬、忠等特质拓展孝道文化在企业治理中的应用；发挥各层级领导者孝道实践的榜样作用；以家规、家风、家训、文化为核心及各种具体制度加以规范化，形成由这三部分组成的核心治理框架。在此基础上，以"关爱上一代"和"关爱下一代"为核心实现企业内部传承，并进一步拓展到社会层面实现企业外部传播。总的来看，天元通过基本治理逻辑、核心治理框架、治理模式传承这三部分，构建了孝道治理的完整体系，为中国当代企业治理模式创新提供了巨大的借鉴和启发价值。

---

[1] 李金波，聂辉华. 儒家孝道、经济增长与文明分岔[J]. 中国社会科学，2011（06）：41-55+222.

第七章
方太：以道御术的幸福治理

一、幸福：方太"以道御术"的价值追求

幸福感是中华民族自古以来的重要价值追求。从中国古代的"乐"的思想到"幸福中国"理念，幸福始终是中国家文化及其基础上的共同体式治理的核心目标。在基于幸福感构建具有中国特色的共同体式治理目标方面，宁波方太集团（简称方太）在多年企业治理实践中积累了丰富经验，打造了一套独具特色的幸福治理模式。

自2008年在企业治理中导入中华优秀传统文化以来，方太逐渐探索出以"幸福"为核心目标的企业治理模式。这一模式不仅实现了员工幸福和企业幸福，还助力企业取得了丰富的创新成果。2013年，方太被国家知识产权局评为第一批国家级知识产权示范企业。在全球知识产权综合信息服务商IPRdaily发布的《2024年上半年全球智慧家庭发明专利排行榜（TOP 100）》中，方太凭借384件专利数量进入TOP20，连续五年获得厨电行业第一。截至2024年3月，方太拥有超过13000件国内授权专利，其中发明专利超过3200件，在国家知识产权局2023年发布的《中国民营企业发明专利授权量报告》中，方太发明专利授权量进入TOP10，且在民营企业发明专利授权量中三年平均增长率方面位居TOP1。2019年，方太获得首届德鲁克中国管理奖。在中国品牌价值风向标的"中国品牌价值评价信息"榜单中，方太四年蝉联厨电行业第一。

幸福既是驱动员工发展并基于此驱动企业发展的重要因素，也是中国特色社会主义制度情境下人的发展的重要目标。现代企业中，对于逐渐占据劳动力重要组成部分的新生代员工而言，在获得相应的劳动报酬的同时，幸福感已经逐渐成为员工对企业的关键期望。较高的幸福感不仅可以提高员工的工作积极性、主动性和创造力，还能够显著增强员工对组织的归属感，因此对于以基于成员组成的共同体驱动企业发展的共同体式治理而言，幸福感是治理过程中的核心价值目标。

牛津大学的一项研究表明，较高水平的幸福感通常预示着更高的公司估值、更高的资产回报率、更高的毛利润以及更好的股票市场绩效，在不同行业、不同公司和不同时期，幸福感是预测公司绩效的一个愈发重要的指标，寻求在新的工作环境中取得成功的组织应该注意到这一点[1]。此外，幸福感不仅是企业中的个人目标与企业目标，还是中国特色社会主义与人类文明新形态的重要标准和旨归。习近平总书记指出，中国梦归根到底是人民的梦，必须紧紧依靠人民来实现，必须不断为人民造福。

幸福感是共同体式治理兼顾经济价值目标和人文价值目标在组织共同体中的价值凝聚，为共同体式治理提供了明确的价值目标。在以幸福感为核心价值目标的实现过程中，共同体式治理可以有效兼顾成员个人的情感、价值需求与企业绩效乃至社会繁荣，实现义利并重的共同体式治理目标。因此，在新商业文明中探索实现基于家文化的企业治理模式创新，需要明确与新商业文明发展、中国特色社会主义及人类文明新形态发展规律相契合的治理目标，即实现成员、企业乃至社会等多个维度上的共同繁荣、共同幸福。对照方太以幸福感作为治理目标的多年探索实践，从创新成果、经营绩效与幸福目标的实现来看，方太幸福治理模式对于明确实现共同体式治理的价值目标具有重要启发。

2008年，方太开始尝试将由中华优秀传统文化以"乐"为核心所蕴含的幸福含义融入企业治理过程。方太通过激发员工自我管理，创新性地提出了"为了亿万家庭的幸福"的企业使命，以及包括"仁爱为体、合理为度、幸福为本"三个维度的"创新科技观"等。基于对

---

[1] De Neve J E, Kaats M, Ward G. Workplace wellbeing and firm performance. University of Oxford Wellbeing Research Centre Working Paper, 2023.

幸福感的重视，方太在产品研发创新方面取得成功，在"心性即文化，文化即业务"的企业文化中，实现了兼顾幸福目标与经济目标的"义利合一"。

本章对方太以幸福为核心目标的企业治理模式进行理论挖掘，从方太多年来的幸福治理实践出发，探索幸福感作为核心目标嵌入到现代企业治理过程中的实践模式，并归纳出企业共同体幸福治理以"员工幸福—企业幸福—外部利益相关者幸福"为逻辑进路的内在机理。研究发现，方太的幸福治理是一种面向员工个体、组织共同体、社会整体的，以包括生理健康、财务健康等物质幸福与道德品质、精神世界、生命体验等精神幸福，乃至人与自然和合共生的"广义的幸福"为目标的，奠基于中国传统"乐"的思想与当代"幸福中国"理念，实现"义"（幸福目标）与"利"（经济目标）合二为一的"义利合一"治理模式。首先，方太以关爱员工为基础，满足员工在生理需求、财务需求、社交需求、心理需求等多个方面的幸福感，以此作为幸福治理的微观基础。其次，方太在企业层面关注道德幸福与经济理性的结合，通过"人品、企品、产品，三品合一"的核心价值观和员工成长体系，以道德引导为核心统一员工的道德信念与行为取向，从而激发员工自我管理意识，为企业治理与产品创新提供共同体基础。最后，方太以满足以用户为核心的利益相关者的幸福为目标，通过"为了亿万家庭的幸福"的企业使命引导产品研发创新和外部治理，以幸福文化产品和幸福科技产品共同促进社会层面幸福的实现。

方太"修己安人"的幸福治理将基于幸福的价值目标与基于效益的经济目标高度融合，体现了"以道御术""义利合一"的过程，是立足中国经验，扎根中国情境，建构共同体式治理的一种重要尝试。

二、"乐"、幸福与企业治理的关系

幸福是一种个人主观感受。一般认为，幸福是个人在需求和欲望得到满足时产生的愉悦感，个人是幸福的主体，因此幸福应该被视为一种个人的主观体验[1]。习近平总书记在中共中央政治局第十四次集体学习时，重点强调了"不断增强广大劳动者的获得感幸福感安全感"的重要性[2]。作为员工积极认知的关键表现，幸福感的获取往往与员工的工作绩效、创造力以及对组织的归属感、认同感等密切相关，是许多相应的实际个人和组织健康和改善指标的重要关联因素[3]。《2024全球职场趋势报告》指出，对于2024年的员工福祉目标而言，关键在于提供正确合适的福祉内容，而不在数量上取胜，以及引导员工使用这些福祉[4]。对于新生代员工而言，幸福感已经成为驱动其自身发展以及驱动组织发展的关键因素。企业治理往往涉及员工对个人自身以及组织的心理感知，幸福感在现阶段企业治理促进企业发展中的重要性日益凸显。另一方面，幸福感不仅是企业发展的重要影响因素，同时也是个体成长与发展的重要标准和旨归。幸福感作为主观积极感受，已经成为现阶段企业治理中的关键因素。

《2024全球职场趋势报告》指出，如何找到正确合适的幸福感内容，是当下企业治理中贯彻幸福取向的基础和前提[5]。中华民族自古以

---

[1] 俞可平. 善治与幸福[J]. 马克思主义与现实，2011，（02）：1-3.

[2] 习近平在中共中央政治局第十四次集体学习时强调 促进高质量充分就业 不断增强广大劳动者的获得感幸福感安全感[EB/OL]. 2024-5-28 [2025-04-11]. http://www.xinhuanet.com/politics/leaders/20240528/7b493f3c073648feacabceea749a87e0/c.html.

[3] Wright T A, Huang C C. The many benefits of employee well-being in organizational research[J]. Journal of Organizational Behavior, 2012, 33 (8): 1188-1192.

[4] 2024全球职场趋势报告[R]. 杰出雇主调研机构，2024.

[5] 2024全球职场趋势报告[R]. 杰出雇主调研机构，2024.

来是追求个体幸福的优秀民族，在中华优秀传统文化中，前人并没有对幸福这一概念做出具体的定义，而常以"乐"作为幸福的实际表现[1]。如作为中华优秀传统文化核心思想之一的儒家思想，以社会实际存在的、现实的乐感作为构建社会秩序的关键，而乐感生于人的内在，表现为中国人的人生幸福，即"乐由中出"。

"乐"作为承载中国人幸福观的重要概念，首先关注现实生活。儒家思想和基督教的主要差别之一，在于儒家思想认为人生的目的并不是求取来世的救赎，而是追求今世的幸福[2]。李泽厚同样指出，要求在现实的世俗生活中取得精神的平宁和幸福，是中国文化与哲学的基本要点[3]。其次，"乐"重视个体在精神层面的发展。中国的乐感不是空泛的"享乐"，而是以"仁"为核心的人生成就，这在儒家经典文献中存在若干表述，如"仁近于乐""人而不仁，如乐何"。因此在幸福的问题上，儒家关注的幸福是（或更多是）道德幸福[4][5]。道德幸福的基础是修身，并向外发展达到"成己成物"，即安人，以修身为基础实现安人，构成了儒家道德哲学的幸福之道。对此，有学者指出，就个体人格而言，必须实现心中之乐，才算达到了完满，而乐则意味着仁的真正实现，意味着真、善、美的统一，也意味着人生的最大"幸福"[6]。因此以乐感为基础的幸福感离不开以道德为核心的精神成长，同时，这种以精神成长为

---

[1] 曾红，郭斯萍."乐"——中国人的主观幸福感与传统文化中的幸福观[J]. 心理学报，2012，44（07）：986-994.

[2] 黄光国. 儒家关系主义——文化反思与典范重建[M]. 北京：北京大学出版社，2006：164.

[3] 李泽厚. 中国古代思想史论[M]. 北京：人民出版社，1986：310.

[4] 陈来. 儒家美德论[M]. 北京：生活·读书·新知三联书店，2019：339.

[5] 杨泽波. 从德福关系看儒家的人文特质[J]. 中国社会科学，2010（04）：44-55+221.

[6] 蒙培元. 理性与情感[M]. 北京：中国社会科学出版社，2002：343-344.

核心的幸福逻辑并未因步入现代社会以来的思想变革而淡化，反而随着中国特色社会主义市场经济的发展而愈加深入人心。近期研究发现，在对于幸福的追求上，国人越来越追求精神世界的满足、自主能力的培养等对独立型自我的建构[1]。

基于中国传统文化中"乐"的主要特征，中国情境下的幸福感体现出聚焦现实福利、以道德成长为核心、对社会的积极影响等特征。

首先，中国员工的幸福感聚焦现实需求。物质条件提供的基础保障和组织福利是影响员工幸福感体验的重要因素[2]。中国员工关注现实组织生活中的各项积极政策，包括重大节日福利、线下消费券、午餐补贴、通讯补贴等福利政策，以及个人情感体验、身心健康等日常体验，并且这些体验与家庭、家族情结相联系。例如，中国员工希望能够获得企业提供的生育福利、子女教育福利等。同时，在现实生活的幸福感体验中，中国员工尤其关注现实组织关系的和谐性。"关系"是中国员工人际关系以及建立在人际关系基础上的社会互动方式的现实表现，并具有以自我为中心不断向外延伸，且其"深浅"程度、互动"亲密度"等逐步向外围降低的典型特征。中国员工希望在企业内维持和谐、亲密的人际氛围与社会互动，对此良好的职业氛围、人际关系对于中国员工幸福而言至关重要[3][4]。值得关注的是，中国员工对人际氛围的关注往往可以与家庭、家族情结相联系，如在企业内形成兄弟、姐妹等拟家人般的亲密关系。

---

[1] 李志强，蔡慧，韩馨颖，等.改革开放40余年中国幸福观的内容维度与历史沿革——基于词嵌入技术的计算文本分析[J].营销科学学报，2024，4（01）：54-78.

[2] 2023中国雇员幸福研究报告[R].上海外服集团，2024.

[3] 2023中国雇员幸福研究报告[R].上海外服集团，2024.

[4] 2023幸福企业白皮书[R].北京外企人力资源服务有限公司，清华大学社会科学学院积极心理学研究中心，2024.

其次，中国情境下的幸福感聚焦以道德成长为核心的自我实现。自我实现是塑造个体幸福感的重要来源，但具体的自我实现标准、方式、结果则因文化不同而表现出差异。心理学研究表明，个体价值观对行为表现、对幸福感的感知及获取起着方向性作用，个体通过价值体系对行为结果进行判断，在认知评价的基础上，获得幸福感体验[1]。中国自古以来将道德成长作为个体成长，即"成人"（to be the true person）的价值旨归。道德主体的德性精神对于幸福主体的愉悦体验发挥着关键作用[2]。因此，将道德自律作为起点，是儒家道德体系中个体经由自我实现达到幸福的核心。正如梁启超在《新民说》中解释道："天下之义理无穷，苟非定以一二字，如何约之使其在我？"[3]中国员工的个体价值观始终围绕一定的道德规范展开。在常规的职业成长的同时，道德品质的提升成为中国员工幸福感的重要来源，道德主体的德性精神对于幸福主体的愉悦体验发挥着关键作用[4]。由此可见，中国员工的幸福感受到以中国道德哲学为旨归的价值观引导。个体的道德成长，包括社会公德、职业道德、个人道德等多个方面的道德品质提升，对中国员工的幸福感知具有核心影响。

最后，中国情境下的幸福感体现在以主体道德品质为基础的外部拓展。中国人的幸福感以道德幸福为核心，而中国道德哲学不仅仅关注个体的自我实现，而是将自我与社会、国家联系起来，如"穷则独善其

---

[1] 彭怡，陈红. 基于整合视角的幸福感内涵研析与重构[J]. 心理科学进展，2010，18（07）：1052-1061.

[2] 张方玉. 生活何以更加幸福：儒家传统幸福观及其现代启示[J]. 道德与文明，2010（05）：74-79.

[3] 梁启超. 新民说[M]. 沈阳：辽宁人民出版社，1994：186.

[4] 张方玉. 生活何以更加幸福：儒家传统幸福观及其现代启示[J]. 道德与文明，2010（05）：74-79.

身，达则兼善天下""得志，与民由之；不得志，独行其道"。因此"修身、齐家、治国、平天下"的道德实践逻辑是中国人道德品质的重要检验标准和成就逻辑，以自我"修身"为基础不断扩大外在影响，也成为中国员工道德成长的重要体现，反映了中国人超越个人情感，从社会道德与价值的高度对幸福做出的深层次的理解和践行[1]。这种超越个人情感的幸福体验也体现在员工对企业的期望中，《2023幸福企业白皮书》指出，随着时间的推移，员工对企业的期望已经从简单的物质回报扩展到更广泛的社会价值和企业文化，员工们不再仅仅将目光局限于个人薪资和即时利益，而是越来越注重企业对社会的贡献及其长远目标如何与自己的价值观相协调，企业社会责任与愿景被评为幸福企业最关键的因素[2]。

同时值得注意的是，以道德修养为核心的自我成长与中国人关注现实生活的态度是无法分开的。一方面它要求通过培育锻炼以达到内在人格的完成和圆满；另一方面，由于肯定人生世事，对外在世界和现实世事的学习讲求，也成为塑造的重要方面和内容。"我善养吾浩然之气"与"博施济众"从内外两方面以构成所追求的完整人格即建造个体主体性，即"内圣外王之道"[3]。也就是说，基于幸福的企业治理模式不仅需要重视员工的道德成长，更需要将其与企业自身的价值观相协调，并集中体现为高尚的社会责任感。

---

[1] 曾红，郭斯萍."乐"——中国人的主观幸福感与传统文化中的幸福观[J].心理学报，2012，44（07）：986-994.

[2] 2023幸福企业白皮书[R].北京外企人力资源服务有限公司，清华大学社会科学学院积极心理学研究中心，2024.

[3] 李泽厚.中国古代思想史论[M].北京：人民出版社，1986：313.

三、幸福治理的三个层次

第一，个体层次的幸福治理。幸福感对企业的积极影响首先表现为对企业员工的积极影响，作为个体的一种积极主观感受，幸福感是员工工作中的重要影响因素。同时，随着现阶段新生代员工逐渐成为企业的"主力军"，企业在治理过程中需要考虑相较于传统员工而言，新生代员工在幸福追求上的主要特征。新生代员工由于个人认知、工作环境、生活经历等方面的原因，往往具有更强烈的非物质需求，同时对于现阶段的新生代员工而言，幸福感的获取在满足常规的工作需求之外，往往涉及生活和心理方面[1]。基于幸福感在新生代员工群体中的多维度表征和指向，涉及个体对企业的积极的自我感知和表达，可以与员工的工作投入、恢复体验、组织认同、自我效能感、工作满意度、生理和心理健康等积极的工作认知状态密切相关，因此构成了企业治理在微观个体层面能够有效开展的重要基础。

第二，企业层次的幸福治理。幸福感具有凝聚和导向功能，可以通过聚焦关注、共同理解、情绪传染等过程，成为联系员工个体与企业之间的关键纽带。由于新生代员工具有较大的个体性和主观性，崇尚独立自我人格和自我展示，因此在企业治理过程需要对个性化的员工需求进行引导和凝聚。一方面，幸福感本身往往可以作为联系个体与组织的关键要素。在日常工作和生活中，人们在一定程度上将特定的互动和制度与福祉联系起来，对特定制度安排与幸福之间联系的沉淀评估，可以解释特定制度为什么以及如何对人们产生影响，从而使人们对它们产生

---

[1] Zheng X, Zhu W, Zhao H, et al. Employee well-being in organizations: theoretical model, scale development, and cross-cultural validation [J]. Journal of Organizational Behavior, 2015, 36 (5): 621-644.

承诺和依恋，以及为什么他们会感到有义务捍卫、批评或挑战它们[1]。同时在更广泛的层面上看，有关福祉的共同理解最终会根据社会安排如何影响福祉而为社会安排注入价值，并反过来指导员工对企业的自我评估[2]，从而塑造社会层面的有关行为。因此，幸福感往往可以巩固和发展员工对企业制度安排、团队互动等机制的积极关注、支持和参与，从而成为企业治理取得成功的重要基础。麦肯锡健康促进研究院的研究发现，将雇员心理健康和福祉作为战略重点，是企业变革获得成功的基础，有助于实现雇员职业倦怠率的大幅度下降[3]。同时在企业文化、绩效等方面，幸福已经逐渐成为积极心理学家在企业内部发起的全新文化进程取得成功的必要条件[4]，并有助于提高组织的整体绩效、财务绩效、生产力、声誉、顾客满意度等[5]。另一方面，对于中国人幸福追求的核心而言，道德本身就是个体内在的强制，即理性对各种个体欲求自觉地压倒或战胜，使行为自觉或不自觉地符合规范，这种理性对感性的这种自觉地、有意识地主宰、支配，构成了道德行为的个体心理特征，因此被称为"理性的凝聚"[6]。因此，以道德幸福为核心的企业治理既是幸福治理的应有之义，也是在企业层面引导和规范个

---

[1] Creed W E D, Hudson B A, Okhuysen G A, et al. A place in the world: vulnerability, well-being, and the ubiquitous evaluation that animates participation in institutional processes [J]. Academy of Management Review, 2022, 47（3）：358-381.

[2] 同上。

[3] Addressing employee burnout: are you solving the right problem? [R]. McKinsey Health Institute, 2022.

[4] 埃德加·卡巴纳斯, 伊瓦·伊洛斯. 幸福学是如何掌控我们的?[M]. 刘成富, 等译. 北京：中国社会科学出版社, 2020：.

[5] 张兴贵, 彭坚, 戴雪明, 等. 员工幸福感的文献计量研究与整合框架[J]. 管理学报, 2024, 21（03）：464-474.

[6] 李泽厚. 人类学历史本体论（上卷）[M]. 北京：人民文学出版社, 2019：15.

体追求，从以情感性为主的个体幸福感知向理性凝聚的企业幸福治理的必然要求。

第三，社会层次的幸福治理。作为社会系统的重要组成部分之一，企业不仅负有自身发展的经济责任，高效率地为社会提供有价值的产品和服务，还负有社会治理、绿色发展、社区改善等更广泛的社会责任，基于企业拥有的资源为社会和国家高质量发展做贡献。《中华人民共和国公司法》在总则中明确提出，公司从事经营活动，应当充分考虑公司职工、消费者等利益相关者的利益以及生态环境保护等社会公共利益，承担社会责任。国家鼓励公司参与社会公益活动，公布社会责任报告。对于社会层面而言，幸福是社会经济发展的重要目标之一，社会必须为生活而着想，而生活为自身着想，所以，幸福公理是伦理学的第一原则[1]，此社会层面的繁荣与幸福感营造密切相关。习近平总书记曾指出:"古往今来，过上幸福美好生活始终是人类孜孜以求的梦想。"[2]因此，企业治理的社会责任必然包含对社会层面上幸福感的贡献，企业治理作为对人作为主体的企业从事的实践活动，在提升企业盈利能力的同时，也必须将社会幸福作为价值目标，当人类进入高度信息化的工业社会，工业化的文明本质将得到全面的展现，而这必然包含了幸福价值实质[3]。因此，在企业内部治理的基础上，幸福感也是企业基于此展现其核心价值观，履行社会责任的积极拓展，在社区、社会层面发挥企业功能的重要内容。

---

[1] 赵汀阳.论可能生活[M].北京：中国人民大学出版社，2004：160.

[2] 习近平.论坚持推动构建人类命运共同体[M].北京：中央文献出版社，2018：509.

[3] 金碚.工业的使命和价值——中国产业转型升级的理论逻辑[J].中国工业经济，2014（09）：51-64.

四、方太幸福治理模式的基本框架

幸福感是企业治理需要考虑的关键因素，但幸福感在本质上更多涉及企业的人文导向、情感导向，而企业作为市场经济活动的主体，企业治理本身又必然涉及获取经济效益的盈利导向、计算导向，因此以幸福感为目标的企业治理需要和谐耦合幸福感营造的情感逻辑与经济效益获取的计算逻辑，实现企业治理的"义利并重"。

方太是在企业治理中和谐耦合幸福营造目标与经济效益目标的典型代表。自2008年在企业治理中导入中华优秀传统文化以来，方太的治理实践逐渐由以西方管理理论为依据的"西学优术"期转入以发展中华优秀传统文化为核心的"中学明道"期。基于对中华优秀传统文化在企业治理中的创造性转化与创新性发展，方太逐渐探索出以"幸福"为核心目标的企业治理模式，并于2019年获得首届彼德·德鲁克中国管理奖。

幸福感具有聚焦现实、以道德建设为核心、发展外部效应等特征，因此幸福感与经济效益的耦合也呈现出相应的基本特征，即聚焦员工现实幸福需求，基于内部道德建设引导企业发展，以及发展企业社会责任。其中，聚焦员工现实需求和基于内部道德建设引导企业发展主要涉及企业治理的内部层面，发展企业社会责任主要涉及企业治理的外部层面。

第一，对于企业内部治理而言，幸福感作为个人主观感受，是幸福治理实施的最小单位，一家幸福的企业才能给用户带来幸福，幸福的企业首先要让员工感到幸福[1]。让员工感到幸福的基础是聚焦员工的现实需求，在杰出雇主调研机构的最新调查中，95%的受访者认为员工

---

[1] 陈劲，国容毓.方太：幸福常青的企业［J］.清华管理评论，2020（09）：115-120.

福祉是企业的当务之急[1]。与传统员工相比，今天的"千禧一代"和"Z世代"员工已大不一样，纵观历史，团队的生产力从未与个体的幸福快乐和福祉有如此高的相关度[2]。因此聚焦现实需求的幸福感可以有效激发员工创造力，为企业提供稳定的知识资本，围绕知识型员工提升企业成长和发展能力。第二，基于内部建设引导企业发展是基于幸福的企业治理的第二阶段。由于新生代员工具有较高的个性化水平，围绕道德幸福的幸福治理模式可以为员工与企业之间的紧密联系提供有效渠道。但由于道德幸福主要围绕员工的情感和价值观，因此幸福治理模式需要在此基础上提供包括提升员工职业能力在内的有效机制，即以道德建设为基础，引导企业战略制定与执行、员工培训与发展、产品设计与制造等机制。第三，在企业内部幸福治理的基础上，基于道德幸福的"修齐治平"逻辑，进一步向用户、社区、社会、国家层面拓展幸福理念，达到企业外部的幸福治理，是基于幸福的企业治理的第三阶段。企业的幸福治理主张将幸福感推广到用户、社区、社会、国家层面，随着人民生活水平的提高，以及服务经济、体验经济的崛起，外部用户越来越追求生活的幸福感，超越物质的精神性需求效力不断增加。能够使消费者感到幸福的企业，必然更容易受到消费者的青睐，具有更高的市场竞争力，因而也应该能够取得更好的市场绩效[3]。因此，幸福感作为中国人自始至终的理想追求，既是企业履行社会责任的重要方面，也为企业的价值创造提供新的发展方向。

---

[1] 2024全球职场趋势报告[R].杰出雇主调研机构，2024.
[2] 张进，左文超.数智时代的福祉实现[J].清华管理评论，2022（09）：100-106.
[3] 范秀成，陈晓，阮艳雯.消费者幸福感：理论框架与未来展望[J].营销科学学报，2023，3（01）：78-97.

（一）幸福治理的微观基础："义利合一"的员工幸福

幸福感与经济效益的耦合在个体层面上以员工现实需求为核心，并构成了企业幸福治理的微观基础。由于中国员工的幸福感聚焦现实生活，所以要关注工作中与员工实际相关且能直接感受到的福利政策和人际关系的和谐。虽然工作中的实际福利政策目前已经得到大部分企业的关注，但根据德勤2023年的一项调研报告显示，员工自我报告的幸福感仍然不理想，自2022年以来各个方面均略有下降，大多数员工表示2022年他们的幸福感要么恶化，要么保持不变，只有大约三分之一的员工表示他们的健康状况有所改善，特别是对于身心健康而言，大约一半的人"总是"或"经常"感到疲惫（52%）或压力（49%），其他人则表示感到不知所措（43%）、易怒（34%）、孤独（33%）、抑郁（32%），甚至生气（27%）[1]。因此如何更精准地对接员工幸福需求并予以全面贯彻，是目前企业福利政策的关键。

幸福治理以对员工的关爱为基础，对员工的关爱是方太幸福治理的起点和基础。

在实际福利政策上，方太针对员工的生理健康、心理健康、社交健康、财务健康等方面采取了相关行动。如在生理健康上，方太成立中医学院，2021年更名为"芸和中医研修院"，面向员工、家属等群体推广中医文化，形成并贯彻"守护员工健康、唤醒生命成长、修炼组织能量、成就幸福理想"的方太中医文化。立足个人、家庭、企业三个场景，芸和中医研修院提供了三种中医智慧的解决方案，即解决个人健康问题的自医计划、解决家庭幸福问题的中医养生营、解决企业和谐问题的决策计划养生营。

---

[1] As workforce well-being dips, leaders ask: what will it take to move the needle? [R]. Deloitte, 2023.

在心理健康上，方太通过推出"幸福成长视频讲堂"、"五个一"幸福法[1]、《幸福力修炼第一课》，包括文化教育、员工座谈会、长期服务纪念等多项福利政策，以及举办"集体婚礼""成人礼""内部相处礼"等多种企业活动提升员工心理健康。

在财务健康上，方太不仅重视员工住房公积金、免费住宿、首次购房贷款、助困基金会、差异化薪酬等物质激励，同时将其与员工的情感体验、个人发展、组织归属感等联系起来。方太在晋商身股制基础上进行了改良，推出全员身股制，并于2010年5月起开始正式实行。方太全员身股制是真正意义上由全员共享的长期导向的企业分红机制，显著提高了员工的幸福感。其中身股计算公式为：员工分红身股数＝员工额定身股数 × 员工个人综合评定系数 × 出勤系数，额定身股数以员工职位为基础，并在计算中结合岗位价值和个人贡献，员工个人综合评定系数包括以专业能力、管理能力在内的个人绩效指标，出勤系数主要与工作时间相关。

在具体细则上，方太全员身股制的实施原则包括：员工不需要出资入股；工作满两年的员工自动获得一定数量的身股；身股与员工身份相结合，人在股在，人走股消；身股根据一定比例享受每年两次的分红权，没有决策权；与完全基于个人绩效奖金不同，身股制基于方太公司的整体收益向每位员工分发一定数量的分红，确保分红的全员覆盖；强调差别化内部股价，根据员工岗位职能和岗位价值区分可获得的股价；分红数额在全员共享的同时强调差异化，既保证每位工作满两年的员工都能得到分红，又兼顾了基于岗位职责、个人表现等因素的差异化激励；身股分红包括集团部分和事业部部分，其中集团部分面向所有员

---

[1] 方太认为好的产品与好的企品根源于好的人品。为修炼人品提升员工幸福感，茅忠群借鉴古人修行智慧，创立了"五个一"幸福法，即：立一个志、读一本经、改一个过、行一次孝、日行一善。

工，事业部部分只面向该事业部的员工；颁发身股持股证，进一步增强员工的幸福感、归属感和责任感；身股分红额度逐步修改和完善等。方太全员身股制在晋商身股制的基础上，通过全员覆盖、自动获股、身份绑定等机制，将员工的物质需求与情感需求、组织归属感、主人翁精神、群体意识等联系起来，综合满足并提升了员工的财务幸福、心理幸福、社交幸福等多种幸福感。

（二）幸福治理的内部维度："三品合一"的企业幸福

幸福治理模式关注道德因素与经济效益的结合，基于道德建设引导企业整体发展。道德成长是中国员工幸福感的重要来源，茅忠群指出，幸福是物质与精神双丰收，是事业与生命双成长。幸福是实现人生的意义和价值[1]。在导入以儒家伦理为代表的中华优秀传统文化过程中，方太将员工、领导者、管理者等群体的道德水平提升放在第一位，为此方太将核心价值观由原来的"产品、厂品、人品，三品合一"更改为"人品、企品、产品，三品合一"，"旧三观"向"新三观"的转变，核心是将人品的位置放在第一位，凸显了方太在治理实践中对员工价值观的重视，正如《论语·为政》中提到："道之以政，齐之以刑，民免而无耻。道之以德，齐之以礼，有耻且格。"对此，茅忠群在谈到方太企业愿景的改变时指出："优秀企业和伟大企业的不同在于，优秀的企业满足人的欲望，而伟大的企业则引导人向善。"[2]

方太的治理实践体现出，只有提高心性，心发善愿，改善自己的思想、语言、行为，落实在工作、生活中，才会获得幸福[3]。方太将"人品"概括为包括"仁义礼智信"在内的道德品质，包括"廉耻勤勇廉"

---

[1] 周永亮，孙虹钢，庞金玲.方太文化[M].北京：机械工业出版社，2022.
[2] 王卜.大道与匠心[M].北京：中信出版社，2016：前言.
[3] 周永亮，孙虹钢.方太儒道[M].北京：机械工业出版社，2016：99.

在内的职业品质,以及包括"主动担责、自动协作、不断创新、追求卓越"在内的工作品质。之后为进一步简化对"人品"的理解和践行,方太将"人品"中的道德品质浓缩为"仁智勇"三个字,即儒家伦理强调的"三达德",并着重聚焦6个方面,其中"仁"细分为使命担当和关爱顾客,"智"细分为以终为始和行事有方,"勇"细分为知耻后勇和拥抱变化。"人品"是企业治理中导入道德建设的直接表现,在儒家道德哲学中,将"仁"纳入"三达德"之中,以"仁"统摄"智""勇",以"仁者爱人"来化解智谋与勇力对人的工具化,将对人的规定性由工具化的人涵涉在以"爱人"为核心的道德体系中,使得以"三达德"为基础的儒家伦理将工具人转化为主体人,揭示人是目的而不是工具[1]。因此方太首先从个人道德品质出发构建"人品",并将其诠释为"仁智勇",体现出方太以员工为根本,将个人及其幸福作为企业治理的最终目的。

在诠释"人品"中道德品质的基础上,方太另外分别从职业品质、工作品质两个维度补充"人品",从而既满足了员工道德幸福感,又兼顾了职业成长、工作能力成长等多方面职业幸福感。从道德品质、职业品质、工作品质三个维度诠释"人品",体现出方太对幸福的基本认识,正如茅忠群对幸福的定义:"幸福是物质与精神双丰收,是事业与生命双成长。"

最后,将"人品"放在第一位,坚持"人品、企品、产品,三品合一"体现出围绕幸福"义利并重"的治理导向。在"人品"之外,"企品"分为包括"战略好、执行好、结果好"在内的经营品质,包括"口

---

[1] 李若晖. "三达德"之变体及其历史意义[J]. 哲学研究,2018(03):52-59+80+128-129.

碑好、不想走、努力干"在内的雇主品质，以及包括"守法规、讲诚信、担责任"在内的商誉品质。产品分为包括"品位、体验、意义"在内的设计品质，包括"精湛、可靠、耐用"在内的制造品质，以及包括"及时、专业、用心"在内的服务品质。将"人品"放在第一位代表方太对以道德品质为核心的个人幸福感的高度重视，在此基础上追求"人品、企品、产品，三品合一"，通过"人品"建设引领"企品"建设和"产品"创造，即通过以道德品质为核心的幸福感引领企业和产品发展。其中以道德品质为核心的幸福感代表企业基于员工幸福的"义"，企业建设和产品发展代表基于此实现的"利"，"人品、企品、产品，三品合一"，正是方太"义利并重"的直接体现。方太的核心价值观如图7-1所示。

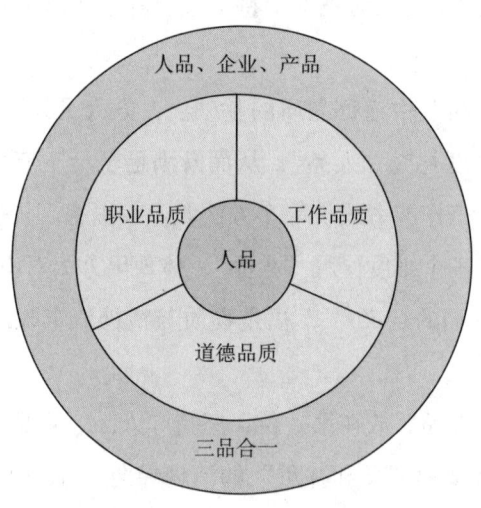

图 7-1 方太的核心价值观

为贯彻落实"人品、企品、产品，三品合一"的企业核心价值观，方太构建了完整的员工成长体系，即关爱感化、教育熏化、制度固化、才能强化（见表7-1）。关爱感化是指塑造成就感、尊重感、归属感、安全感的四感环境，增强员工基于情感需求的幸福感；教育熏化包括领导垂范、人文教育、行为落地、分享宣传，目的在于直接提升员工的道德水平，促进员工获得道德幸福感；制度固化包括礼乐规范、行为规范、制度政策、激励机制等，目的在于通过各种制度规范进一步巩固和强化员工的道德幸福感；最后在关爱感化、教育熏化、制度固化的基础上进行才能强化，提高员工的工作技能、创造力，在道德价值观引领下提升员工职业能力，兼顾员工的道德幸福感和职场幸福感，同时也能在企业道德建设的同时进一步增强以员工为核心的企业发展能力，实现以员工幸福为核心的企业成长发展，兼顾道德建设与经济效益。

表7-1　方太幸福治理中的员工成长体系

维度	内涵
关爱感化	塑造成就感、尊重感、归属感、安全感的四感环境
教育熏化	领导垂范、人文教育、行为落地、分享宣传
制度固化	礼乐规范、行为规范、制度政策、激励机制
才能强化	提高员工的工作技能、创造力、职业能力等

围绕关爱感化、教育熏化、制度固化、才能强化的员工成长体系，体现出方太基于德性的幸福治理理念，即"道之以政，齐之以刑，民免而无耻。道之以德，齐之以礼，有耻且格"。方太的员工成长体系以道德引导为核心，通过恰当的制度体系—员工道德信念和行为的基础逻辑，最终目的在于提高员工内在的道德幸福感，激发员工基于道德信念的自我管理意识，实现"无为而无不为"的"无为而治"。如方太明确将对员工的刑罚（处分）视为手段而不是目的，强调通过制度让员工自觉约束行为，达到"有耻且格"，为此方太取消了C类错误的罚款，并

代以部门领导者诫勉谈话的形式等,通过教育帮助员工树立并提升道德意识,具体管理制度详见表 7-2。

表 7-2 方太员工过错管理制度

	A 类过错	B 类过错		C 类过错
过错类别	故意的行为,且可能或已经对公司财产、个人生命与财产安全、公司整体氛围、公司及个人的荣誉、形象等造成严重损害或伤害	故意的行为,或者虽然没有故意,但是客观上已经对公司财产、个人生命与财产安全、公司整体氛围、公司及个人的荣誉、形象等造成严重损害或伤害		由于疏忽、粗心大意或不重视而导致的行为,且暂未产生后果,若不及时改正,可能对公司或他人造成损害或伤害
处分形式	"违纪辞退"处分为员工因 A 类过错,或 12 个月内收到 2 次"严重警告"处分而受到的相应处罚,是公司依据法律规定或协议规定,单方面解除与员工的劳动合同关系,而无需给予当事员工任何补偿的一种处分形式。员工因 A 类过错而被违纪辞退时,公司保留追究因该员工被辞退而给公司造成的各项直接损失(包括但不限于招聘费、调查费等)的权利	"严重警告"处分为员工因性质和情节比较严重的 B 类过错,或 6 个月内受到 2 次同一类型事件导致"警告"处分,或 6 个月内累积 3 次"警告"处分而受到的相应处罚	"警告"处分为员工因 B 类过错,或 3 个月内受到 2 次同一类型事件导致"口头警告"处分,或 3 个月内累计 3 次"口头警告"处分而受到的相应处罚	"口头警告"处分为员工因 C 类过错而受到的相应处罚。必要时可以部门级邮件形式在部门内部进行公告(要求:不得披露当事员工姓名,只描述事实和违反的制度条款)
通报形式	公司公文	公司公文	公司公文/部门级邮件	可选择部门级邮件
经济处罚		处以月薪 10%~20% 的罚金	处以不高于月薪 10% 的罚金	/

续表

	A类过错	B类过错	C类过错
职务处分及其他	违纪辞退	降职（职等或任职资格等级）、降薪、调整职务、调整权限、责令改正并作检讨	责令改正并作检讨、诫勉谈话	责令改正并作检讨、诫勉谈话

资料来源：方太《员工过错管理制度》。

（三）幸福治理的外部维度："利天下"的社会幸福

幸福治理既包括在企业内部以全体成员的幸福为核心从事管理经营活动，又体现在不断将幸福营造的范围扩展至外部的顾客、社区等社会层面。方太的幸福是广义上的幸福，包括人的全面发展，也包括人与社会、自然的和谐发展[1]。茅忠群指出："以用户为中心、以员工为根本。"前者是要打造无与伦比的顾客体验，后者则是成就员工的幸福[2]。其中"以用户为中心"体现出方太幸福治理的战略方向，通过"以员工为根本"的内部治理，不断服务于用户及其家庭，促进用户所在的社区、社会的幸福，实现企业最终目标。

基于幸福的治理模式强调企业对用户等外部利益相关者幸福的关注。传统的道德幸福观主张以个体修身为基础，不断向外影响，即"修身、齐家、治国、平天下"，从企业发展视角看待这一逻辑，茅忠群将其修改为"修身、齐家、治企、利天下"，其中的核心仍然是幸福。2018年，方太将企业使命从"让家的感觉更好"更改为"为了亿万家庭的幸福"。"让家的感觉更好"是在产品层面，是通过让用户的家的感

---

[1] 陈劲，国容毓.方太：幸福常青的企业[J].清华管理评论，2020（09）：115-120.
[2] 王卜.大道与匠心[M].北京：中信出版社，2016：91.

觉更好成为一家优秀的企业；"为了亿万家庭的幸福"，包括方太员工的家庭、顾客的家庭、合作伙伴的家庭，以及方太大家庭、祖国大家庭和人类大家庭的幸福，是真正从价值创造出发，通过有意义的美善产品（如保护顾客健康的不跑烟机、保护环境的星魔方，使用便捷、愉悦的FIKS智能系统等）和幸福服务（包括产品安装维护、健康美食及烹饪、健康养生、幸福社区等相关的一系列服务）创造幸福，进而成为一家伟大的企业。将营造和传播幸福作为企业使命，从表面上看是方太使企业使命与企业的核心价值观、愿景相互适应的结果，从深层次上看，是方太持续内化幸福治理理念，坚定地将生活的意义感、幸福感作为企业治理目标，基于"修身、齐家、治企、利天下"这一幸福逻辑重新建构企业价值的结果。

为了落实"为了亿万家庭的幸福"的企业使命，方太在创新的源泉是仁爱、创新的原则是有度的基础上，提出创新的目标是幸福，将企业价值创造聚焦在"幸福"上，坚持让用户动心、放心、省心、舒心、安心的"五心品牌新典范"。如看到《厨房油烟加剧家庭主妇肺癌风险》的新闻后，方太为了减少厨房油烟对用户的危害，围绕"不跑烟"标准专注研发有利于用户身体健康的产品，最后推出"风魔方"吸油烟机，之后方太又推出了可以达到更高吸油烟效果的"星魔方"，在创新的道路上，方太持续以满足用户幸福需求为目标，践行仁爱之心这一创新源泉。

方太基于幸福的外部治理模式集中体现在年度发布会上。自2018年起，方太每年举办年度"幸福发布会"（2024年为"幸福洞见大会"），详情见表7-3。例如，2018年在以"幸福的智慧"为主题的发布会上，方太推出了配有四点一线直吸直排的新一代智能风魔方吸油烟机，以及搭建智能厨房生态体系的FIKS方太智能厨房系统，并提出"新时代家庭幸福观"，即"衣食无忧、身心康宁、相处和睦、传家有道"。在"新时代家庭幸福观"的基础上，方太还提出了践行幸福家理念的具体方法，即常说"五句话"，包括"我错了""我也错了""我帮你""谢谢你""我爱你"。通过提出新的幸福定义，即"新时代家庭幸福观"，以及实现幸福家的具体方法，即常说"五句话"，方太以文化产品的形式在精神层面引导和帮助用户树立幸福观，并配合创新科技产品在物质层面的赋能和支持，从而促进用户实现家庭幸福。2019年在以"幸福共比邻"为主题的幸福发布会上，基于为用户提供一站式、系统化厨房幸福方案，推出了搭载FIKS智能厨房系统的集成烹饪中心套装，并同时提出"幸福社区核心理念"，即通过"美善环境、精神服务、和乐成长、互助公益"四个方面，塑造"不是一家人，胜似一家人"的幸福社区。2020年以"炊烟起处幸福家"为主题的幸福发布会上推出了集成烹饪中心Ⅱ代，并同时提出"幸福厨房理念"，即"厨房有品、饮食有节、相处有乐、食亦有道"。自2018年到2020年，方太通过陆续提出"新时代家庭幸福观""幸福社区核心理念"和"幸福厨房理念"，逐渐形成了以厨房幸福为核心的幸福文化体系。在此基础上，方太通过进一步将其嵌入产品研发、创新、营销等环节中，形成以幸福文化体系为核心的外部幸福治理模式。方太幸福治理的外部维度如图7-2所示。

表7-3 方太年度幸福发布会（幸福洞见大会）内容

	年份	发布会主题	主要产品（科技产品＋文化产品）
幸福文化体系形成期	2018年	幸福的智慧	新一代智能风魔方吸油烟机、FIKS方太智能厨房系统、创新的目标是幸福、新时代家庭幸福观、常说"五句话"
	2019年	幸福共比邻	方太净水机、集成烹饪中心套装、幸福社区核心理念
	2020年	炊烟起处幸福家	新一代水槽洗碗机E5/Z5产品、集成烹饪中心Ⅱ代、幸福厨房理念

续表

年份	发布会主题	主要产品（科技产品＋文化产品）
幸福治理发展期 2021年	科技至上	A1.i制冷油烟机、全新嵌入式洗碗机W1、水槽洗碗机E6、创新科技观
2022年	给未来一个位置	方太玥影套系Pro、平嵌式高端冰箱、《中国厨房高品质生活趋势报告——六大厨房趋势成就高品质生活》
2023年	循你而来	洗碗机Y系列、集成烹饪中心Y系列、高端全场景厨电AI虚拟人——"方拾壹"、"高端全场景厨电"战略定位
2024年	超越代际，以睿作答（幸福洞见大会）	高端全场景厨电睿隐系列、AI健康烹饪系统Healthy CookingGPT

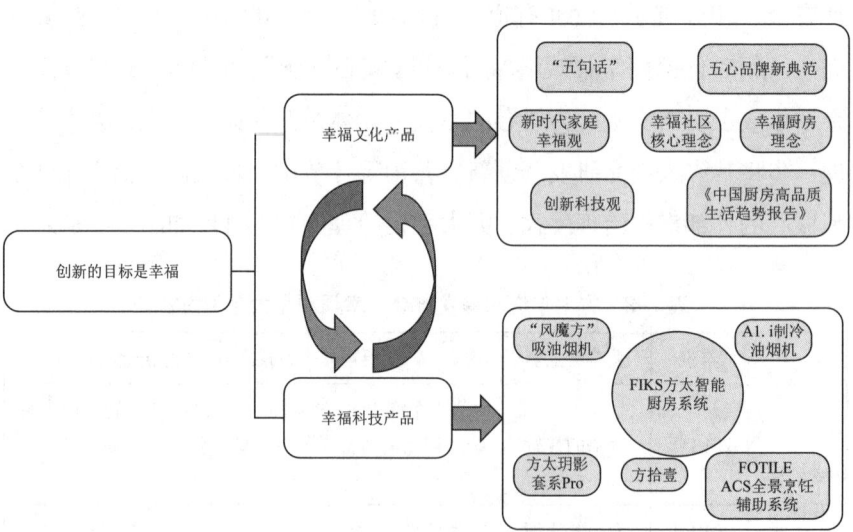

图7-2　方太幸福治理的外部维度

方太在幸福治理的外部维度中，"义利并重"主要体现在基于幸福感开展产品、服务研发的过程中。方太通过以幸福为目标，坚持科技向善探索创新路径，贯彻基于幸福的价值创造逻辑，体现出以用户幸福感为代表的"义"和以企业发展为代表的"利"之间的和谐耦合。茅忠群在处理"义"与"利"关系过程中，逐渐从"以义制利"发展为"义利并重""义利合一"，即义中有利，利中有义，义利融合，在企业治理中坚持做符合道义的事情，比如开发产品时，只关注开发真正解决消费者痛点和能够为他们带来幸福的好产品，自然会得到利润[1]。

义利并重不是单纯通过道义观节制盈利行为，而是将义与利看作同一个事物，内心坚守原则，遵循规律，将中华优秀传统文化凝聚为基于幸福的商业伦理，并基于此结合科学方法，在贯彻"义"的原则的同时获取经济效益。例如，方太一方面在仁爱逻辑下从事聚焦幸福感的生产经营活动，并在沉淀"创新三论"基础上概括提出"创新科技观"，包括"仁爱为体、合理为度、幸福为本"三个维度，用创新科技推动实现个人幸福、家庭幸福、社会幸福，其中个人幸福是指身心和谐，家庭幸福是指家庭和睦、亲密协作，社会幸福是指社会和谐[2]。另一方面，方太的产品设计、研发与服务都围绕幸福理念展开并结合先进方法。方太坚持以现代科学管理方法助力满足用户幸福需求，基于仁爱之心为顾客提供幸福产品和服务。具体来说，通过集成相关方协同开发，创新集成QFD+等先进质量方法，同时用NPS提升顾客体验，结合战略规范和技术平台规划，通过仁爱之心洞察需求，通过4T1F工具钻研技术，打造

---

[1] 周永亮，等.方太文化［M］.北京：机械工业出版社，2021.
[2] 方太2021幸福发布会 幸福的智慧［R］.方太人，2021.

端到端的"五心IPD"("五心"是指概念动心、设计放心、细节省心、体验舒心、用户安心)流。以聚焦幸福目标的创新科技观驱动企业成长与发展,辅以先进的科学管理方法,自然而然地便能在幸福营造中创造企业经济效益。对此,《人民日报》点评道:"'仁爱为体、合理为度、幸福为本',方太的这种创新科技观,让产品充满温度,在为消费者带来惊喜和感动之时,也同样为方太提供了发展动力。明确的创新着力点,清晰的创新路径,有爱的创新哲学,25年间,方太集团为制造业持续创新发展提供了有益的探索和经验样本,走出了一条中国民营企业高质量发展之路。"[1]

同时,方太幸福治理的外部维度中的"义利并重"还体现在文化产品所彰显的文化和精神层面。在基于幸福观创新产品和服务的同时,方太也在不断推广和构建更大层面上的幸福理念系统。一方面,伴随"为了亿万家庭的幸福"的企业使命,以及"创新的目标是幸福"的创新理念,方太逐步提出完善了涉及更大层面上的"幸福三部曲",即"新时代家庭幸福观""幸福社区核心理念""幸福厨房理念"。其中"新时代家庭幸福观"包括衣食无忧、身心康宁、相处和睦、传家有道,"幸福社区核心理念"包括美善环境、精诚服务、和乐成长、互助公益,主张打造出"不是一家人,胜似一家人"的幸福社区。另一方面,方太以家庭厨房空间设计、电器设计等方面为基础,基于幸福理念联合各方利益相关者探索实现社会家庭幸福。如通过"幸福家"理念影响建筑师、房地产开发商等利益相关者,在社会层面传播、落实"幸福家"理念。以及方太联合中国社会科学院发布了《中国厨房高品质生活趋势报告——

---

[1]方太:聚焦创新科技 实现高质量发展[N].人民日报,2021-08-13.

六大厨房趋势成就高品质生活》，指出健康化、环保化、社交化、智能化、美学化、套系化将成为未来厨房发展的六大趋势。通过发布《中国厨房高品质生活趋势报告——六大厨房趋势成就高品质生活》，方太不断聚焦厨房幸福体验，为数字技术与"幸福家"文化理念的深度融合提供发展方向。

2024 年，方太继续联合中国社会科学院国情调查与大数据研究中心共同推出《中国厨居发展趋势报告（2024）》，分别从家庭生活方式与厨房生活空间的重要性、厨房设计与厨房电器的品质需求、新家庭中心高端化决定"新质"家庭生活品质化三个方面描述中国用户厨居需求，深度分析中国家庭生活居住场景的变化、家庭生活空间功能的重塑，以及生活方式和厨居发展的新趋势和新动向，从而更好地通过整个行业发展满足用户幸福需求。在此过程中，方太将企业社会责任方针定为：遵守法纪、弘扬道义、诚信经营、和谐发展。方太认为，一个企业的社会责任包含四个层面的内容：法律责任、发展责任、伦理责任和慈善责任。其中，法律责任包括顾客责任、员工责任、环保责任、纳税责任等；发展责任包括创新发展、和谐发展、绿色发展和共富发展；伦理责任包括善待顾客、善待员工、善待（合作）伙伴，以及正当竞争；慈善责任包括文化传播、幸福建设、教育支持以及慈善救助[1]。方太幸福治理的系统框架如图 7-3 所示。

---

[1] 2024年度企业质量诚信报告［R/OL］. https://www.fotile.com/news/607.html.

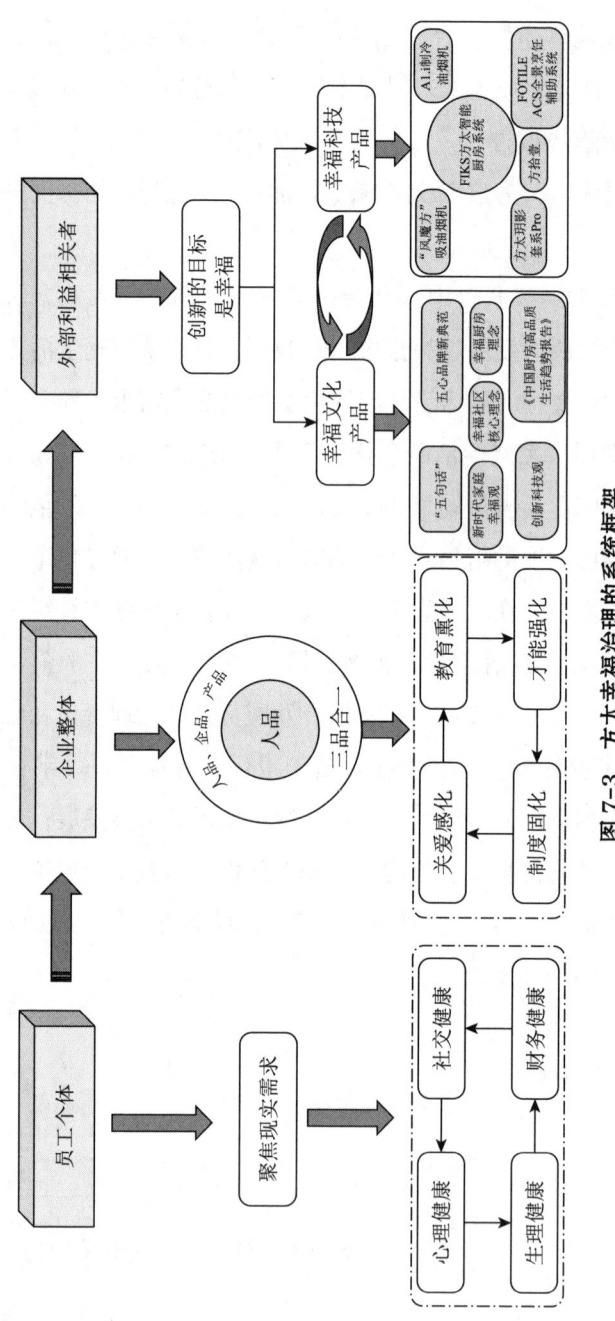

图 7-3 方太幸福治理的系统框架

五、结语

幸福是人类永恒的追求，也是驱动当代员工发展以及基于此在塑造企业共同体的过程中驱动企业发展和社会进步的关键因素。以幸福为目标的共同体式治理有助于提高员工的组织认同并凝聚目标，最终促进包括用户、用户家庭以及社会上的幸福，是以中华优秀传统文化中的"乐"为文化基因的中国式治理模式的重要体现形式。方太的幸福治理模式以中华优秀传统文化中的"幸福感"为核心，并对其进行现代企业治理中的创造性转化与创新性发展，主张企业治理以幸福为目标，重点关注道德幸福，围绕其构建相应的契合道德幸福观的治理体系，并在此过程中借鉴发展西方治理理念。方太基于中华优秀传统文化中的幸福观创造了当代企业的幸福治理模式，为中国式企业治理模式创新提供了基本思路和框架。从某种意义上讲，中国包括企业治理模式创新在内的管理创新更大的作用在于如何为管理注入信仰，使之具有行之有效的执行力[1]。幸福作为中华民族自古以来的精神追求，基于其积极面向可以为当代企业治理模式创新注入中华文脉，赋能企业治理价值。以幸福作为企业治理的核心价值观，并围绕这一核心价值观吸收和再创造西方治理理念和方法，有助于中国企业在治理模式上既能充分吸收、转化中华优秀传统文化，为中国企业治理模式找到创新的文化资源，并契合中国本土治理情境的基本要求，又能有效借鉴、学习和运用西方先进的治理经验，从而实现中国式企业治理模式创新。

---

[1]茅忠群.以道御术，打造方太管理文化[J].企业管理，2022（05）：36-41.

第八章
泰威：共同富裕的和谐治理

一、泰威：追求共同富裕治理之道的典范企业

共同富裕是中国家文化的重要目标，中国家文化主张在实现家庭有效治理的基础上积极向社会、国家等层面拓展，将家庭成员、家庭整体、社会、国家视为和谐的共同体，在"修身、齐家、治国、平天下"的治理逻辑中实现"家国一体""家国同构"的治理目标。家文化在治理理念方面蕴含的"家国一体"观与共同富裕观内在契合，是中国本土企业在治理过程中实现高度经济责任、社会责任和生态责任的耦合，体现本土企业中国特色的价值内核。

在基于共同富裕目标构建具有中国特色的治理模式方面，东莞市泰威电子有限公司（以下简称泰威）成为民营企业中的典范。自2002年导入中华优秀传统文化以来，泰威逐渐探索形成了以共同富裕为最终目标的和谐治理模式，并基于"家国一体"观努力为实现企业、社区、社会等层面的共同富裕而奋斗。和谐治理模式是指在企业治理过程中，企业将员工、企业自身、社区、社会、自然界等主体的和谐共处、相互关联、互惠共生视为治理的核心理念，将其贯彻在股权结构、分配机制、社会责任承担等方面，最终实现多主体共同富裕目标的企业治理模式。泰威已经成为中国新儒商示范企业，并受到第三代新儒学代表人物成中英教授，中华孔子学会原副会长、中山大学黎红雷教授，以及上海交通大学、华南理工大学等儒学和企业研究人员的多次调研。泰威创始人李文良被评为博鳌儒商杰出人物，担任中华孔子学会儒商会名誉会长，国际儒学联合会教育普及委员会委员，中国世界民族文化交流促进会文化传承委员会理事，并受邀为华南理工大学、上海交通大学、浙江大学、中山大学等高校，以及博鳌儒商论坛、中国新兴社会企业发展峰会等重要会议作主题报告，分享泰威和谐治理模式的经验与心得。同时，基于推动泰威和谐治理模式多年来在社会和生态领域做出的杰出贡献，李文

良于 2024 年获得生态哲学和生态文明领域的奖项"柯布共同福祉奖"。

现代企业在治理中贯彻共同富裕理念,将员工、企业、社区、社会、自然界等视为存在紧密联系的和谐共同体,有助于实现员工成长、企业发展、社区和社会繁荣以及生态可持续。共同富裕理念是新商业文明中实现企业治理创新的关键价值理念。现代企业是共同富裕的重要参与者和受益者,对于现代企业治理而言,在实现企业发展的同时兼顾员工、社会、自然界等主体的发展与繁荣,有助于新商业文明下企业在治理过程中充分发挥员工个人能力和体现员工个体综合素质,通过促进提高企业创新、经营绩效、内部控制有效性等因素提高企业长期价值,以及提高社会对企业的认同感和支持度,进而进一步提升企业绩效等。德勤近期调查表明,可持续发展应该适用于与组织接触的所有人员,包括当前和未来的员工,扩展的(临时工、零工或外部供应链)员工、客户、投资者、组织运营所在的社区以及更广泛的社会和生态可持续性。在从事与人类可持续发展相关实践的过程中,组织会产生更好的业务成果,如调查显示在此方面排名最高的组织始终优于罗素 1000 指数,并可能有助于组织获得更大多样性、公平性和包容性,具有较高多样性的组织在财务上优于竞争对手的可能性是其 2.4 倍[1]。同时,共同富裕是中国特色社会主义的本质要求,现代企业在治理过程中促进实现共同富裕,可实现经济责任、社会责任和生态责任的统一与耦合。

共同富裕是新商业文明下企业实现长期发展的关键驱动力量。如何在企业治理过程中将员工、企业、社区、社会、自然界等视为存在紧密联系的和谐共同体,实现企业发展与员工成长、社区和社会繁荣以及生

---

[1] When people thrive, business thrives: the case for human sustainability [R/OL]. Deloitte Insights Magazine, 2024.

态可持续的相互融合、彼此促进，最终实现共同富裕，是当代企业面临的巨大治理难题。对照泰威多年来以共同富裕为最终目标的企业治理实践，从经营业绩，对员工、社会和自然做出的重要贡献及其受到的广泛认可来看，泰威的和谐治理模式对于中国企业治理模式创新具有重要启发意义。

泰威以"天时地利人和"等治理思想为企业价值观基础，将员工、企业、社区、社会、自然界等主体视为和谐共同体。泰威通过贯彻共同富裕这一中国特色社会主义的本质要求，并在新商业文明中对中国传统"家国一体"观中的有益成分进行创造性转化与创新性发展，努力为实现员工、企业、社会、生态环境的共同富裕而奋斗，体现出企业治理以共同富裕为导向的关键特征。

本章探索将"家国一体"观中的有益成分嵌入现代企业治理的实践路径，归纳泰威将共同富裕作为目标的和谐治理模式，具有以"共同参与治理——共享治理成果——治理中的全面普遍富裕"为逻辑进路的内在机理。研究发现，泰威的企业治理模式是一种将员工、企业、社区、社会、自然界等主体视为存在紧密联系的和谐共同体，并在此基础上实现共同体内多主体在"富裕"内涵上包括物质、精神、生态等多个维度的全面富裕，在"共同"内涵上包括城乡、区域以及人与自然的普遍富裕，是奠基于"家国一体"观之上，实现员工、企业、社区、社会、自然界等多主体共同富裕的和谐治理模式。

首先，泰威构建"51，25，24"的"天地人和"股权方案，将公司股权分为公益股权、全员运营股权、资本股权，实现了企业理事会、运营董事班子、资本董事共同参与企业治理。其次，在"51，25，24"的"天地人和"股权方案基础上，泰威将公司股份的25%用于成立全员绩效分红股份，以及公司股份的24%用于原始股东分红，从而实现了企

231

业内部的治理成果共享。最后，泰威在实现股份分红的基础上，基于中国传统文化中的"成人"观，在精神富裕与道德成长、身体健康、能力提升、企业生态环境等方面，促进实现企业内部的全面富裕。同时，泰威基于公益股权，通过多种方式促进实现健康生活、有机农业、乡村建设协调发展，最终实现企业、社会、生态环境的普遍富裕。本章通过对泰威以共同富裕为最终目标的和谐治理经验的研究，分析"家国一体"观如何嵌入现代企业治理过程中，促进中国企业构建和谐治理模式进而促进实现共同富裕，剖析企业实现员工、企业、社区、社会、自然界等多主体共同富裕的治理过程。

二、社会主义、共同富裕与企业治理

（一）社会主义与共同富裕

党的二十大报告指出："从现在起，中国共产党的中心任务就是团结带领全国各族人民全面建成社会主义现代化强国、实现第二个百年奋斗目标，以中国式现代化全面推进中华民族伟大复兴。"中国式现代化既面对各国步入现代化面对的一般性问题，具有各国现代化过程中的一般特征，又面对中国国情，具有通过自主性探索呈现出的特殊性。中国式现代化是中国共产党领导的社会主义现代化，马克思认为，在未来的理想社会中，"生产将以所有人的富裕为目的"[1]，"所有人共同享受大家创造出来的福利"[2]。因此，共同富裕是中国式现代化的重要特征，是中国特色社会主义的本质要求。对此，习近平总书记指出："共同富裕是社会主义的本质要求，是人民群众的共同期盼。我们推动经济社会发

---

[1] 马克思恩格斯全集（第46卷下）[M]．北京：人民出版社，1980：222．
[2] 马克思恩格斯选集（第1卷）[M]．北京：人民出版社，1995：243．

展,归根结底是要实现全体人民共同富裕。"[1]党的十九届五中全会也提出,到 2035 年基本实现社会主义现代化,"人均国内生产总值达到中等发达国家水平,中等收入群体显著扩大,基本公共服务实现均等化,城乡区域发展差距和居民生活水平差距显著缩小"[2]。

首先,共同富裕是中国式现代化在物质层面上的一般性与特殊性的鲜明呈现。一方面,在一般性上,中国式现代化作为世界各国现代化模式的样态之一,是以生产力发展、物质丰富为基本特征的现代化。共同富裕首先表现为人民物质方面上的富裕、富足,共同富裕首先要"富裕",共同富裕首先建立在我国进入富裕社会的基础上,社会整体达到富裕水平是共同富裕的首要含义[3]。从人类文明发展的视角来看,共同富裕首先是人类物质文明发展的重要表现。物质文明是人类文明的重要基础,是文明的"肉身",作为文明的物质形态,物质文明也是文明发展状态的直接体现,任何一个文明的存在与发展,都必须有一定的物质基础作为支撑,雄厚的物质基础为文明的发展提供坚实的条件,厚植了文明发展的经济结构基础[4]。对此,马克思指出:"人们为了能够'创造历史'必须能够生活。但是为了生活,首先就需要吃喝住穿以及其他一些东西。因此第一个历史活动就是生产满足这些需要的资料,即生产物质生活本身,而且,这是人们从几千年前直到今天单是为了维持生活就

---

[1] 中共中央党史和文献研究院.十九大以来重要文献选编(中)[M].北京:中央文献出版社,2021:784.

[2] 中共中央党史和文献研究院.十九大以来重要文献选编(中)[M].北京:中央文献出版社,2021:790.

[3] 李军鹏.共同富裕:概念辨析、百年探索与现代化目标[J].改革,2021(10):12-21.

[4] 项久雨.世界变局中的文明形态变革及其未来图景[J].中国社会科学,2023(04):26-47+204-205.

必须每日每时从事的历史活动,是一切历史的基本条件。"[1]因此,共同富裕作为物质层面上生活富裕的具体表现,是现代化建设的基础和前提。另一方面,在特殊性上,共同富裕通过富裕惠及的普遍性,体现出中国特色社会主义的鲜明特征。中国式现代化是全体人民共同富裕的现代化,为人民谋幸福是党的初心,共同富裕是党对全体人民的庄严承诺,是中国特色社会主义现代化区别于资本主义现代化的鲜明特征[2]。我国是拥有超大人口规模的国家,实现全体人民共同富裕,是中国特色社会主义现代化的本质要求。与资本主义现代化不同,社会主义现代化主张破除资本掌握在少数人手中的局面,让全体社会成员共同走向物质财富丰富,实现普遍富裕。对此,马克思指出,"资产阶级生存和统治的根本条件,是财富在私人手里的积累,是资本的形成和增殖"[3]。因此,共同富裕体现出社会主义现代化的本质,体现出中国特色社会主义之于财富集中于少数人的资本主义现代化的根本区别,"让广大人民群众共享改革发展成果,是社会主义的本质要求,是社会主义制度优越性的集中体现,是我们党坚持全心全意为人民服务根本宗旨的重要体现"[4]。总体来看,通过彰显人类物质生活上的"富裕"特征和普遍特征,共同富裕既体现了中国特色社会主义现代化建设中的一般特征,同时也是社会主义现代化区别于资本主义现代化的根本标志[5]。

其次,共同富裕与实现人的全面发展高度统一。共同富裕不仅包括

---

[1] 马克思恩格斯文集(第1卷)[M].北京:人民出版社,2009:531.

[2] 刘培林,钱滔,黄先海,等.共同富裕的内涵、实现路径与测度方法[J].管理世界,2021,37(08):117-129.

[3] 马克思恩格斯文集(第2卷)[M].北京:人民出版社,2009:43.

[4] 中共中央党史和文献研究院.十八大以来重要文献选编(中)[M].北京:中央文献出版社,2016:827.

[5] 李军鹏.共同富裕:概念辨析、百年探索与现代化目标[J].改革,2021(10):12-21.

物质层面上的生活富足的指标,还包括精神层面上的人的成长的指标。对此,习近平总书记在中央财经委员会第十次会议上指出:"共同富裕是全体人民的富裕,是人民群众物质生活和精神生活都富裕"。促进共同富裕与促进人的全面发展是高度统一的。因此,通过兼顾物质富裕和精神富裕,共同富裕不仅在物质层面上体现出中国特色社会主义的一般性与特殊性,还从精神层面上体现出中国特色社会主义的全面性,即体现出现代化的全面富裕。在现代化过程中,物质丰富的生活水平虽然是现代化的重要衡量标准,但必须将其与人的精神成长相联系,发展最终所要求的是人在素质方面的改变,这种改变是获得更大发展的先决条件和方式,同时也是发展过程自身的伟大目标之一[1]。因此,共同富裕是"富裕"内涵上的全面富裕。

中国特色社会主义现代化的最终目标是实现人自由而全面的发展。"现代化的本质是人的现代化"[2],"马克思主义是人民的理论,第一次创立了人民实现自身解放的思想体系。马克思主义博大精深,归根到底是一句话,为人类求解放"[3]。中国特色社会主义现代化既在生产力发展、物质基础丰富和资本积累等方面,在一定程度上具有各国步入现代化的共性,又将其作为发展"人"和实现"人"的工具、载体和基础,而非以资本积累为目标最终导致"物"统治"人"。在此过程中,共同富裕通过将资本积累的目标导向现代化过程中的人的全面发展,既基于普遍

---

[1] 阿历克斯·英格尔斯. 人的现代化[M]. 殷陆君,译. 成都:四川人民出版社,1985:6-7.

[2] 中共中央文献研究室. 十八大以来重要文献选编(上)[M]. 北京:中央文献出版社,2014:594.

[3] 中共中央党史和文献研究院. 十九大以来重要文献选编(上)[M]. 北京:中央文献出版社,2019:424.

富裕作为人类发展的基础和前提，又基于全面富裕促进实现人的全面发展。因此，共同富裕是社会主义现代化建设中实现"人的现代化"的必然要求，即人的全面发展是共同富裕的根本目的，共同富裕是人的全面发展在社会主义阶段的具体目标和实践路径，推动共同富裕与促进人的全面发展是高度统一的[1]。总体来看，共同富裕是物质与精神的全面富裕，是实现人的全面发展进而实现"人的现代化"的实践路径。

最后，共同富裕还要追求人与自然界的富裕，即生态共富。一方面，生态环境是每个人生活其中的生命共同体，良好的生态环境有助于共同富裕的实现。社会中每个人的正常生活都离不开生态环境，个人的美好生活与其生活其中的生态环境之间密不可分。在个人的日常生活中，良好的生态环境不仅可以避免环境污染带来的人体伤害，满足个人的生理健康需求，还可以通过绿色、天然的自然环境满足个体的审美需求、艺术需求等，从而促进实现个人的精神满足和成长。此外，共同富裕虽然并不必然要求分配总量的均等，但要求实现分配机会的均等，要求分配上的公平正义与保障上的公共服务均等化相结合[2]。不同于市场交易过程中人工制品具有的一定程度的私人性、排他性、竞争性，生态环境作为每个人生活其中的有机系统，对于每个人而言都是可以平等享有的。对此，习近平总书记指出："良好生态环境是最公平的公共产品，是最普惠的民生福祉。"[3]因此，良好的生态环境既可以有效满足个人生活中的各项需求，又具有分配机会上的公平性和均等性，有助于显著提升获得感、幸福感、安全感。另一方面，生态环境与人本身是辩证

---

[1] 尹庆双，肖磊，杨锦英. 人的全面发展：时代特质、内涵延展与理论意义[J]. 政治经济学评论，2023，14（06）：102-126.

[2] 李军鹏. 共同富裕：概念辨析、百年探索与现代化目标[J]. 改革，2021（10）：12-21.

[3] 中共中央文献研究室. 习近平关于社会主义生态文明建设论述摘编[M]. 北京：中央文献出版社，2017：4.

统一的,生态环境建设是实现人的全面发展的必然要求。人类的社会关系和社会生产活动不是孤立存在的,而是与自然界之间存在密切联系。马克思指出:"自然界,就它自身不是人的身体而言,是人的无机的身体。人靠自然界生活。这就是说,自然界是人为了不致死亡而必须与之处于持续不断的交互作用过程的、人的身体。所谓人的肉体生活和精神生活同自然界相联系,不外是说自然界同自身相联系,因为人是自然界的一部分。"[1]因此,共同富裕要求实现人的物质层面和精神层面上的统一发展,是在人与生态环境组成的有机系统中完成的,人与生态环境的和谐共生是共同富裕的必然要求。同时,在物质富裕与精神富裕的基础上,实现人的全面发展,离不开人与生态环境之间的和谐共生。在人的全面发展上,由于人的社会关系和社会生产活动无法脱离自然界而孤立存在,因此在通过变革不合理的生产关系实现"以一种全面的方式,就是说,作为一个完整的人,占有自己的全面的本质"[2]的过程中,人与生态环境的和谐共生既提供了物质基础,又获得了社会条件,即"人类与自然的和解"是"人类本身的和解"的物质基础,"人类本身的和解"则是"人类与自然的和解"的社会条件,即人的全面发展和人与自然界的和谐共生是辩证统一的[3]。总体来看,良好的生态环境有助于实现人的美好生活,人与生态环境的和谐共生构成了共同富裕和人的全面发展的必然要求。共同富裕的内涵如图8-1所示。

---

[1] 马克思恩格斯选集(第1卷)[M].北京:人民出版社,1995:45.
[2] 马克思恩格斯文集(第1卷)[M].北京:人民出版社,2009:189.
[3] 李包庚.走向生态正义的人类命运共同体[J].马克思主义研究,2023(03):130-140.

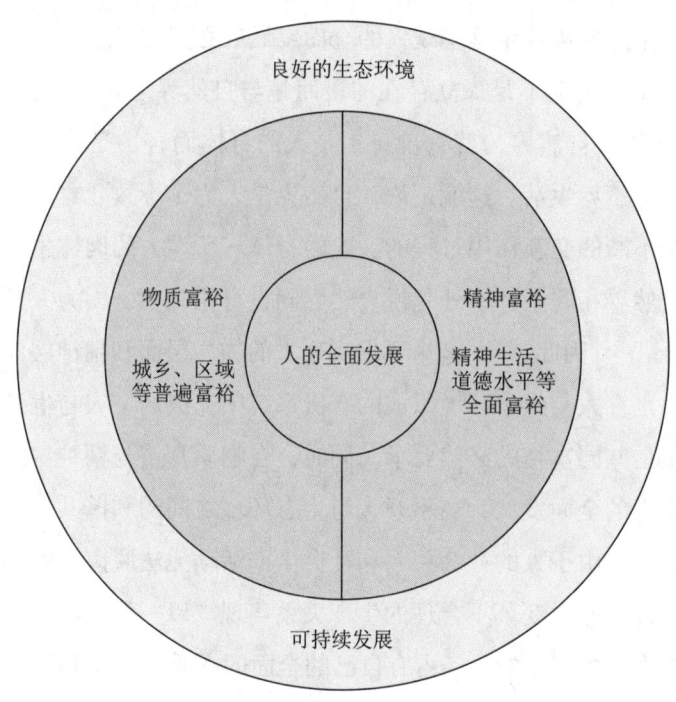

图 8-1 共同富裕的内涵

（二）共同富裕与企业治理

共同富裕是中国特色社会主义现代化建设的本质要求，有效的企业治理是实现共同富裕的有力推进器。

首先，企业是生产经营的重要主体，有效的企业治理有助于实现物质层面上的共同富裕。一方面，企业是初次分配的重要主体，有效的企业治理有助于实现全体参与者物质层面上的共同富裕。企业作为由不同个人组成的经济单位，在由人员参与生产、经营从而创造经济效益的过程中，承担着合理分配所得收入的基本职能，以满足参与人员的物质生活需求，以及企业进一步从事生产、创造和发展活动的需求。在此过程中，企业通过以劳动者报酬为主要内容的分配形式参与到初次分配中，构成了企业参与者收入的主要来源。另一方面，企业是经济高质量发展的重要主体，有效的企业治理有助于实现社会层面的共同富裕。企业是经济循环过程中的关键参与者，经济活动在本质上是一个基于经济分工和价值增值的信息、资金和商品（含服务）在居民、企业和政府等不同主体之间流动循环的过程[1]。在经济循环过程中，企业作为不同主体、物体、资本等资源组合形成的生产经营单位，在社会资源集聚、调配和创造等方面发挥着重要作用。企业治理涉及对劳动、资本、土地、知识、技术、数据等生产要素的组合、分配、协调以及创新创造过程，与消费趋势的识别与推动、高新技术的创新及利用、行业产业的稳定及升级、经济循环的畅通和效率提升等方面存在密切联系。因此，合理有效的企业治理是稳定、推动经济高质量发展格局的重要因素，为社会物质层面共同富裕的实现提供了重要保障和推动力量。

其次，企业是人们生活的关键场所，有效的企业治理有助于实现人们精神层面上的共同富裕。一方面，对于内部成员而言，企业对管理者、领导者、员工等群体的精神生活具有显著影响，如不同的企业家精神、组织文化、职业活动、激励方式、培训方式等会在一定程度上塑造成员不同的人生观、价值观和生活状态。同时，随着算力、算法等要素的迅速发展，企业可以通过数字技术赋能多种活动及场景，从而增强影响其成员精神层面的能力。例如，企业可以通过数字孪生技术、仿真模拟技术拓展组织文化的传播渠道和应用场景，通过大数据画像技术拓展优化培训方式，通过机器学习技术提升相关信息的分析和学习能力等。

---

[1] 黄群慧，倪红福.中国经济国内国际双循环的测度分析——兼论新发展格局的本质特征[J].管理世界，2021，37（12）：40-58.

另一方面，对于外部利益相关者而言，企业对用户、社区、上下游企业等群体和组织的生产生活方式具有显著影响。随着我国"组织化"程度的提升，以及平台化经济推动的社会分工体系、社会生产与再生产过程的变动[1]，以企业、用户、其他利益相关者等主体组成的社会与经济网络，在互动规模、互动深度、互动持续时间等方面得到了极大增强，各方价值交互的规模、深度、持续时间等随之不断发展。在此过程中，企业不仅承担社会主义经济建设的重要职能，更逐渐成为精神文明建设的重要参与者，并在数字孪生技术、机器学习技术、区块链技术等数字技术赋能下，显著影响用户、社区、上下游企业等群体和组织的价值观。对于用户、社区等社会群体而言，企业可以通过提供的产品、服务、体验所呈现的视觉效果、听觉效果、操作模式，以及与用户群体之间的互动机制，在社会事务中的具体表现等企业形象内容，实现自身价值观在用户群体、社区中的扩散。例如，以中国传统美学为基础设计产品外观，在体验经济中营造基于孝道文化的家庭氛围等，可将相关的中华优秀传统文化价值观传递给用户群体和社区。对于上下游企业组织而言，企业通过平台治理模式、业务伙伴选择、质量把控标准等，可以对上下游企业的文化价值观产生影响，如通过提倡基于家文化的治理模式促进互补企业、业务伙伴基于家文化的组织文化建设。

最后，在生态文明建设上，企业治理实践与生态环境之间存在双向作用关系。在人与生态环境组成的有机系统中，企业具有多重主体身份，其在生产经营中无法脱离实际的生态环境。企业既是生态环境的栖息者、社会资源的组织者，又是生态资源的开发利用者、污染物排放的

---

[1] 谢富胜，吴越，王生升. 平台经济全球化的政治经济学分析[J]. 中国社会科学，2019，288（12）：62-81+200.

主要参与者。基于所承担的多项角色，企业治理实践时刻处于与生态环境的双向交互中。同时，企业是生态环境的重要影响者，合理有效的企业治理实践有助于生态环境保护。在员工管理上，通过在组织文化、工作安排设计、员工培训、员工激励等方面嵌入绿色环保理念，企业可以营造绿色低碳的企业氛围，塑造和提升企业经营模式、工作模式、员工认知等方面的绿色导向。在社会资源组织和配置以及社会事务参与上，通过积极组织参与如植树造林、环境清洁等绿色环保的社会公益活动，基于环境管理系统等工具参与绿色环保的社会协作事务，企业可以在社会范围内宣传环保理念，提高绿色低碳水平，有助于构建环境友好型社会。在技术创新上，通过绿色技术创新、数智化转型升级、资源无害化回收处理、绿色供应链管理等方式，企业可以塑造和提升治理过程中的绿色低碳属性和生态环保能力，以技术创新推动生态环境的可持续发展。在商业模式创新上，通过共享经济、体验经济、价值共创等模式转型与创新，企业可以更加充分地利用冗余资源，并在从提供产品转换为提供体验的过程中避免资源过度开发和污染物大量排放问题，实现经济价值与社会价值、生态价值的兼顾。

三、企业治理中的共同富裕路径

共同富裕作为中国特色社会主义的本质要求，与中国企业治理实践之间存在密切联系。合理有效的企业治理模式有助于实现物质层面和精神层面的共同富裕，以及在与生态环境之间的双向作用关系中促进构建良好的生态环境，同时实现企业的长期发展。在新商业文明中，企业治理实践需要重新考虑企业与员工、用户、社区、社会、生态环境之间的关系，并在此基础上重新设计治理理念，从而使企业的价值创造从仅顾及自身利润最大化的视野转化到更广泛的共同富裕视野。对此，哈克指出，当利润的取得以普通民众、社区、社会、自然环境和后代的牺牲为代价时，其结果必然是低质量的价值创造被深深隐藏的负债所抵消[1]。

（一）以共同参与治理作为共同富裕的基础

共同富裕首先要求实现共同参与治理。将共同富裕作为企业治理的根本导向，需要明确"结束牺牲一些人的利益来满足另一些人的需要的状况"与"由社会全体成员组成的共同联合体来共同地和有计划地利用生产力"[2]是不可分割的，也就是说实现共同富裕不能脱离全体成员共同参与治理实践这一过程。对此，习近平总书记指出："共建才能共享，共建的过程也是共享的过程。"[3]因此，共同富裕首先要求做到共同参与，以共同富裕为导向的企业治理需要首先做到企业全体成员参与，将员工转化为企业主人，即一种共同参与式的治理理念。同时，共同参与式的治理原则也是企业治理的必然趋势。

一方面，共同参与治理是社会主义制度下企业治理的要求。西方治理观通常将董事会、大股东、职业经理人和外部利益集团等视为参与主体，表现为少数人管理、统治和占有多数人劳动的剥削现实，目的是在生产与再生产过程中实现资本增殖。这种依赖资本雇佣逻辑的治理观，曾经而且今天也还包含着阶级关系中劳动力的商品化，这种阶级关系将劳动者从对生产方式的控制中分离出来，并充满了全球性的不平等意味[4]。社会主义坚决抵制各种剥削关系、统治关系，并以实现全人类的自由解放为目标，因此"必须推翻使人成为被侮辱、被奴役、被遗弃和

---

[1] 乌麦尔·哈克. 新商业文明：从利润到价值[M]. 吕莉, 译. 北京：中国人民大学出版社, 2016：21.

[2] 马克思恩格斯文集（第1卷）[M]. 北京：人民出版社, 2009：689.

[3] 习近平关于社会主义社会建设论述摘编[M]. 北京：中央文献出版社, 2017：39.

[4] 安东尼·吉登斯. 现代性的后果[M]. 田禾, 译. 南京：译林出版社, 2011：63.

被蔑视的东西的一切关系"[1]。因此,社会关系的合理发展是实现"人的自由而全面的发展"的必要条件,社会制度和社会关系的合理程度,直接决定人的生存状况和人的需要的满足程度,同时也决定了人的解放的实现程度[2]。对此,企业制度本身就构成了一国经济制度的基础,企业的治理结构即各当事人之间的关系本身就构成一国社会生产关系的一个重要方面,因此不同社会制度下的企业治理结构具有不同的性质[3]。对于社会主义制度下的企业治理而言,企业是个人生活的关键场所,微观的经济民主反映在企业中就是企业民主,即将"人民主权"原则贯彻到经济组织领域,以保障公民在企业中的自由、自主和共享的权利。在企业组织中,忽视本国的制度特征和文化情景,完全移植西方组织与管理模式,不仅会使企业民主问题日渐严重,同时也给企业和社会造成民族文化虚无和自我认同危机[4]。因此,在企业治理过程中,企业的全体劳动者,包括体力劳动者和脑力劳动者都是企业的主体而不是客体,这是社会主义企业与资本主义企业的根本区别[5]。因此,在治理结构中保证员工的治理主体地位,保证全体员工与董事会、大股东等主体的平等地位,实现企业全体成员共同参与治理,是社会主义制度下企业治理的要求。

另一方面,共同参与治理是新时代企业治理的有效保障。从本质上

---

[1] 马克思恩格斯文集(第1卷)[M].北京:人民出版社,2009:11.

[2] 孟鑫.新时代我国走向共同富裕的现实挑战和可行路径[J].东南学术,2020(03):48–57.

[3] 于良春,周平轩.论社会主义企业的性质与治理结构[J].经济评论,1999(04):35–40.

[4] 胡国栋,王晓杰.企业民主的缺失与重建:从"鞍钢宪法"到组织主人翁行为[J].马克思主义研究,2016(01):75–86.

[5] 蒋一苇.论社会主义的企业模式[M].广州:广东经济出版社,1998:16.

看，西方传统治理观将董事会、大股东等群体视为企业治理主体，而将员工视为被治理者，是以资本雇佣劳动逻辑为主线的资本主义生产方式的直接体现。将员工视为被治理者，以完全科学理性的治理逻辑操纵员工劳动，造成了员工个人身体健康的极大破坏，进而影响了员工体力劳动的有效发挥，同时也掩盖了内涵于员工个体中的智慧，导致无法充分发挥员工的个人创造力。对此，马克思指出，资本主义生产"它对人，对活劳动的浪费，却大大超过任何别的生产方式，它不仅浪费血和肉，而且也浪费神经和大脑"[1]。同时，有效的企业治理在本质上并不涉及员工是否参与治理这一问题，企业中以股东、经理人为代表的主体与作为客体的员工分离，将员工驱逐出治理主体是在西方现代管理发展中逐步完成的，是在亚当·斯密劳动分工理论的基础上，从泰勒、法约尔到韦伯，逐步使两大主体的分离制度化和组织化的结果[2]。因此，将员工视为治理客体，体现了工业经济时代对企业治理过程中科学、理性、效率等逻辑的重视。随着知识经济时代的到来，大数据、人工智能、区块链等技术及其催生的数字经济的发展，单纯关注科学、理性、效率等逻辑已经无法满足企业治理需求。在新的时代背景下，企业需要通过员工参与治理的形式充分发挥员工的创造能力、学习能力、适应能力、变革能力、市场敏感性、视角丰富性以及积极的人格特质和个人能力等，塑造企业的创新能力、组织学习能力、动态能力、组织韧性、灵活性等。因此，在企业治理中实现员工共同参与治理，在治理实践中充分发挥员工个人能力和体现员工个体综合素质，有助于塑造当代企业的持续竞争优势，是新时代企业实现有效治理的必然趋势。

---

[1] 马克思.资本论（第3卷）[M].北京：人民出版社，2014：103.
[2] 胡国栋.管理范式的后现代审视与本土化研究[M].北京：中国人民大学出版社，2017：298.

（二）以治理成果共享促进共同富裕的实现

共同富裕要求实现治理成果的共享。共同富裕作为企业治理的根本导向，最直接的体现就是通过公平正义的分配机制，实现覆盖全体人民的普遍富裕。正如马克思指出，在未来的理想社会中，"生产将以所有人的富裕为目的"[1]，"所有人共同享受大家创造出来的福利"[2]。因此，共同富裕要求做到共同享受劳动成果，普遍达到富裕水平，以共同富裕为导向的企业治理需要通过公平正义的分配原则，实现企业全体参与者共同享受治理成果，即一种共享式的分配理念。

一方面，共享企业治理成果是社会主义制度下企业治理的要求。在全体成员共同参与劳动的基础上，实现共同享受劳动成果，是中国特色社会主义区别于资本主义的鲜明体现。共同富裕就是在"富裕"的过程中实现普遍性，即"共同"，从整体上看，"富裕"属于生产力范畴，"共同"属于生产关系范畴，"共同"界定了富裕的社会性质，"共同"与"富裕"之间的关系体现的是生产力与生产关系的相互关系[3]。正是基于"共同"体现了生产关系的性质，从本质上看，共同富裕不仅是一个经济问题，而且是关系党的执政基础的重大政治问题[4]。同时，实现全体成员共享企业治理成果，还通过成果共享的反馈形式，进一步激发成员参与治理的积极性，从而实现以共治为基础，以共享为结果，共治共享相互促进的正反馈循环机制。因此对于企业治理而言，在全体企业成员共同参与治理的过程中，实现全体成员共享企业治理成果，是社会

---

[1] 马克思恩格斯全集（第46卷下）[M]．北京：人民出版社，1980：222．
[2] 马克思恩格斯选集（第1卷）[M]．北京：人民出版社，1995：243．
[3] 周文，施炫伶．共同富裕的内涵特征与实践路径[J]．政治经济学评论，2022，13（03）：3-23．
[4]《求是》杂志编辑部．指引全面建设社会主义现代化国家的纲领性文献[J]．求是，2021（09）．

主义制度下企业治理的特征和要求。通过共享企业治理成果，可以塑造企业中生产关系的基本性质，确保员工主体地位。如通过员工持股制度实现成果共享，可以将企业所有权由资本家占有转化到员工共同持有，从而将资本要素与劳动要素的割裂现实转化为劳资融合现实，发挥员工持股计划的治理效应[1]。因此可以说，以员工持股计划为代表的治理成果共享机制，在本质上将资本占有劳动的资本逻辑转化为劳动解放的逻辑，从而既可以巩固员工主体地位，保障共同参与企业治理的有效推行，又通过收益分享的具体机制，可以促进共享企业治理成果的有效实现。因此，在全体成员参与企业治理的基础上，实现全体企业成员共享治理成果，是社会主义制度下企业治理的要求，并构成了企业共治与共享的正反馈循环。

另一方面，共享企业治理成果是新时代企业治理的有效保障。通过共享企业治理成果，企业可以塑造员工的主人翁身份认知，将员工自身利益与企业利益相联系，从而提高员工目标与企业目标的一致性。此外，共享企业治理成果也可以发挥物质激励效果，激发员工个体与群体的工作积极性和组织认同性，从而更有助于发挥员工的人力资本优势，塑造企业以员工为核心的持续竞争优势。如华为为了最大限度激发每个人的自主性和能动性，把本来一个人拥有的华为股份，大部分给了员工，通过建立健全"价值创造、价值评价、价值分配"的闭环，让人人在追求改变自己和家庭命运的驱动下，去自发自动开掘释放潜能[2]。因此，共享企业治理成果有助于提高企业的长期价值，对企业创新、经营绩效、内部控制有效性等产生积极影响。如在企业创新上，研究发现，

---

[1] 黄群慧，余菁，王欣，等. 新时期中国员工持股制度研究[J]. 中国工业经济，2014，316（07）：5-16.

[2] 黎红雷. 企业儒学[M]. 北京：人民出版社，2019：418.

核心员工持股计划可以缩小核心员工与高管人员之间的薪酬差距,降低高管人员与核心员工之间的代理成本,从而显著提高企业创新能力,并且所产生的创新激励效应显著高于高管人员股权激励[1]。同时在更广泛的员工层面,实施员工持股计划可以通过绑定员工利益,提升其在创新过程中的个人努力、团队协作和稳定性,从而促进企业创新产出[2]。因此,有远见的企业家会意识到企业发展成果由劳资双方合理共享,有助于调动劳动者的积极性,进而提高企业经济效益,使"蛋糕"越做越大,在此过程中,员工利益绝对量的增加不但不会减少企业股东的利益,相反会促进其利益的增加,最终实现劳资双赢[3]。

(三)以普遍全面富裕巩固共同富裕

共同富裕要求实现富裕水平上的普遍全面发展。中国特色社会主义的共同富裕理念具有普遍性和全面性,既包括物质层面上的普遍富裕,又在"富裕"的内涵上具有包括物质富裕、精神富裕、生活幸福与生态良好等多个具体维度。因此共同富裕要求实现物质、精神、生活与生态等多维度的富裕,以共同富裕为导向的企业治理在实现治理成果共享的同时,还需要不断塑造和提升员工精神境界、工作与生活质量以及生态环保水平,即一种多维度的普遍全面富裕理念。

一方面,多维度的全面富裕是社会主义制度下企业治理的积极拓展。共同富裕与实现人的全面发展是高度统一的,共同富裕为人的全面

---

[1] 陈效东. 谁才是企业创新的真正主体:高管人员还是核心员工[J]. 财贸经济, 2017, 38(12): 127-144.

[2] 孟庆斌, 李昕宇, 张鹏. 员工持股计划能够促进企业创新吗?——基于企业员工视角的经验证据[J]. 管理世界, 2019, 35(11): 209-228.

[3] 杨成湘. 中国集体协商制度实施、评价及创新研究:基于构建和谐劳动关系的视角[M]. 北京:新华出版社, 2017: 162.

发展提供实现路径，人的全面发展为共同富裕提供价值目标。因此，共同富裕的最终实现标准是以人的全面发展为依据。对于人的全面发展而言，"全面"意味着对人的本质的系统性认识，要求"以一种全面的方式，就是说，作为一个完整的人，占有自己的全面的本质"[1]。对人的本质的全面认识，必须避免截取人性某个片断并将之放大、抽象而成且无法通约的各种人性假设，而应该立足现实实践中真实的、完整的人性结构，进而建立在人的动物性生理机制之上，而又包含与动物性相区别的人的社会性心理结构和能力。所以说，完整全面的人的本质应该从理性（智力）、感性（情感）、德性（意志）三个部分出发进行整体把握[2]。面向完整全面的人的本质，中国特色社会主义的共同富裕必然包含人的理性逻辑指向的物质充足，人的情感逻辑指向的包括生活幸福、生态健康在内的幸福体验，以及意志逻辑指向的包括价值判断、道德关怀等因素。因此，共同富裕是涉及物质、精神、生态等多个维度的全面富裕，社会、文化、生态等各方面全面协调可持续是高质量发展和高水平共同富裕的内在要求[3]，共同富裕社会也就是政治、经济、文化、社会、生态等多维度、系统化地实现人的全面发展和文明全面跃升的社会[4]。因此对于企业治理而言，作为对物质层面、精神层面、生态层面等多个层面具有积极影响的社会实践活动，在实现物质层面的治理成果共享的同时，应该积极推动助力员工、用户、社区、社会上的价值观建

---

[1] 马克思恩格斯文集（第1卷）[M].北京：人民出版社，2009：189.

[2] 胡国栋.管理范式的后现代审视与本土化研究[M].北京：中国人民大学出版社，2017：139.

[3] 郁建兴，任杰.共同富裕的理论内涵与政策议程[J].政治学研究，2021（03）：13-25+159-160.

[4] 周文，施炫伶.共同富裕的内涵特征与实践路径[J].政治经济学评论，2022，13（03）：3-23.

设，积极组织参与生态保护的社会公共事务。习近平总书记指出："民营企业家富起来以后，要见贤思齐，增强家国情怀、担当社会责任，发挥先富帮后富的作用，积极参与和兴办社会公益事业。"在积极推进共同富裕的进程中，作为市场主体，企业除了要履行经济责任、法规责任之外，还要履行道德责任、慈善责任[1]。

另一方面，参与促进和实现多维度的全面富裕是新时代企业治理的现实需求。首先，对于员工而言，在企业园区内及其所处地区中，良好的生态环境有助于改善员工生理与心理健康，提高企业员工的积极性和满意度。其次，在新的时代背景下，传统意义上只考虑物质富裕的治理理念已经无法满足现阶段实现有效治理的需求。对于逐渐成为企业"主力军"的新生代员工而言，他们往往具有更高的社交需求、精神需求和道德需求，特别是对于受传统文化和现代文化交织影响的中国员工，他们往往倾向于形成稳定和谐的人际关系，能够在工作场所更好地展示自我和获得审美体验，以及实现自我的道德成长。对此，企业在治理实践中塑造和提升员工的精神富裕，可以更好地发挥人力资本优势。同时，据杰出雇主调研机构的调查结果显示，杰出雇主们最典型的特质是明确承诺其对世界产生的"积极影响"，并有助于提高员工敬业度[2]。随着人们环保意识的不断增强和国家"双碳"目标的不断推进，良好的生态环保主张已经成为企业对世界的"积极影响"的重要组成部分，从而为企业治理带来更高的员工支持。在此基础上，企业通过塑造和引导员工的价值观追求，既赋予了员工工作意义之外的生活意义，又可以通过意义互联的方式塑造个体价值与组织价值的内在联系，从而整合工作价值与

---

[1]司马红.发挥民营企业在促进共同富裕中的积极作用[N].学习时报，2021-11-10（003）.
[2]杰出雇主调研机构.2024全球职场趋势报告[R].2024.

自我发展价值[1]，最终实现员工目标与组织目标的进一步整合，在降低内部治理成本的同时塑造企业的持续竞争优势。最后，对于企业整体而言，当代用户和社区对企业由最初只承担提供产品、服务、就业等传统经济责任，转向期望企业在慈善公益、价值传递、绿色治理等社会责任、道德责任和环境责任方面做出更大贡献。因此，企业作为社会系统的重要组成部分，在企业治理实践中积极贯彻并执行绿色环保理念，有助于提升企业的长期价值。研究结果显示，绿色治理可以为企业带来更高的成长能力、更低的风险承担水平、更宽松的融资约束和更高的长期价值[2]。同时，随着ESG理念在社会经济等领域的盛行，相关投资者等主体对企业在生态环境保护、社会责任承担和企业治理之间统一协调发展的期望日益增加。因此，企业在履行经济责任以外，积极承担各项社会责任、道德责任、环境责任，促进实现用户、社区等群体的精神富裕和美好生活，并维护和促进良好生态环境，往往可以塑造和加强社会对企业的认同感和支持度，并进一步提升企业绩效。例如有研究结果显示，绿色工艺创新、绿色产品创新可以显著提高企业的适应合法性和战略合法性，进而有效提升企业的可持续发展绩效[3]。同时不只是绿色环保，企业积极履行社会责任以及在企业治理、社会责任、生态环保等方面实现综合协调发展时，有助于创造长期竞争优势。对此，有研究结果显示，当企业在生态环境、社会责任和企业治理上的表现越好，以及在

---

[1] 胡国栋，李文昊.儒家伦理与德性组织范式：中国式现代化的组织逻辑[J].经济管理，2024，46（06）：5-24.

[2] 李维安，张耀伟，郑敏娜，等.中国上市公司绿色治理及其评价研究[J].管理世界，2019，35（05）：126-133+160.

[3] 解学梅，朱琪玮.企业绿色创新实践如何破解"和谐共生"难题？[J].管理世界，2021，37（01）：128-149+9.

将三者协调发展上的表现越好时，企业创新能力越强，进而可以显著提升企业绩效[1]。因此，在促进实现物质富裕的同时，企业通过积极履行社会责任、道德责任、环境责任等，促进实现员工、用户、社区等多个不同的社会主体以及自然环境，在精神、生活与生态等多维度的富裕，有助于提升治理水平和企业绩效，参与促进和实现多维度的全面富裕已经成为新时代企业治理的现实要求。

四、泰威"天地人和"股权结构与和谐治理模式

在多年企业治理实践探索中，泰威逐渐探索形成了以共同富裕为目标的和谐治理模式，并在此过程中实现了企业、社区、社会、自然界等层面的共同富裕。在治理实践中，泰威通过共同参与治理、共享治理成果以及拓展实现共同富裕三个维度，构建了以"天地人和"股权结构为核心，以共同富裕为目标的和谐治理模式。

（一）和谐治理模式的前提：共同参与治理

股权结构是企业治理结构的基础，是企业治理过程中的关键因素。一方面，恰当的股权结构是保证全员参与治理的重要基础。股权结构设计决定了企业治理过程中的控制权和决策权，因此是决定企业治理主体的关键因素。在企业治理中实现全员参与治理，需要实现治理过程中控制权、决策权的分散化。在此过程中，通过恰当的股权结构设计，可以赋予企业全体成员一定的控制权、决策权，从而保证成员在治理过程中的主体地位。因此在企业治理中，通过股权结构设计的形式实现企业控制权、决策权在企业范围内的共享，是共同参与治理的重要基

---

[1] 李井林，阳镇，陈劲，等. ESG促进企业绩效的机制研究——基于企业创新的视角[J]. 科学学与科学技术管理，2021，42（09）：71-89.

础。另一方面，恰当的股权结构是企业实现长期价值的重要基础。股权结构作为企业治理的基础，其本身的有效性是企业实现长期价值的关键影响因素。同时在新时代下，企业愈加需要充分发挥多元化员工的创造能力、学习能力、适应能力、变革能力等，从而更高效、快速、准确地响应外部环境。在此过程中，企业需要赋予员工决策权，从而真正发挥多元化员工的人力资本优势。也就是说，企业为了更好地适应当下环境变化及其重构背景下的商业模式创新，需要不断创造新的控制权配置模式和股权结构设计理念，而人力资本作为企业价值创造的主体，在企业治理过程中不仅要有剩余价值索取权，更要有经营决策话语权[1]。因此在企业治理中，通过更加分散的股权结构设计赋予更大范围内的员工决策权，有助于提高企业在当前时代下的经营有效性，实现企业的长期价值。

在参与治理上，中国传统治理理念中有共同参与治理的主张。"大道之行也，天下为公"（《礼记·礼运》），即天下是所有人的天下，真正的治理之道是天下所有人共同参与治理，也就是说"天下为公"就是指最高政治权力归天下人共有，而非个人私有，"天下非一人之天下也，天下之天下也"[2]。在所有人共同参与治理的过程中，孟子进一步区分了不同治理主体，即包括"民""社稷"和"君"。"民为贵，社稷次之，君为轻。""民"是治理中的最应被重视的主体，"社稷"所指向的组织实体的根本居于次要位置，"君"所指向的组织实体中的领导者居于最后的位置。将之转化到企业治理中，"民"就是指企业所处社会中的所有人，乃至与人具有辩证统一性的自然界；"社稷"代表着组织实体，对于企业而

---

[1] 陈德球, 胡晴. 数字经济时代下的公司治理研究：范式创新与实践前沿[J]. 管理世界, 2022, 38（06）：213-240.
[2] 梁涛. 论早期儒学的政治理念[J]. 哲学研究, 2008（10）：48-56+128-129.

言就是企业本身及其根本，即企业所包括的所有成员；"君"代表着领导者，对于企业而言就是指企业的原始股东、董事会等高层领导者。此外，对于居于最后位置的领导者而言，成功地参与治理需要做到修身和实施德治，"其身正，不令而行；其身不正，虽令不从"（《论语·子路》），"以德行仁者王"（《孟子·公孙丑上》）。如果不能做到修身齐家，领导者就没有资格作为领导者参与治理，也就无法实现治国和平天下。

因此在企业治理中，中国传统治理体系主张参与治理的重要性，并按社会全体人民和自然界、企业及其成员、高层领导者的顺序依次排列，首先做到"听政于民"，同时在此过程中，企业的高层领导者应该做到修身，然后通过仁政的方式参与到治理中。在此过程中，通过天地万物、企业员工、股东共同参与治理，企业便可以做到"天时地利人和"，从而实现企业治理的最高水平。泰威主张社会全体人民和自然界作为企业治理中最重要的参与者，其次是企业内部全员的集体参与，最后是高层领导者通过实施仁政共同参与到企业治理中。对此，李文良指出，"民"代表着社会大众、天地万物等，他们都是企业最重要的参与者，没有社会、大自然就没有企业的一切。"社稷"就是企业全体员工，成就员工，让员工成为企业的主体，真正参与到企业治理中，是实现企业成长的前提。"君"是指企业的原始股东，原始股东应该退出企业大股东和第二大股东的位置，学习践行修身齐家和仁者爱人的智慧，成为践行领导者应具备的"君、亲、师"榜样[1]。

在股权结构上，泰威制定并推行"天地人和"股权方案。"天地人和"股权方案是指泰威将51%的企业股权用于公益事业，剩余49%的

---

[1] 资料来源：李文良，《承前启后、继往开来，全体同仁团结起来，以中国式现代化智慧开启企业新时代》，在泰威斯美第一届全体职工代表大会上的主题演讲，2023年4月21日。

51%，也就是公司股份的25%用于企业全体员工分红，最后剩余24%的企业股份用于企业原始股东分红，即"51，25，24"股权分享机制。其中，泰威将51%股权确定为公益股权，由企业外部高校以及其他社会组织人员联合组建企业理事会，以实现企业与天地和谐为治理导向。在此基础上，泰威将25%确定为全员运营股权，由全体成员作为第二大股东，并选出员工代表组建运营董事班子，以实现企业健康成长为治理导向；剩余24%的公司股份确定为企业原始股东持有，将原始股东确定为第三股东，并在其中选出代表作为资本董事。最后，由资本董事与运营董事组建形成董事会，最后与由外部人士组成的理事会共同组建形成理董事会，实现资本股权改造[1]。在此过程中，泰威形成了以外部人员组成的理事会，员工代表形成的运营董事，以及原始股东代表形成的资本董事共同治理企业的股权结构。在此过程中，在实现员工参与治理的同时，泰威还通过以外部人员组成的理事会，对员工代表、原始股东参与企业治理形成补充与监督效应，并引导企业治理过程中履行企业的社会责任和生态责任，实现企业与社会、自然界之间的和合共生。对此，泰威创始人李文良认为，民即天地万物、阳光空气等一切众生，万物一体，都是企业的投资者，企业运营要听从天地万物的声音，遵循规律[2]。因此，通过"51，25，24"的"天地人和"股权方案，泰威既实现了员工与原始股东共同参与治理，还通过外部人员参与治理，塑造企业治理整体上与社会、自然界的和合共生导向。泰威"天地人和"股权结构如图8-2所示。

---

[1] 资料来源：李文良，《承前启后、继往开来，全体同仁团结起来，以中国式现代化智慧开启企业新时代》，在泰威斯美第一届全体职工代表大会上的主题演讲，2023年4月21日。

[2] 李文良.天地人和，铸就泰威精神[J].企业管理，2022（05）：50-53.

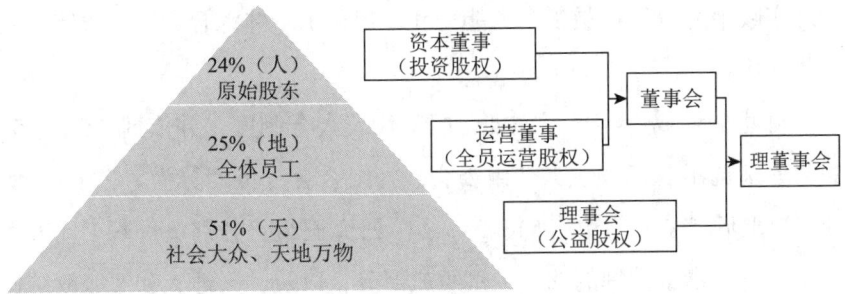

图 8-2　泰威"天地人和"股权结构

同时，职工代表大会制度也是贯彻参与式治理的重要工具。职工代表大会制度是指从班组、车间（科室）等单位中，由员工直接选举出职工代表，通过参与、监督职工代表大会的制度安排、职工代表大会讨论主题的拟定、职工代表大会决议的执行，以及直接参与职工代表大会等形式，代表全体员工行使治理企业的基本权利。《中华人民共和国全民所有制工业企业法》指出，职工代表大会是企业实行民主管理的基本形式，是职工行使民主管理权力的机构[1]。通过职工代表大会，企业在治理中可以直接落实员工参与治理的基本原则，在此过程中，企业员工既能够监督企业管理者决策行为的合理性，还可以直接参与到企业的日常治理中，甚至取得与经营者几乎同等的地位，从而对企业治理起到某种主导作用[2]。因此，职工代表大会制度是将"人民主权"原则贯彻到企业组织领域，实现员工作为企业治理主体的重要工具，有助于落实员工参与企业治理实践，从而在此过程中既保障员工的治理主体地位，又能在

---

[1] 中华人民共和国全民所有制工业企业法［J］. 中华人民共和国国务院公报，1988（11）：363-371.

[2] 胡国栋. 管理范式的后现代审视与本土化研究［M］. 北京：中国人民大学出版社，2017：299.

治理实践中充分发挥员工个人能力和体现员工个体综合素质,塑造企业竞争优势。

对此,泰威近年来正式推行职工代表大会制度,并依据"51,25,24"原则选出职工代表大会组委会,将组委会成员划分为"教学""实业""创新""农业"和"51,25,24"研究五组,分别负责职工代表大会制度下,泰威治理的四个关键组成部分,以及"天地人和"股权结构的进一步研究发展。泰威职工代表大会每年召开若干次会议,主要面向企业全体职工代表、创始股东代表,并邀请其他社会嘉宾共同参会。在大会讨论内容上,泰威职工代表大会的讨论内容包括有关创始人团队股本退出程序、合伙人制的输出传承、年度总结汇报、季度运营情况、上市尽调,以及经典共度、孝亲与重道、有机生活等特色企业文化与治理体系中的具体问题。

此外,泰威还通过多种其他形式促进决策权的共享。例如,实行周期轮值制,设置轮值团政委、团长、参谋长等职位,鼓励公司中层以上人员在一定周期内担任包括总经理在内的高层领导。轮值周期分别为季度、半年或年度。再如,实行以"团长－政委－参谋长"为核心的集体领导制。该制度下,由多人组成集体班子,班子成员分工协作、平等协商,通过集体讨论进行决策。在集体领导过程中,集体成员之间互相交流和分享信息,并通过民主讨论做出集体决策,从而有助于减少由于信息和知识不对称造成的"信息失效"风险,以及由于权力不对称造成的"决策失效"风险,因此集体领导体制在实现充分信息共享的信息结构与充分民主决策的决策结构相互作用方面具有明显的优势[1]。在企业治理中,集体领导制主张治理过程中多个管理人员之间相互协商,共

---

[1] 胡鞍钢. 中国集体领导制[M]. 北京:中国人民大学出版社,2013:14-15.

同做出决策，实现多方参与企业治理，有助于管理决策过程中多方之间互相补充、监督、制衡，避免控制权、决策权过度集中造成的民主不充分、信息不完整、决策效率低和决策效用小等消极影响。

（二）和谐治理模式的关键：共享治理成果

公平合理的分配过程是实现治理成果共享的关键。分配过程是实现治理成果共享的关键问题，实现共同富裕，掌握公平分配的节奏、火候和主动权至关重要，因此应注重完善分配制度、优化分配结构、理顺分配格局，正确处理好效率和公平的关系[1]。此外，分配过程不仅是实现共同富裕的直接手段，还体现和彰显了共同富裕所强调的以人为本、公平正义等价值取向，即分配中的平等对于公正、尊重或友爱而言，不仅仅是一种手段，在许多情况下，它反映了这些价值[2]。

在治理成果共享上，中国传统文化有以公正之道关注民生的理念。中国传统治理体系包括民生是实现治理理想的基础的主张，提出治理过程中需要做到兼顾"听政于民"和"为政利民"，将满足所有人的共同利益作为治理目标，即"因民所利而利之"（《论语·尧曰》），"天之生民，非为君也；天之为君，以为民也"（《荀子·大略》），"治国有常，而利民为本"（《淮南子·氾论训》）。孟子的治理体系中，民生是治理中的头等大事，孟子把温饱问题看作王政、仁政的根本[3]，"黎民不饥不寒，然而不王者，未之有也"（《孟子·梁惠王上》）。基于民生问题在治理过程中的基础地位，保障全体成员的共同利益也就成为主体参与治理的价值理念，对此，陈来同样指出，追求和坚守道义是士的首要志业，

---

[1] 王旭.实现共同富裕要在分配上下功夫[N].光明日报，2022-02-26（011）.
[2] 丹尼尔·豪斯曼，迈克尔·麦克弗森，德布拉·萨茨.经济分析、道德哲学和公共政策[M].纪如曼，高红艳，译.上海：上海译文出版社，2008：220.
[3] 陈来.孟子政治思想的现代价值和意义[J].海岱学刊，2022（01）：1-11.

而士的政治理念是为人民谋福利，求天下得安宁[1]。

在关注民生的过程中，中国传统文化强调公正的重要性，并突出了共享与共治之间的紧密联系。在中国传统治理体系中，分配过程要做到公正，即公平合理，"王道平平"(《尚书·洪范》)。中国传统公正观反对"富者益富，贫者益贫"的悬殊的贫富差距，主张治理过程应该首先实现"必先公"，以"公天下"之心行"公正""公道"之实，缩小贫富差距，使人人"各得其所""各安其分"，从而实现"天下平"的有序和谐[2]。同时，中国传统治理体系所主张的公平正义与所有人共同参与治理是不可分割的，只有当天下是所有人的天下，即天下为公时，治理成果的分配才可以更紧密地联系全体人员，否则便容易落入一己之私；治理要实现的社会公平与天下为公存在紧密联系，天下为公、天道无私是公平社会的基本特征[3]。对于企业治理而言，共享治理成果涉及员工、经理人和股东等多方利益，而由于员工利益与股东财富最大化的目标函数不一致，加之信息不对称问题的存在，可能会导致效率至上和劳资博弈的对抗关系，股权激励也可能成为利益主体之间博弈的重要工具[4]。在此过程中，管理者可能会出于自身利益产生侵占效应，恶意操纵股权激励等成果共享机制，损害治理成果共享的公平正义性、有效性、合理性等。也就是说，在共享企业治理成果过程中，如果员工没有公司控制权、决策权，那么当企业经营状况没有发生变化时，员工是无利可图

---

[1] 陈来. 仁学本体论[M]. 北京：生活·读书·新知三联书店，2014：470.

[2] 孔文清. 儒家的公正与民生思想——"与孔子对话"上海文庙第六届儒学研讨会召开[J]. 探索与争鸣，2012（02）：8.

[3] 翟学伟. 中国人的"大公平观"及其社会运行模式[J]. 开放时代，2010（05）：84-102.

[4] 徐向艺，徐宁. 金字塔结构下股权激励的双重效应研究——来自我国上市公司的经验证据[J]. 经济管理，2010，32（09）：59-65.

的，除非员工通过拥有公司控制权、决策权，再通过参与绩效分红制度的制定和实施来获得合理的经济利益增量，因此，如果没有搭配相应的产权比例，员工持股计划并不必然意味着给员工带来合理的经济利益增量[1]。只有实现员工参与企业治理，才能有效避免他们的剩余索取权遭到侵害，保障实现其人力资本产权的剩余控制权利，并进一步改善企业内部的劳动关系[2]。

因此在共享企业治理成果的过程中，企业利润的分配原则和具体过程是其中的关键，并需要确保共享成果与共同治理的统一性。企业需要贯彻公平正义、按劳分配、合理分配以及保障最低生活水平等基本原则，通过基本工资、绩效工资、股权分红等不同分配方式，实现在企业范围内的全员共享。对此，蒋一苇指出，实行以按劳分配为主的全面物质利益原则是社会主义企业的基本特征，劳动者既是企业的生产者，又是企业的所有者和集体经营者，除了从物质利益上关心劳动成果外，还要通过分红等形式，从物质利益上关心企业的经营效益和生产资金的损益[3]。同时，共享治理成果与共同参与治理是不可分割的，只有实现共享企业治理成果建立在企业全员共同参与治理的基础上，才能避免由于管理者掌握过多控制权、决策权导致的侵占效应，确保共享成果过程中的分配指向、分配原则和分配机制与全体参与者密切相关。

对此，在通过公平合理的分配过程实现治理成果共享上，泰威基于"51，25，24"的"天地人和"股权结构，在将企业51%的股权分红用于公益事业的基础上，基于公司股份的25%成立全员绩效分红股

---

[1] 黄速建，余菁. 企业员工持股的制度性质及其中国实践[J]. 经济管理，2015，37（04）：1-12.

[2] 姚先国，郭东杰. 改制企业劳动关系的实证分析[J]. 管理世界，2004（05）：97-107.

[3] 蒋一苇. 论社会主义的企业模式[M]. 广州：广东经济出版社，1998：16.

份，用于员工分红，实现全体员工共享公司利润，最后将公司股份剩余的24%用于企业原始股东分红。同时，在确保共享成果与共同治理的关系上，泰威通过确保员工参与治理的形式实现二者的统一。泰威通过"51，25，24"的"天地人和"股权结构，以由员工代表形成的运营董事与由原始股东代表形成的资本董事共同组建董事会，并结合职工代表大会制度，实现员工实际参与泰威的治理活动。在此过程中，泰威实现了治理成果共享与治理过程参与的协同配合，从而既确立了员工在企业治理中的主体地位，又在此基础上保障了员工共享治理成果的有效性和合理性。

在股权结构的基础上，企业可以通过多种具体机制实现治理成果共享。股权结构设计和股份分红机制在一般层面实现了治理成果在企业整体范围内的共享，在此基础上，通过制定多种具体的分享机制，可以进一步落实成果分享。对此，泰威在"51，25，24"的股权结构基础上，通过设立幸福基金会、离职感恩金等方式促进实现治理成果的全员共享。其中，幸福基金会为员工及其家庭成员在遇到疾病、自然灾害等问题时提供资金扶持，以及通过每年发放子女助学金的形式补助员工子女的学费。如当员工生病时，可以通过申请幸福基金补助。离职感恩金用于离职后的员工，泰威规定员工离职后以年限为标准对其进行资金补贴，具体计算方式为N年补贴离职员工N个月的资金，其中$N \geqslant 2$。

（三）和谐治理模式的扩展：全面普遍富裕

共同富裕在"富裕"的内涵上包括物质、精神、生态等多个维度的全面富裕，在"共同"的内涵上包括城乡、区域以及人与自然的普遍富裕，其基本走向在于实现人的生活幸福，最终实现人的全面发展。"前进道路上，我们必须始终把人民对美好生活的向往作为我们的奋斗目标……我们要着力解决人民所需所急所盼，让人民共享经济、政治、文化、社会、生态等各方面发展成果，有更多、更直接、更实在的获得感、幸福感、安全感，不断促进人的全面发展、实现全体人民共同富裕。"[1]因此，共同富裕强调物质充足、身体健康、精神丰富、社会和谐、生态良好等多方面的富裕，与满足人的美好生活需要是一体两面，最终目的是实现人的全面发展。吴文新和程恩富指出，从新时代中国社会主要矛盾看，共同富裕相当于人民群众日益增长的美好生活需要的较大满足[2]。对于企业治理而言，以多维度的全面普遍富裕作为治理导向，就是满足企业内部成员和社会层面上的人的幸福美好生活需要，并将人的全面发展作为根本目标。

其一，企业治理的共同富裕导向要求实现企业内部的全面富裕。企业内部的全面富裕以实现企业成员的美好生活需要为目标，基于理性（智力）、感性（情感）、德性（意志）的人性结构，企业成员既具有人的理性逻辑指向的物质充足需求，也具有人的情感逻辑指向的包括生活幸福、生态健康在内的幸福体验需求，以及意志逻辑指向的包括价值判断、道德关怀等需求。因此，企业内部全面富裕的实现，要求企业在治理过程中，在满足员工物质需求的同时，不断塑造提升其身体健康、精神生活和道德水平等多方面的需求，最终实现员工的全面发展。

在实现人的全面发展过程中，中国传统文化强调道德成长和知行合一的关键作用。一方面，中国传统文化强调人的道德成长是实现个人成长的关键。中国传统文化中的理想人格常被称为"圣人"，"圣人"就是

---

[1] 习近平谈治国理政（第3卷）[M].北京：外文出版社，2020：183.

[2] 吴文新，程恩富.新时代的共同富裕：实现的前提与四维逻辑[J].上海经济研究，2021（11）：5-19.

指已经达到道德上的完美性的人[1]。因此，道德上的完善是所有人实现个人成长的关键因素。道德上的完善又以个体的修身为基础，"自天子以至于庶人，壹是皆以修身为本"（《大学》），"修身则道立"（《中庸》），其中修身就是修炼自身品格，修身的过程就是个人不断实现道德成长的过程。也就是说，在中国传统文化中，通过自我修身的过程不断趋近于道德上的完美性，是个人养成理想人格，实现自我成长的关键过程。另一方面，知行合一是个人实现道德成长的关键。个体的道德成长需要不断学习从而知"道"，通过学习以"仁义礼智信"为代表的德性体系，个体才能不断知道、了解和掌握道德体系的基本原则，从而习得德性。因此"好学"在个人道德成长中居于基础地位，"君子尊德性而道问学"（《中庸》）。对此，陈来指出，"好学"可以对诸多重要德性起基础作用，好学是修身的基础[2]。同时，在通过学习了解、掌握道德的过程中，中国传统文化还强调亲身实践的关键作用，"博学之，慎思之，明辨之，笃行之"（《中庸》），"知者行之始，行者知之成"（《传习录》）。只有亲身实践了解到的道德原则，才能不断加深和提升自己的认识，不断趋近于真"知"，从而逐渐提升自己的道德水平，并进一步实践道德，从而进入知与行的正反馈循环。因此，中国传统文化主张在通过修身提升道德水平的过程中，个体需要实现学习、认识与实践的统一，以知促行，以行促知，最终在知行合一中实现对道德的完美性的不断趋近，即逐渐趋近于理想人格。

因此，在企业治理中，实现企业成员的全面发展需要在满足员工物质需求的同时，塑造提升其身体健康、精神生活和道德水平等多方面的

---

[1] 杨国荣. 政治实践与人的德性——儒学视阈中的为政和成人[J]. 道德与文明, 2017 (02): 5-12.

[2] 陈来. 儒家美德论[M]. 北京: 生活·读书·新知三联书店, 2019: 364-365.

需求，在此过程中，通过以员工的道德成长为核心，以学习和实践并行作为核心逻辑。对此，在企业内部的全面富裕上，泰威在实现利润分享的同时，以中国传统文化为核心构建经营管理体系，通过多种方式促进员工学习中华优秀传统文化，全面提升员工的身体健康、精神境界和道德水平等个人素质。泰威将企业愿景定为：成为践行儒家思想的"学校型企业"，将企业使命定为：为社会培养一身浩然正气的谦谦君子，德才兼备的社会栋梁。在此基础上，泰威主张通过教化的方式促进企业全员共同学习和践行中华优秀传统文化，做人的大成之学，即以"成人"为最终目标，在人的精神境界和道德水平、身体健康、个人能力以及生态环境等方面实现人的全面发展，如表8-1所示。

表8-1 泰威内部的全面普遍富裕

维度	具体表现
物质富裕	全员绩效分红股份、幸福基金会、离职感恩金等
精神富裕与道德成长	斯美书院、"三达德"班等学习体验活动、祭孔典礼和祭祖典礼、传统婚礼、蒙学馆、"传统文化与精益管理"实训营等
身体健康	斯为美健康生活馆、调理馆、身心灵健康疗愈活动班等培训班、运动会等
能力提升	泰威书院、全员参加国家高等教育自学考试等
企业生态环境	环保相关讲座、生态参学行、有机菜园、大扫除等

实现员工精神境界和道德水平的提升是泰威的核心管理理念。为此，泰威在生活楼顶层成立企业教化机构——斯美书院。斯美书院院名出自"礼之用，和为贵，先王之道，斯为美"（《论语·学而》），为公司全员学习和践行中华优秀传统文化，实现公司内部全面富裕提供支持。在此基础上，泰威通过组织多种活动促进员工学习中华优秀传统文化。

比如组织"三达德"班、国学经典生活体验营、幸福人生学习班、晨读经典等活动，帮助员工体验和学习《论语》《弟子规》《孝经》《朱子治家格言》《了凡四训》等传统经典；组织祭孔典礼、清明祭祖典礼、冬至祭祖典礼等祭礼，促使员工内化吸收和亲身践行中华优秀传统文化理念。向上教育员工尊敬夫子、先祖，中间培养员工夫妻观念，向下培养员工子女。此外，泰威还通过举办传统婚礼，推动员工践行中华优秀传统文化礼仪；成立蒙学馆，为员工子女提供启蒙教育，帮助员工子女学习中华优秀传统文化。最后，泰威通过多种方式将中华优秀传统文化教育与现代企业治理相结合，发挥文化与治理的协同效应。比如，将圣贤教育理念、传统家庭观与孝道文化等纳入员工培训中，举办"传统文化与精益管理"实训营、泰威精英人才成长计划等活动。

在以中华优秀传统文化为核心提升员工精神境界和道德水平之外，泰威还基于其所强调的"成人"过程中的多方面发展理念，通过多种方式关注员工身体健康、个人能力提升，以及营造良好的生活环境等。在身体健康方面，泰威致力于提升员工的健康水平。李文良指出，健康是最大的财富，逐步祛除让身体生病的各种不良习惯，自己的健康自己做主[1]。为此，泰威通过斯为美健康生活馆、调理馆，为员工提供有机商品、开设中医调理课程，组织身心灵健康疗愈活动班等活动，积极宣传并推动全员养成健康生活方式。此外，泰威还通过举办运动会等多种形式，促进员工身体健康发展。在以能力提升为代表的个体成长上，泰威鼓励全员参加国家高等教育自学考试。泰威秉持"活到老、学到老"的理念，为全员提供成长机会，营造积极向上的学习氛围，并在企业内部成立泰威书院，支持全员在工作之余参加高等教育自学考试，助力员工

---

[1] 李文良. 天地人和，铸就泰威精神[J]. 企业管理，2022（05）：50-53.

实现大学梦。通过鼓励全员参加高等教育自学自考，泰威不仅提高了员工的能力素养、工作效能感，培养了其持续学习精神，还能以员工成长为核心实现企业发展。在生活和生态环境营造上，泰威采取教育和组织实践并行的方式，为企业员工打造良好的工作生活环境，推动全员学习和践行生态环保理念。

其二，企业治理的共同富裕导向要求不断扩大和延伸治理范围，参与促进全社会的普遍富裕以及生态环境的良好发展。实现共同富裕，既必须促进实现富裕上的全面性，即指向人的物质、生活、精神等方面的全面发展；又不能忽视富裕的普遍性，即共同富裕要求保障实现城乡、地区间的共同富裕，以及实现人与自然和谐共生等多个横向维度的发展。

在与外部的关系上，中华优秀传统文化主张以仁爱思想为核心，实现个体、家庭组织与社会、自然界的共同发展。一方面，中华优秀传统文化将个体、组织与社会视为统一体。区别于西方文化中"原子化的个体"概念，中华优秀传统文化主张人是时刻处于社会关系中的个体，即秉持一种"关系性的主体"观。在中国人的理想人格塑造中，以修身为基础，经由齐家实现治国平天下的逻辑，是道德成长的关键，彰显的正是个体、家庭与社会之间统一性的和谐共同体观念，也就是一种"家国同构""家国天下"观。这种涵盖个体、家庭、社会等实体的和谐共同体观，意味着人们生活的共同体可以从家、国推广开来，直至天下。因此，在"平天下"的追求中，包含着创造安宁有序、均平合理、公正和谐、仁爱天下的社会理念[1]。当个体无法在社会系统中找到自我定位，即脱离了社会时，就会成为"一意孤行""孤苦伶仃""孤陋寡闻"的个

---

[1] 张倩."家国情怀"的逻辑基础与价值内涵[J].人文杂志，2017（06）：68-72.

体存在，这种存在方式常被视为不良的消极状态。所以，中华优秀传统文化将人视为由人与人结成的社会网络中的主体，人这一主体存在于社会关系中，是与社会系统具有统一性的主体存在。另一方面，中华优秀传统文化将人与自然界视为统一体。在人与自然界的关系上，中华优秀传统文化主张人与自然互为一体、彼此共生的天人合一思想。天人合一思想，在人与自然界的关系层面，指的是人与自然的和谐统一，且首先体现为人与自然平等，并相互融合，和谐相处[1]。在人与自然的辩证统一、和谐共生过程中，天人合一思想主张将自然界视为人身体的一部分，把人与天地万物看成一个相互联系的有机整体，相互之间处在一种血肉相依的生态联系中[2]。

在个体、家庭组织与社会、自然界是具有统一性的和谐共同体观念基础上，中华优秀传统文化主张以仁爱为核心，实现共同体的互相关爱、互相成就，共同发展。作为儒家思想的核心，仁爱的思想以"仁者爱人"为核心表现，仁是让对象敞开给自己，而自己走向对方，以达到自己完满的价值，因此自我的存在和价值包含着对象的关系，存在是相互关联，相互走向，互爱共生[3]。在互相关爱的关联性过程中，主体与主体，主体与社会、自然界之间是具有紧密联系的和谐共同体，自我价值的实现需要做到与社会、自然界的不断交互，并在交互中基于仁爱的思想互相成就。因此，实现城乡、地区共同富裕和生态环境的可持续发展，需要以仁爱思想为核心，树立企业与社会、自然界之间的和谐共同

---

[1] 胡国栋. 管理范式的后现代审视与本土化研究[M]. 北京：中国人民大学出版社，2017：218.

[2] 方克立. "天人合一"与中国古代的生态智慧[J]. 社会科学战线，2003（04）：207-217.

[3] 陈来. 仁学本体论[M]. 北京：生活·读书·新知三联书店，2014：92.

体意识，将企业发展、社会发展、自然界发展视为相互走向、相互成就的统一性关系。

同时，城乡差距、生态可持续是实现共同富裕的关键问题。在实现全社会共同富裕的多个维度上，城乡差距是我国实现共同富裕的关键问题。虽然我国在实现共同富裕的过程中已经取得重大成果，人均国民收入实现显著增长，但城乡之间仍然存在较大发展差距。不论是从城乡人均可支配收入，还是从国际比较中常用的二元对比系数来看，中国在经济发展过程中呈现出城市快速发展而农村相对滞后的现象，城乡经济发展差距明显大于其他国家，因此中国收入分配差距的突出问题在于城乡差距，并带来多方面制约，也需要很长时间来解决[1]。共同富裕要求实现城乡协调发展、普遍富裕，推进共同富裕的中国式现代化道路不是西方"串联"式发展模式，而是工业化、城镇化、农业现代化、信息现代化"并联式"叠加发展模式，因此没有农业农村现代化，共同富裕是不完整、不全面、不牢固的[2]。因此，不断缩小城乡差距，实现城乡共同富裕是目前实现全社会共同富裕的关键问题。

在全社会共同富裕的同时，需要使其形成与生态环保并行的全面协调发展。生态环境是每个人生活其中的生命共同体，人与生态环境的和谐共生是实现共同富裕和人的全面发展的必然要求。基于人与生态环境之间的辩证统一性，在以经济发展为基础实现共同富裕的过程中，必须兼顾生态环境保护，促进实现生态环境可持续发展。只有实现生态环境可持续发展，才能以此为基础实现人的全面发展。如果不能妥善解决经

---

[1] 郭克莎. 突破结构性制约的中国探索与创新[J]. 中国社会科学，2022（10）：78-98+205-206.

[2] 周文，施炫伶. 共同富裕的内涵特征与实践路径[J]. 政治经济学评论，2022，13（03）：3-23.

济社会发展与生态环境保护的矛盾，就不能走出传统西方式现代化模式而创造中国式现代化道路；不能妥善处理人与自然的关系，就不能走出传统工业文明而创造新的文明形态[1]。因此，良好的生态环境作为共同富裕的必然要求，是社会层面共同富裕的有效补充和保障，社会、文化、生态等各方面全面协调可持续是高质量发展和高水平共同富裕的内在要求[2]。

因此，对于企业治理而言，以多维度的全面富裕理念作为根本导向，要求企业在实现内部共同富裕的同时，积极履行社会责任和生态责任，将企业与社会、自然界作为统一性的共同体，在企业治理中将自身的经营管理与社会、自然治理相统一、相融合，将企业发展融入社会发展和生态可持续发展中，积极参与促进城乡、地区等多个维度的共同富裕，以及人与生态环境的和谐共生。在此过程中，企业在治理过程中应该积极关注全社会的共同富裕，特别是目前比较关键的城乡差距问题以及生态环境可持续问题。

泰威在实现内部共同富裕的基础上积极向外拓展，促进实现社会和生态上的共同富裕。在对于共同富裕的理解上，泰威主张企业治理应该以实现企业内外全体人员的全面发展以及自然界的可持续发展为最终目标，坚持企业发展应该为全社会和生态环境做出普遍贡献。对此，李文良认为信仰应该翻译为"boundlesslight"。李文良谈道："这个单词第一个词根叫'bound'，它有两个词义，一个是'边界'，比如这个企业是我的、这是我家，等等，有个边界；'less'呢，就是把这个边界打开，

---

[1] 王茹. 人与自然和谐共生的现代化：历史成就、矛盾挑战与实现路径 [J]. 管理世界，2023，39（03）：19-30.

[2] 郁建兴，任杰. 共同富裕的理论内涵与政策议程 [J]. 政治学研究，2021（03）：13-25+159-160.

不再有你和我的区别,就是同理,就是仁者爱人、同体大悲了;最后边再加一个'light',合起来叫'没有边界的光',那我们中国人讲的良知,良知就是无所不能的。"[1]。因此在李文良看来,"boundlesslight"也就意味着打开企业封闭的边界,通过企业治理将没有边界的、普照的光照耀到社会、生态各个地方,即实现共同富裕。泰威"天地人和"的和谐治理模式如图8-3所示。

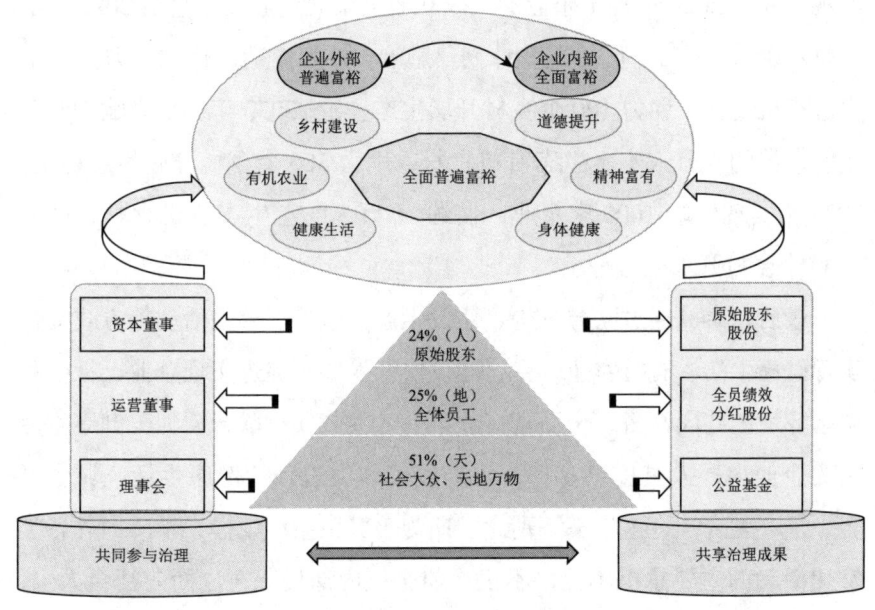

图 8-3 泰威"天地人和"的和谐治理模式

首先,泰威在"51,25,24"的"天地人和"股权方案中,将公司51%的股权确定为公益股权,用于支持公司有机种植、组织公益活动等公益事业。

---

[1] 摘自廖晓义与李文良以"当今时代国人的信仰"为主题的对谈。

其次，在确定以公益股权为支持的基础上，泰威提炼出"乡村是城市的命根子、农业是工业的命根子、有机农业是农业的命根子、中华文化是有机农业的命根子"和"吃有机，种有机，过有机生活，是解决社会问题的一把钥匙"的核心命题。

再次，在核心命题的基础上，泰威积极参与构建企业的新工农联盟，以推动健康生活、有机农业、乡村建设三方面协调发展作为企业发展观，并于2020年提出企业的工农联盟远景规划。其中包括2025年实现每年10%～20%员工返乡计划，影响100家企业，使约1万人吃上生态有机食材，助力100个乡村开展生态种植；2030年实现影响500家企业，使约5万人吃上生态有机食材，助力500个乡村开展生态种植；2035年实现影响1000家企业，使约10万人吃上生态有机食材，助力1000个乡村开展生态种植。

最后，泰威通过联合机构、建设生态实验园、公益活动等方式促进实现健康生活、有机农业、乡村建设协调发展，促进实现企业、社会和生态环境的共同富裕、全面富裕。第一，泰威通过联合斯为美健康生活馆为企业内外人员提供支持，积极宣传和促进践行健康生活、城乡联合、工农联合、有机生态等理念。斯为美健康生活馆作为泰威内外各类文化活动的主要承担单位，不仅面向企业内部员工，也面向社会人士，提供包括"衣、食、住、行、用、疗、学"的综合性服务。斯为美健康生活馆以健康自己、影响他人为目标，以服务于内部员工和社会范围上的精神文明和道德建设为宗旨，为企业内外人士提供健康生活的服务和体验，并参与构建城乡联合、工农联合、有机生态。第二，泰威还联合斯为美健康生活馆参与建立生态实验园，在泰威厂房（顶层）与其他乡村建设自营的生态农业种植基地。第三，泰威还组织和参与组织多项与健康生活、有机农业、乡村建设相关的活动。此外，为了培养下一代对健康生活、有机农业、乡村建设协调发展理念的认识，泰威还积极开展青少年教育活动。泰威通过组织大学生成长研习营、中小学生研习夏令营等活动，在促进青少年学习和践行中华优秀传统文化的同时，帮助青少年树立健康生活、有机农业、乡村建设三方面协调发展的理念，提升他们对全面富裕的认识和理解。

五、结语

共同富裕是中国特色社会主义的本质要求。共同富裕是中国式现代化在物质层面上的一般性与特殊性的鲜明呈现，并与实现人的全面发展高度统一，是全体人民物质充足、精神富裕、生态良好的全面富裕。在实现共同富裕的过程中，企业是承担生产经营、成员生活等职能，以及与生态环境存在双向交互关系的关键组织类型，有效的企业治理是实现共同富裕的有力推进器。以共同富裕作为治理目标，需要坚持共建与共享的辩证统一关系，做到全员共同参与企业治理、共同分享治理成果，并在此基础上关注精神富裕、生活美好、生态良好等方面，不断塑造和提升员工精神境界、企业工作与生活质量以及生态环保水平，即一种多维度的全面普遍富裕。在此过程中，中华优秀传统文化是共同富裕观的文化基因，理解和贯彻共同富裕需要有效结合中华优秀传统文化，张占斌指出，习近平总书记关于共同富裕的重要论述深刻体现了中华优秀传统文化的价值追求、精神力量，充分发扬了中华优秀传统文化的思维方法，充分体现了中华优秀传统文化中的哲学思想、历史经验、政治智慧、修身之道等[1]。

---

[1] 张占斌，毕照卿. 习近平关于共同富裕重要论述的理论逻辑与实践要求[J]. 中共党史研究，2022（02）：5-16.

在通过企业治理促进共同富裕的过程中，泰威以中华优秀传统文化为思想源泉，以共同富裕为根本导向，探索出了以"51，25，24"的"天地人和"股权方案为核心的和谐治理模式。在企业治理中，泰威以股权结构设计为基础，实现社会公众、企业员工与原始股东共同参与企业治理，进而按照51%、25%、24%的比例为天地万物、全体员工、原始股东分配公司利润，并以多种具体机制实现治理成果共享。在实现全员参与治理和共享治理成果的基础上，泰威以中华优秀传统文化为基础构建经营管理体系，以道德成长为核心，全面促进员工的身体健康，提升员工的精神境界和道德水平，实现企业内部的共同富裕；同时将企业自身视为与社会、自然界组成的有机共同体的一部分，将健康生活、有机农业、乡村建设三方面协调发展作为企业发展目标，通过多种机制促进实现企业、社会和生态环境的共同富裕、全面富裕。总的来说，泰威通过共同参与治理、共享治理成果和落实全面普遍富裕三个部分，构建了以共同富裕为根本导向的和谐治理模式，为当代中国企业治理创新深刻融入中国式现代化、中国特色社会主义提供了极大的启发价值。

后　记

作为商学院的管理学教授，多年来我一直奉行"顶天立地，知行合一"的治学理念，立足中国情境，扎根中国企业，努力尝试在"管理哲学（思想）——管理实践（行动）——管理科学（理论）"融通的基础上，提炼、总结和建构一套不落西方管理科学窠臼，具有文化契合性、实践相关性与理论原创性的中国企业管理新范式。基于此，我十分关注中国企业管理实践在"范式"层面的创新意义。

对于中国当代企业的管理创新实践，我最为关注的是华为、海尔、腾讯、阿里巴巴等具有全球竞争力的领先企业。这类企业大都具有数千亿元营收，数百亿元利润，十万名以上员工，是拥有超大规模并居于行业领先地位的全球化公司。它们在文化、技术与制度等诸多领域的综合创新使之取得举世瞩目的经营管理成就，无疑是代表中国管理走向世界舞台的先进力量。三年前我出版的《海尔制：物联网时代的新管理范式》一书，就是对以海尔为代表的此类巨型企业管理模式创新的一种体系化梳理。

我同样关注中国古代的先进管理经验。"鉴于往事，有资于治道"，儒家管理哲学与组织理论是我自从事研究工作以来就明确的一个研究领域。由于近代落后挨打以至于文化话语权的丧失，中国古代许多宝贵的管理经验及科学的管理制度不为人知，甚至被无知者贴上"封建""落后"的标签而弃若敝屣。中国有自己的企业史和管理思想史，明清晋商利赖九州、汇通天下的繁荣商业背后有东掌制、身股制、学徒制等一系列科学的制度支撑。尤其身股制，是基于儒家以义制利、义利并重商业伦理思想设计股权激励制度的杰出典范，其蕴含的以"价值生成——制度耦合——利益强化"为逻辑进路的共同体式股权激励机理，对于克服现代股权激励制度短期主义、内部人控制和道德风险等弊病具有重要启发价值。乔家字号等中国古典企业的身股激励是一种面向全员且有条件限制的虚拟股权员工持股制度和合伙人机制，是奠基于儒家商业伦理基础之上，经济与社会高度嵌入的综合性激励。本书通过案例研究分析了儒家义利观作为一种商业伦理如何促使中国古典企业身股激励的各项制度形成耦合效应，剖析了身股激励实现经济行为与社会价值高度嵌入的过程，是立足中国经验，扎根中国情境，建构具有中国风格、中国特色、中国气派的原生性股权激励与治理理论的一种探索性尝试。

在晋商身股制研究与交流过程中，某些质疑者认为：晋商已亡，身股制与乡土社会、本地人政策、忠义观念等封建落后因素紧密相连而无现代价值，如果身股制比西方管理先进科学，就不会成为历史。虽然我对这种观点不以为然，但格外关注身股制在现代社会进行创造性转化和创新性发展的可能性。所幸在黎红雷老师的引导下，近几年我参与了全国企业儒学团体联席会议、全国新儒商团体联席会议的系列学术论坛及企业调研活动，了解到方太正在践行身股制并取得了较好的实效，并于2023年与博士生李文昊到访方太幸福里与杭湾书院，全面了解方太文化与管理创新。由此可见，身股制不仅仅是晋商数百年的历史遗存，还是当代新儒商企业正在推行的生动实践。

由此愈发发现，除了华为、海尔、腾讯、阿里巴巴等为代表的全球化企业之外，中国的卓越企业还有以方太、固铻、天元、泰威等为代表的另一类新儒商企业。它们自觉把儒家文化作为企业经营之道，创造性地践行以义制利、义利并重的儒家商业伦理和修身、齐家、治企、利天

后　记

下的君子人格，不刻意追求经济规模和财务指标，而是在适度规模下打造可持续经营的家庭式组织和幸福企业。无论这些企业未来在激烈的市场竞争中处于何种状态，它们赓续传统文化的责任担当、探索幸福企业治理之道的创业勇气和把企业视为修行道场而矢志追求真善美的精神，都为中国管理思想史与中国企业史留下熠熠生辉的思想资源和宝贵经验。这些企业基于中国家文化创立的共同体式治理模式，是中国式现代化征程中由企业家贡献的中国式治理模式的重要组成部分，其经验具有推广验证的价值，尤其值得广大的中小企业关注和借鉴。

本书主要内容由我与李文昊博士完成，王天娇博士、陈宇曦博士参与了部分章节的写作，李苗博士负责了全书的校对与格式排版等工作，特此致谢。诚挚感谢中山大学黎红雷先生、苏州大学周可真先生多年来对我从事儒家管理哲学与企业儒学研究的鼓励、支持和教诲。感谢华南理工大学晁罡教授与我在共同的治学理念下砥砺共勉，并毫无保留地为本书撰写提供宝贵调研资料。最后，感谢那些古道热肠，坚守信念，铁肩担道义，在新时代披荆斩棘、勇于开拓的企业家们，他们为中国式现代化贡献了企业家智慧，为中华优秀传统文化的创造性转化与创新性发展谱写了壮丽画卷。